会展旅游实务
（第2版）

梁艳智　王　月　主　编
段云鹏　郑转玲　副主编

清华大学出版社
北京

内 容 简 介

本书根据国际会展旅游发展的新特点,按照会展旅游服务项目的工作流程及要求,系统介绍了会议旅游、展览旅游、节事旅游、奖励旅游、会展旅游营销、会展旅游服务管理、会展旅游危机与安全管理、会展旅游英语等基本知识技能,并通过指导学生实训,强化应用能力的培养。

本书具有知识系统、重点突出、贴近实际、注重创新等特点,因而本书既可作为应用型大学、高职高专、成人高等教育旅游、会展等专业教材,也可作为旅游企业从业者的在岗培训教材,并可以为社会广大中小微旅游企业创业就业者提供有益的学习指导。

本书封面贴有清华大学出版社防伪标签,无标签者不得销售。
版权所有,侵权必究。举报: 010-62782989,beiqinquan@tup.tsinghua.edu.cn。

图书在版编目(CIP)数据

会展旅游实务/梁艳智,王月主编. —2版. —北京:清华大学出版社,2022.5
ISBN 978-7-302-57404-0

Ⅰ. ①会⋯ Ⅱ. ①梁⋯ ②王⋯ Ⅲ. ①会展旅游—职业教育—教材 Ⅳ. ①F590.75

中国版本图书馆CIP数据核字(2021)第021161号

责任编辑: 张 弛
封面设计: 刘 键
责任校对: 刘 静
责任印制: 宋 林

出版发行: 清华大学出版社
网 址: http://www.tup.com.cn, http://www.wqbook.com
地 址: 北京清华大学学研大厦A座　　　邮 编: 100084
社 总 机: 010-83470000　　　邮 购: 010-62786544
投稿与读者服务: 010-62776969, c-service@tup.tsinghua.edu.cn
质量反馈: 010-62772015, zhiliang@tup.tsinghua.edu.cn
课件下载: http://www.tup.com.cn, 010-83470410

印 装 者: 三河市龙大印装有限公司
经 销: 全国新华书店
开 本: 185mm×260mm　　印 张: 14.75　　字 数: 352千字
版 次: 2012年2月第1版　2022年5月第2版　　印 次: 2022年5月第1次印刷
定 价: 49.00元

产品编号: 088728-01

编审委员会

主　　任：
　　牟惟仲

副 主 任：
　　林　征　　冀俊杰　　张昌连　　武裕生　　张建国
　　车亚军　　田小梅　　吕亚非　　钟丽娟　　李大军

编审委员：
　　黄中军　　时永春　　马继兴　　王春艳　　李爱华
　　杨　昆　　赵立群　　吕亚非　　蔡洪胜　　梁艳智
　　张冬冬　　钟丽娟　　童　俊　　巩玉环　　高　歌
　　郑强国　　李　伟　　段云鹏　　张冠男　　王　月
　　周　晖　　王瑞春　　张凤霞　　郑转玲　　王丽飞

总 主 编：
　　李大军

副总主编：
　　马继兴　　赵立群　　梁艳智　　王春艳　　段云鹏

专 家 组：
　　武裕生　　杨　昆　　黄中军　　时永春　　郑强国

序　言

随着我国改革开放进程的加快和国民经济的高速发展,随着交通和通信技术的不断进步,随着旅游景区维护、旅游文化挖掘,以及宾馆酒店设施设备的不断完善,随着居民收入和闲暇时间的增多,旅游正日益成为现代社会人们主要的生活方式和社会经济活动;大众化旅游时代已经到来。

2018年文旅融合开局顺利,按照"宜融则融、能融尽融;以文促旅、以旅彰文"的工作思路,文旅融合将以文化拓展旅游经济发展空间,以供给侧改革促进品质旅游发展。根据国家文化和旅游部近年发布的最新统计,国内旅游人数为55.39亿人次、比上年同期增长10.8%,入境旅游人数为14 120万人次、比上年同期增长1.2%,中国公民出境旅游人数为14 972万人次、比上年同期增长14.7%,国际旅游收入为1271亿美元、比上年同期增长3.0%,全年全国旅游业对GDP的综合贡献为9.94万亿元,占GDP总量的11.04%。

旅游作为文化创意产业的核心支柱,在国际交往、文化交流、扶贫脱贫、拉动内需、解决就业、丰富社会生活、促进经济发展、构建和谐社会、弘扬中华文化等方面发挥着巨大作用,旅游已成为当今世界经济发展最快的"绿色朝阳产业"。

2021年12月22日,国务院印发了《"十四五"旅游业发展规划》,提出"到2025年,旅游业发展水平不断提升,现代旅游业体系更加健全,旅游有效供给、优质供给、弹性供给更为丰富,大众旅游消费需求得到更好满足。疫情防控基础更加牢固,科学精准防控要求在旅游业得到全面落实。国内旅游蓬勃发展,出入境旅游有序推进,旅游业国际影响力、竞争力明显增强,旅游强国建设取得重大进展。文化和旅游深度融合,建设一批富有文化底蕴的世界级旅游景区和度假区,打造一批文化特色鲜明的国家级旅游休闲城市和街区,红色旅游、乡村旅游等加快发展。旅游创新能力显著提升,旅游无障碍环境建设和服务进一步加强,智慧旅游特征明显,产业链现代化水平明显提高,市场主体活力显著增强,旅游业在服务国家经济社会发展、满足人民文化需求、增强人民精神力量、促进社会文明程度提升等方面作用更加凸显。"的发展目标。还展望2035年，旅游需求多元化、供给品质化、区域协调化、成果共享化特征更加明显，以国家文化公园、世界级旅游景区和度假区、国家级旅游休闲城市和街区、红色旅游融合发展示范区、乡村旅游重点村镇等为代表的优质旅游供给更加丰富，旅游业综合功能全面发挥，整体实力和竞争力大幅提升，基本建成世界旅游强国，为建成文化强国贡献重要力量，为基本实现社会主义现代化做出积极贡献。

同时还强调："切实加强导游队伍建设和管理，制定专项行动方案。优化导游职业资格准入管理，健全全国导游资格考试管理制度。统筹推进导游等级考评机制改革，探索构建导游服务综合评价体系，开展导游执业改革试点，拓宽导游执业渠道。着力提升导游服务质量，实施导游专业素养研培计划和'金牌导游'培养项目，建设'导游云课堂'线上培训平台，修订《导游服务规范》国家标准。加大导游执业激励力度，举办全国导游大赛，强化宣传引导，增强职业自信，树立行业新风。"

当前随着全球旅游业的飞速发展，旅游观念、产品、营销方式、运营方式及管理手段等都发生了巨大的变化，面对国际旅游业激烈的市场竞争，旅游行业的在职从业员工急需更新观念、提高服务技能、提升业务与道德素质，旅游行业和企业也在呼唤"有知识、懂管理、会操作、能执行"的专业实用型人才。加强旅游经营管理模式的创新、加速旅游经营管理专业技能型人才培养已成为当前亟待解决的问题。

针对我国高等职业教育旅游管理专业知识老化、教材陈旧、重理论轻实践、缺乏实际操作技能训练等问题，为适应社会就业急需、为满足日益增长的旅游市场需求，我们组织多年从事旅游教学实践的国内知名专家教授及旅游企业经理，共同精心编撰了此套教材，旨在迅速提高大学生和旅游从业者专业素质，更好地服务于我国旅游事业。本套系列教材根据旅游管理专业教学大纲和课程设置，包括：《旅游服务英语》《会展旅游实务》《酒店服务技能与实训》《旅游心理学》《旅游法律法规》等教材。

本丛书作为应用型大学旅游管理专业的特色教材，融入了旅游管理的最新实践教学理念，坚持科学发展观，力求严谨，注重与时俱进，依照旅游活动的基本过程和规律，全面贯彻国家新近颁布实施的旅游法规及各项管理规定，按照旅游企业用人需求，结合解决学生就业、注重校企结合、贴近行业企业业务的实际，强化理论与实践的紧密结合，注重管理方法、实践技能与岗位应用的培养，注重教学内容和教材结构的创新。

本次旅游管理专业系列教材的出版，对帮助学生尽快熟悉旅游操作规程与业务管理，对帮助学生毕业后能够顺利走上社会就业具有特殊意义。

牟惟仲

2022年3月

第2版前言

旅游作为文化创意产业的核心支柱,在国际交往、文化交流、扶贫脱贫、拉动内需、解决就业、丰富社会生活、促进经济发展、构建和谐社会、弘扬中华文化等方面发挥着巨大作用,旅游已成为当今世界经济发展最快的"绿色朝阳产业",在我国经济发展中占有极其重要的位置。

会展旅游是继观光旅游、度假旅游、探亲旅游、购物旅游、文化等专项旅游之后新兴起的旅游项目。会展旅游作为近年来文化创意旅游的热点,既是集商务活动、会议展示、观光游览、对外宣传"四位一体"的新兴产业,也是一种高端旅游产品。

据统计,全球国际航线50%的旅客是会展旅游者;伴随着经济全球化的浪潮,世界各国之间的技术、贸易、文化、经济等往来日益频繁,为全球会展业的发展提供了巨大的商机,会展业在国际经济交往中发挥着越来越重要的作用,并已成为我国对外开放和展示形象的重要窗口。

在国家的正确领导下,我国会展业取得可喜成绩。一系列重大会展活动在我国成功举办,有力促进了会展业自身发展壮大,我国展览业市场规模稳居全球首位,行业结构和区域布局持续优化,推动会展业从高速增长步入高质量发展轨道,使会展业在推动经济社会高质量发展和国家综合实力提升等方面发挥越来越重要的作用。

随着全球会展旅游业的快速发展,面对国际会展旅游业的激烈市场竞争,加强会展旅游项目策划与服务管理专业人才培养,已成为当前亟待解决的问题。为满足日益增长的会展旅游市场需求,为培养社会急需的会展旅游服务与管理实用型、操作型人才,我们组织多年从事会展旅游教学与实践活动的专家、教授,共同精心编撰了本书,旨在迅速提高广大学生和会展旅游从业者的专业素质,更好地服务于我国会展旅游事业。

本书自2012年出版以来,因写作质量高、实用性强,深受全国各高等院校广大师生的欢迎,目前已多次重印。此次再版,编者结合读者提出的意见和建议,审慎地对原书做了认真修订,进行案例更新、补充新知识，以使其更好地为国家旅游经济服务。

本书作为高等职业教育旅游管理专业的特色教材，坚持科学发展观，严格按照教育部"加强职业教育、突出实践技能培养"的教育改革精神，针对会展旅游实务的特殊教学要求和职业能力培养目标，既注重会展旅游与世界文明发展成果的有机结合，又注重结合会展旅游活动中的服务细节实训。本书的出版对帮助学生熟练掌握会展旅游操作规程、提高业务技术素质、尽快走上社会顺利就业具有特殊意义。

会展旅游实务是高等职业教育旅游管理专业的核心课程，也是会展旅游从业者必须掌握的关键技能。全书共十章，以学习者应用能力培养为主线，根据国际认可的会展旅游（MICE）对会展旅游进行分类，按照会展旅游服务工作流程及要求，结合应用型人才培养目标，系统介绍了会议旅游、展览旅游、节事旅游、奖励旅游、会展旅游营销管理、危机和安全管理、会展英语等基本知识技能，并通过指导学生实习实训，强化应用能力培养。

由于本书融入了会展旅游最新的实践教学理念，注重与时俱进，同时结合课程思政，案例鲜活又贴近实际，因此本书既可作为应用型大学、高职高专、成人高等教育旅游、会展等专业的首选教材，也可以作为旅游企业从业者的在岗培训教材，并为社会广大中小微旅游企业创业就业者提供有益的学习指导。

本书由李大军筹划并具体组织，梁艳智和王月担任主编，梁艳智统改稿，段云鹏、郑转玲担任副主编，由郑强国教授审定。作者编写分工：牟惟仲（序言），梁艳智（第一章、第五章），吕亚飞（第二章），王月（第三章、第四章），段云鹏（第六章、第七章），郑转玲（第八章、第九章），邹蓉（第十章），王瑞春（附录）；李晓新（文字修改、版式调整、制作教学课件）。

在本书再版过程中，我们参阅了大量会展旅游实务的最新书刊、网站资料、国家历年颁布实施的旅游法规和管理制度，并得到有关专家教授的具体指导，在此一并致谢。为方便教学、本书配有电子课件，读者可以从清华大学出版社（www.tup.com.cn）网站免费下载。因编者水平有限，书中难免存在疏漏与不足，恳请专家和读者批评、指正。

编　者
2021 年 12 月

教学课件

相关法规

目　录

1　第一章　绪论
第一节　会展概论 …………………………………………………… 2
第二节　会展旅游概述 ……………………………………………… 6
第三节　国内会展旅游的发展现状和趋势 ………………………… 10

22　第二章　会展旅游管理与开发基础
第一节　会展旅游管理 ……………………………………………… 23
第二节　会展旅游的需求与供给 …………………………………… 27
第三节　会展旅游策划 ……………………………………………… 30
第四节　会展旅游开发 ……………………………………………… 34

44　第三章　会议旅游
第一节　会议旅游的基本概念 ……………………………………… 45
第二节　会议旅游的特点和类型 …………………………………… 50
第三节　会议旅游的运作与管理 …………………………………… 54
第四节　国内外会议旅游的现状和发展趋势 ……………………… 64

69　第四章　展览旅游
第一节　展览旅游概述 ……………………………………………… 70
第二节　展览旅游的参与主体 ……………………………………… 78
第三节　展览旅游的运作与管理 …………………………………… 81

90　第五章　节事旅游
第一节　节事和节事旅游 …………………………………………… 91

第二节　节事旅游运作与管理 …………………………………………………… 97

第六章　奖励旅游　111

第一节　奖励旅游的概念及本质分析 …………………………………………… 113
第二节　奖励旅游的策划与管理 ………………………………………………… 118
第三节　奖励旅游的发展趋势和国内奖励旅游的发展 ………………………… 125

第七章　会展旅游营销　131

第一节　会展市场 ………………………………………………………………… 132
第二节　会展旅游营销组合策略 ………………………………………………… 138
第三节　定位与控制 ……………………………………………………………… 144
第四节　新型营销运用 …………………………………………………………… 148

第八章　会展旅游服务管理　157

第一节　会展旅游与餐饮酒店管理 ……………………………………………… 158
第二节　会展旅游开发和游览管理 ……………………………………………… 166
第三节　会展旅游娱乐和购物管理 ……………………………………………… 169
第四节　会展旅游和旅行社管理 ………………………………………………… 173

第九章　会展旅游危机与安全管理　181

第一节　会展旅游危机管理 ……………………………………………………… 182
第二节　会展旅游安全管理 ……………………………………………………… 188
第三节　突发公共卫生事件应对 ………………………………………………… 195

第十章　会展旅游英语　204

第一节　会展旅游概述 …………………………………………………………… 205
第二节　会展旅游策划 …………………………………………………………… 209
第三节　会展旅游营销 …………………………………………………………… 212
第四节　会展旅游服务 …………………………………………………………… 217

参考文献　223

第一章 绪 论

【知识目标】
- 了解会展的含义、会展的产生和发展；
- 熟悉会展旅游的概念、特征、分类等；
- 理解会展旅游的发展状况和发展趋势。

【能力目标】
- 学会利用所学知识分析会展旅游的发展状况及趋势；
- 学会综合分析我国主要会展旅游城市的现状和发展。

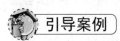 引导案例

北京接待国际会议数量全国居首

2018年8月28日，第十四届北京国际商务及会奖旅游展览会（IBTM China）在北京国家会议中心开幕。近350家海内外展商和335位特邀买家将在为期两天的展会中完成8000多场商务洽谈，展会当天更是吸引了近4000位专业观众到场参观。

在开幕式上，北京市文化和旅游局局长指出："北京市委市政府高度重视商务会奖旅游业的发展，始终将改善会展设施，培育产业集群，改善营商环境，扩大会议会展对外开放作为一项重要工作持续推进。"据《经济学人智库》统计，在"星级会议商务旅行城市"排名中，北京凭借"不断完善的基础设施建设"成功入选。

近年来，北京举办大规模、高层次、国际性会议越来越多，主要以卫生和社会工作类会议、科学研究和技术服务业类会议、信息传输软件和信息技术服务业类会议为主。按照国际大会与会议协会（ICCA）发布的数据，2018年度北京接待国际会议的数量为94个，同比增长13.8%，位居亚太城市第七位、中国第一位。

从会期来看，2018年，北京举办的国际会议多集中在3天、4天、5天，分别有30场、25场和17场，总共占据北京国际会议总数的76.6%。从举办场地来看，2018年，北京有近36%的会议选择在会议会展中心举行，有22%的会议在会议酒店举行。

数据显示，目前，北京共有五星级酒店61家、四星级酒店114家、星级酒店客房数9.8万间，北京雁栖湖是国际高端会议举办地的最佳地点之一。

北京市文化和旅游局副局长表示，为促进会展业健康发展，北京正在优化会展设施空间布局，推动新国展二三期开工建设，协调推进北京大兴国际机场会展中心建设项目的落地。

北京将积极探索把文化内涵和文化体验融入会奖旅游，发挥会奖经济的带动效应和新品发现功能，挖掘文化内涵和可开发资源，打造有趣、生动、结合京味文化的独特性产品；同时充分发挥旅游业的拉动力、融合能力，整合北京相关优势资源，培育新业态，促进"会奖＋中医养生""会奖＋特色节庆""会奖＋冬奥""会奖＋文化演出"等整合发展，研发具有不同形式、针对不同群体的产品，推动丰富的会奖旅游产业链条与相关产业深度融合发展。未来十年是会奖旅游业转型升级的机遇期，北京将扩大会议会展对外开放，促进北京会奖旅游产业持续健康发展。

据悉，当天开幕的北京国际商务及会奖旅游展览会已经走过14年历程，发展成为亚洲地区规模最大、水平最高、品牌影响力最强的国际性专业展览会之一。

(资料来源：人民网-北京频道.http://bj.people.com.cn/2019)

第一节　会展概论

进入21世纪以来，伴随着经济全球化的浪潮，世界经济稳定发展，各国之间的技术、贸易、文化、经济等往来日益频繁，为全球会展业的发展提供了巨大的机遇，会展业也在国际交往中占据着越来越重要的作用。

特别是中国的会展业获得了前所未有的发展，以年均20%左右的速度递增。由此，会展业被称为21世纪的朝阳产业。同时，由于会展业的发展能够带动交通、旅游、餐饮、住宿、通信、邮政商业、物流等行业的发展，因此会展业又被视作国民经济新的经济增长点或经济发展的晴雨表。

一、会展的概念

会展是会议、展览和大型节事活动的统称，是指以会议、展览为媒介，以在一定时期内聚集大量的人流、物流、资金流和信息流为手段，达到经济、社会等方面发展的行业。会展的内容包括很多，主要有各种类型的专业会议、博览会、奖励旅游和各种节事活动，如庆典活动、节庆活动、文化活动、科技活动和体育活动等。

二、会展的类型

会展一般可分为会议和展览两部分，这可以通过两方面表现出来：其一，在西方社会，人们一般称会展业为会议与展览业；其二，展览场地大多兼有接待会议和举办展览的功能，因此被称为会展中心。

(一) 会议

1. 会议的概念

会议是泛指在一定的时间和空间内，为了达到一定的目的所进行的有组织、有主题的议事活动。作为会展业的主要组成部分，会议特别是大型的国际会议往往在提升城市形象、促进城市建设、创造经济效益和社会效益等方面具有特殊的作用。

2. 会议的类型

会议的类型很多,可以按照以下不同的标准进行划分。

1) 按规模大小

会议可根据会议的规模,即参加会议的人数多少,分为国际会议、洲际会议、国内会议。据国际大会和会议协会规定,国际会议的标准是至少有20%的外国与会代表,与会人员总数不得少于50名。

2) 按会议性质和内容划分

会议可分为大会或年会(Convention)、代表会议(Congress)、论坛(Forum)、专题学术讨论会(Symposium)、讨论会(Workshop)和座谈会(Panel discussion)。

3) 按会议活动特征划分

会议可分为商务型会议、展销会议、文化交流会议、度假型会议、专业学术会议、政治性会议和培训会议。

4) 按举办主体

会议可分为社会团体会议、公司(企业)会议和其他组织会议。社会团体会议主要包括协会会议和社交团体会议两类,其中协会会议是最主要的类型。协会会议有多种类型,主要有贸易性行业协会会议、专业和科学协会会议。

另外公司(企业)会议近几年来发展迅速,与协会会议一道,成为会议的主要类型。公司会议,一般包括全国和地区性销售会议、技术会议、管理者会议、培训会议、代理商会议、股东会议、奖励会议等几种。其中销售会议是公司会议中最重要的部分。

(二) 展览

1. 展览的概念

展览往往是展中有会,会中有展,会展结合,所以也被称为展览会。展览会是一种具有一定规模和相对固定的举办日期,以展示组织形象或产品为主要形式,以促成参展商和贸易观众直接的交流洽谈为最终目的的中介性活动。

结合实际情况,所谓展览,是指参展商通过物品或图片的展示,集中向观众传达各种信息,实现双向交流,扩大影响,树立形象,达成交易、投资或传授知识、教育观众目的的一种活动。

2. 展览的类型

展览的类型很多,可以按照不同的标准进行划分。

(1) 按展览内容划分,展览可分为综合展览和专业展览。其中专业展览在目前的展览中所占比例较大。

(2) 按展览目的划分,展览可分为宣传类展览和贸易展览。

(3) 按展览面向的对象划分,展览可分为贸易展览、消费者展览和综合展览。

(4) 按展览展品的来源划分,展览可分为单独展览、多边展览和世界博览会。

(5) 按展览地域划分,展览可分为国内展览、出国展览。

除了以上几种分类标准外,按是否盈利划分,展览可分为营利性展览和非营利性展览。按时间划分,展览可分为定期展览和不定期展览。定期展览有1年4次、2次、1次、2年1次等；不定期展览则是根据需要而定。按场地划分，展览可分为室内展览、室外展览和网上展览。

三、会展经济

会展经济简单的理解比较容易，但实际上国内外迄今对什么是会展经济尚没有一个公认的科学而权威的定义。会展经济的概念在我国出现是最近十几年的事，相关系统研究成果还比较少。比较有代表性的主要有以下三种。

（1）会展经济是以会展业为支撑点，通过举办各种会展活动，传递信息、提供服务、创造商机，并利用其产业连带效应带动相关产业等发展的一种经济。

（2）会展经济是伴随着人类会展经济活动、会展业发展到一定历史阶段形成的跨产业、跨区域的综合经济形态。通过举办各类会展活动，在取得直接经济效益的同时，带动一个区域相关产业的发展，达到促进经济和社会全面发展的目的。

（3）会展经济是以会展业为依托，通过举办各种会展活动，形成信息流、资金流、物流、人流，创造商机，实现商品和技术信息的交流，并带动商贸、旅游、物流、餐饮、交通、通信等相关产业发展的一种经济。

综上所述，会展经济就是某一特定地区，通过举办会展活动，发展会展业，能够为对本地区带来直接或间接经济效益和社会效益和一种经济现象和经济行为，是一种综合的经济效应。

四、会展业的作用

当今，由于会展业的高速发展及其对经济的巨大带动作用，各国政府都非常重视对会展业的发展。遍及全球的各个角落，各国各个大小城市都有会展活动的举办。世界各地之所以争相举办各种会展活动，其重要原因是会展活动能够给举办地带来巨大的综合效益。

（一）拉动举办地经济增长

会展业具有较强的产业关联性，涉及交通、旅游、通信、建筑、广告、装饰等诸多部门和行业。也正因为如此，会展业越来越受到各地政府的重视，上海、北京、大连等城市已将会展业列为地方政府重点扶持和发展的产业。

小贴士

业界研究表明，会展经济收入具有1∶9的产业带动效应，即若某一次会展的直接收入为1，则对餐饮、交通、旅游、酒店等相关产业的带动收入为9。正是基于如此强大的带动效应，会展业有时被称为"经济发展加速器和助推器"。

（二）扩大就业

会展业作为服务业，直接、间接涉及的行业很多，因而就业乘数效应显著，能够吸纳较大数量的就业人员。

（三）促进经贸合作

在大多数交易会、展览会和贸易洽谈会上都能签署一定金额的购销合同，以及投资、转让和合资意向书。

第一章 绪 论

（四）带动城市基础设施建设

会展是一种大型的群众活动，它要求有符合条件的会展场所，有一定接待能力、高中低档相配合的旅行社和酒店，便捷的交通和安全保障体系以及优雅的旅游景点等。

（五）提升举办城市知名度

会展业在国际上被称为"触摸世界的窗口"和"城市的面包"，会展业是联系城市与世界的桥梁。会展活动可以展示城市形象，提高城市在国际、国内的知名度。在国际上，衡量一个城市能不能跻身于国际知名城市行列，一个重要标志是看这个城市召开国际会议和举办国际展览的数量和规模，一次国际会议或展览不仅可以给举办城市带来相当可观的经济效益，还能带来无法估价的社会效益。

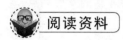
阅读资料

中国国际进口博览会

2019年11月5—10日，第二届中国国际进口博览会在国家会展中心（上海）成功举办。第二届进博会紧紧围绕习近平主席"办出水平、办出成效、越办越好"的总要求和主场外交定位，延续"新时代，共享未来"的主题，共有181个国家、地区和国际组织参会，3800多家企业参加企业展，超过50万名境内外专业采购商到会洽谈采购，展览面积达36万平方米。

截至11月10日中午12时，累计进场超过91万人次。6天的展期中，主场外交顺利举办，论坛会议思想汇聚，展览交易务实高效，配套活动丰富多彩，服务保障专业便捷，整个展会精彩纷呈，盛况空前，进博会的吸引力和国际影响力持续提升，作为新时代国际合作重要平台和国际公共产品的作用进一步增强，为建设开放型世界经济，推动构建人类命运共同体注入新动力，作出新贡献。

第二届进博会得到国际社会热烈响应，无论是国家展、企业展，还是虹桥论坛，国内外各方都积极踊跃参与。各国政府高度重视，共有126个外国政府团组参会，境外副部级以上嘉宾超过200人。

第二届进博会国家展参展国分布广泛，各国展台特色鲜明，活动丰富多彩，促进了各国间的沟通交流，中国馆彰显中国特色，以新中国成立70周年为主题，展示中国新发展理念和高质量发展成就。企业商业展规模、质量、布展水平，与首届相比，均实现了新突破。据初步统计，全球首发新产品、新技术或服务391件，高于首届。进博会正逐步成为各行业新产品、新技术发布和交易采购的首选平台。进博会专业观众注册超过50万人，其中包括7000多位境外采购商，大大超过首届，采购商国际化程度进一步提高；采购商专业性更强，其中，境内企业中来自制造业的占32%，来自批发和零售业的占25%。交易采购成果丰硕，按一年计，累计意向成交711.3亿美元，比首届增长23%。

第二届进博会期间，共举办380多场配套活动。其中，国家部委的政策解读类活动12场。国际组织中，世贸组织举办《2019年世界贸易报告（中文版）》发布会，联合国工发组织举办《2020年工业发展报告》发布会，世界知识产权组织举办"打击侵权假冒国际合作论坛"。各省市举办了系列招商推介、经贸洽谈活动，促进贸易、投资与产业合作。新品发布平台共组织53场发布活动，推出多项新产品和新技术。

为期3天的供需对接会上，来自103个国家和地区的1367家参展商、3258家采购商进

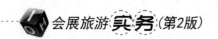

行了多轮"一对一"洽谈,达成成交意向2160项。首次集中亮相进博会的非物质文化遗产和"中华老字号"展示活动积极展现中国传统文化特色,进一步促进中外文化交流。

(资料来源:新浪财经.http://finance.sina.com.cn/2019)

第二节　会展旅游概述

会展旅游是会展业与旅游业结合的产物,是当今世界都市旅游的重要组成部分。会展旅游作为一种新型的、高端的旅游形式,其众多优点日益引起世人的关注,也成为许多重要旅游目的地的旅游核心市场。近年来,会展旅游在我国异军突起,成为我国旅游业新的发展亮点。

一、会展旅游的概念

国内外许多学者对会展旅游做出了各种界定,但目前仍未有统一的内涵。如以研究节事旅游而闻名的学者盖茨就认为,展览会、博览会、会议等商贸及会展事件是会展业最主要的组成部分。同时,有许多学者主张将会展旅游概念泛化。

本书所讨论的会展旅游的概念主要根据国际上通行的概念"MICE",即会展旅游就是会议(Meeting)、奖励旅游(Incentive)、综合性会展(Convention)、展览(Exhibition),并包括节日庆典和特殊事件为主题的节事(Event)。目前,我国旅游界普遍将会展旅游定义为:通过举办各种类型的大型展览、博览会、交易会、运动会、招商会等,吸引大量游客前往洽谈贸易、旅游观光,进行技术合作、信息沟通,人员互访和文化交流,以带动相关产业的发展,是一种综合性旅游服务形式。

由此可见,会展旅游包括会议旅游、奖励旅游、展览旅游和节事旅游。

(一) 会议旅游

会议旅游是指人们有组织地聚集在一起进行交流信息、联络感情和制定决策的活动,这里不包括带有展览、交易或竞技性质的展览会、博览会、交易会和运动会等。

(二) 奖励旅游

奖励旅游是基于工作绩效对优秀员工及利益相关者进行奖励的管理方法和以旅游方式进行的商务活动。

(三) 展览旅游

展览旅游是为参与产品展示、信息交流和经贸洽谈等商务活动的专业人士和参观者而进行的一项专门的旅行和游览活动。

(四) 节事旅游

节事旅游是非定居者出于参加节庆和特殊事件的目的而引发的旅游活动。

二、会展业与旅游业的关系

会展业与旅游业既有联系,又有区别。虽然两者有着极强的交融互动关系,但是会展业并不等同于旅游业,会展业和旅游业仍然是两个不同的产业群体。会展活动也不等同于旅游活动,它们在很多方面存在明显区别(见表1-1)。

表1-1 会展活动和旅游活动的区别

项 目	会展活动	旅游活动
主要目的	促进经济贸易往来,促进特定资源和信息的交流	休闲游览、调节身心、文化交流、增长见闻等
依托资源	产业资源	休闲时间和旅游资源
经济性质	前瞻性经济,是一个区域经济发展的风向标之一	体验经济,激活旅游者内在的消费需求,拉动经济增长
经营产品	信息交流、展示产品和服务,销售会议和展览的参与权	销售旅游产品和相关服务,提供精神方面的体验
服务领域	对应流通领域和信息领域	对应消费领域
服务对象	参会参展商,专业群体	旅游者
服务内容	提供展位、洽谈服务、信息交流	提供食、住、行、游、购、娱等综合服务
竞争焦点	争夺参展商资源和展出场所资源	争夺旅游客源
操作流程	选择主题—市场调研—寻求支持单位(新闻媒体、行业协会、相关政府部门等)—联系会展活动场地—向相关行政管理部门办理展会申请、报批等手续—展会进行中对参会、参展方的服务与危机管理—会后、展后的后续工作(包括跟踪会展活动的质量及经验总结)	旅游资源的规划与开发立项—市场调研—旅游产品设计及其宣传促销—为旅游者提供食、住、行、游、购、娱等服务—服务质量调查反馈及评价
社会分工体系	专业会议公司、专业展览公司、目的地管理公司、旅游公司	旅游批发商、零售商、代理商
企业组织形态	专业技能员工、专业化的组织者	劳动密集型员工队伍
相关部分与产业链	产业链较长(酒店、设计、礼仪、广告等)	产业链较短(酒店、景点等)

(资料来源:张显春.会展旅游[M].重庆:重庆大学出版社,2013)

因此,会展业与旅游业是两个既相互交叉、相互渗透,又有所区别的产业。也正是因为这些区别和联系,使得会展业和旅游业的发展都提到了一个更高的层次。

三、会展旅游的特征

作为一种新兴的旅游类别,会展旅游以其产业的结合性、行业的带动性、消费的集中性、收益的显著性和服务的关联性等优势得到了旅游业的普遍重视。在会展与旅游及其他一些行业的交互作用下,会展旅游已经在当前的经济条件下繁荣发展,且充满活力。从旅游业的角度来看,会展旅游具有的特点主要表现如下。

(一)消费能力强

会展是一种高规格的经济活动,参加会展旅游活动的人员大多为企业实体或政府机构,消费绝大多数为公费开支,其经济能力、购买能力都是一般旅游者难以达到的,他们对于会展旅游消费要求住宿条件好、服务周到、交通条件舒适、餐饮能够满足个性化需求等。

据统计,会展旅游者在一个城市的支出是一般观光旅游者的3倍,平均逗留时间是一般

观光旅游者的2倍。

(二) 经济效益好

正是由于会展旅游者的高消费水准,他们给旅游会展举办地带来的经济效益就显而易见了,会展旅游经济已成为行业新的经济增长点。如中国香港每年的会展人员人均消费额是24 826港币,为度假旅游消费的3倍;新加坡的一般旅游者平均逗留3天,消费710新加坡元,而会议客人则平均逗留7.7天,消费达1700新加坡元。会展旅游已经发展成为旅游业的"拳头产品"。

(三) 带动效应强

在现代服务业中,旅游业和会展业都是带动性很强的产业,特别是旅游业和会展业的有机结合,会同时发挥出两个产业的联合优势,全面带动交通、住宿、餐饮、商业、金融和科教文卫等第三产业的发展。这种高效、无污染和带动性强的产业必然成为旅游目的地新的增长点。

(四) 停留时间长,出游机会多

一般来说,会展旅游的实际安排依会展活动的举办而定,持续时间较长,这就为参会人员在工作之余提供了休闲娱乐的机会,特别是对于初次到会展举办地的参会者来说,更是强烈地希望能够到当地的风景名胜区参观游览。这就为旅游目的地的旅行社和旅游景区提供了市场开发的机会。

四、会展旅游的功能

旅游业以其服务对象的异地流动、异地消费特征和受季节更替的影响,被形象地称为"候鸟经济",而会展活动也因为商品的流动、贸易与交换具有同样的特征。

在世界范围内,会展和旅游的互动是不乏成功案例的,比如瑞士达沃斯、黑龙江亚布力、海南博鳌等,在这里面,会议、展览以及文化活动等均扮演着"旅游吸引物"的角色,试图把"眼球"吸引过来,其实质是希望通过展览展示来达到扩大知名度、吸引投资和创造持续消费等目的,尤其是会展的商务特性和其产生的注意力,以及集中的、高档次的消费是其他公共服务产品难以比拟的。会展与旅游的互动性可以更为充分地利用当地的旅游资源,全面地展示所在地的经济、文化和社会风貌,扩大对外的影响力和知名度,促进当地经济的繁荣与发展。在会展与旅游的互动发展中,旅游是会展旅游发展的基础,旅游业的繁荣必将为会展活动提供更为完善的服务,加速会展业的发展。

会展业的进步可以优化社会资源的组合,带动其他行业更快的发展,也为旅游业带来更多的客人、更多的消费,延长客人的逗留期,增加旅游业淡季时设施设备的利用率。因此,我们应该十分注重会展业与旅游业的互动性,利用他们的放大效应以谋求会展旅游更快发展。

(一) 有助于提升目的地旅游形象

会展或者大型活动的举办对东道主地区或国家来说就是地区的外交活动,对地区的形象塑造产生积极影响,有助于形成其作为潜在旅游目的地的良好形象。尽管活动在一个相对短的时间内举办,但是由于全球媒体的关注,这种宣传效应和产生的吸引力巨大。会展在短时间内将人流、物流、资金流、信息流聚集到举办地,成为当地、全国乃至世界关注的亮点。

这种积聚性将推动举办地旅游业的快速发展,对展会举办地的知名度和美誉度会有一个大的提升,尤其发展成为名优品牌的展会,其辐射带动作用更是强大。

当优秀的旅游资源和知名的会展品牌相结合,将会产生共振效应,使旅游与会展的潜力得以完全释放。如海南的博鳌,虽为名不见经传的小镇,但因"博鳌亚洲论坛"的举办而举世皆知,成为对外宣传的金字招牌。正是这一招牌,使当地的旅游业在短期内获得了快速发展,慕名参观游览的客人也络绎不绝。

(二)有助于改善地区旅游吸引力

会展旅游重要也是最基本的作用就在于吸引旅游者。吸引旅游者前往某特定地区的引力就是旅游吸引力,旅游吸引力一方面是从本源上吸引旅游者前往某个地区进行旅游活动,另一方面是旅游者在某地进行相关的旅游或旅行活动时提供某些活动或者会展项目以便其参与。对于会展或者节庆活动而言,吸引力问题需引起特别注意,因为它的吸引力不仅与特定的物质设施有关,其他诸如拥挤的人群、服务和娱乐等因素可能对于营造一种良好的氛围和创造吸引力也很重要。每举办一次大型活动,都必须建造能够适应所需活动的场馆以及活动所需的配套设施。这些场馆和设施在活动使用完后,一般就会成为一个新的旅游点。

小贴士

国家体育场(鸟巢)是第29届奥运会和第13届残奥会的主会场,位于北京奥林匹克公园中心区南部。奥运会后,鸟巢成为北京市民参与体育活动及享受体育娱乐的大型专业场所,并成为地标性的体育建筑和奥运遗产,是"北京一日游"的经典线路。

云南昆明举办的世界园艺博览会,在会后,其整个会址及配套设施被整体保留下来并转为企业化经营,作为旅游景区被利用起来并使云南省很多"养在深山人未知"的旅游景点迅速驰名于国内外,极大地促进了云南省旅游业的发展。

(三)有助于降低目的地季节性限制

季节性问题是许多旅游目的地一直非常困惑的问题。从现在旅游经济发展实践来看,已经有许多旅游目的地通过在旅游淡季举办相关会展活动的方法来解决这一问题,会展项目和大型活动甚至还成为目的地延长旅游旺季或者形成一个新的"旅游季"的重要手段。比如在北方地区,通过在冬季举办一些冬季竞技体育活动、冬季节庆活动等,完全有可能形成一个新的旅游旺季。

哈尔滨国际冰雪节是我国第一个以冰雪为载体的地方性节庆活动,近年来,旅游接待人数和旅游收入增长率都超过了10%。2018年哈尔滨第34届冰雪节期间旅游接待人数首次突破2000万人次,旅游收入突破300亿元。2018年春节黄金周期间,哈尔滨市位列国内旅游目的地城市第二位。可见,会展或者大型活动在缓解目的地旅游发展过程中的季节性问题方面具有独特的作用。

成都会展新经济领航　重塑产业链价值

2020年1月14日,"新会展新经济新生态"成都会展产业生态圈(北京)说明会在北京渔阳饭店举行。成都作为中国会展"第四城",全面贯彻新发展理念,全力促进会展产业转向"聚合共享、跨界融合"的新经济发展模式,形成上下游贯通、全产业价值链融合发展的会展新经济生态圈,加快推动国际会展之都高标准建设。

成都市高度重视发展会展业,不仅提出了建设国际会展之都的奋斗目标,在现代产业体系构建中也把会展经济排在金融服务、现代物流、文化旅游、生活服务五大新兴服务业之首。2019年年底,成都市人民政府办公厅正式印发《关于促进会展产业新经济形态发展的实施意见》,旨在围绕"聚合共享、跨界融合"主题,重塑会展产业价值链。

成都成为中国中西部地区经济实力最强、对外交往最活跃的城市,与成都市长期以来对会展业的重视是分不开的。成都市博览局成立后,通过牵头制定和落实成都市对会展活动强有力的扶持补贴政策,吸引全国乃至世界范围内大批会展经营主体把会展活动带到成都举办,基本实现"以展谋城"的战略化布局,通过"会展＋产业"的杠杆撬动了城市经济得以快速发展,使成都成为连续两年排名全国第四位、中西部第一位的中国城市会展业竞争力城市。成都作为中国中西部最具活力的会展之都,对成都市开放型经济蓬勃发展做出了不可替代的贡献。

近些年来,成都在西南会展城市中,其会展业的国际影响力和品牌效应突显。根据研究发现,成都会展业突显两大优势:一是政府支持力度与重视程度较高,尤其是在政策制定、资源投入方面的支持;二是随着"一带一路"的深入推进,西部城市崛起之势不可阻挡,成都占有绝对的地利。成都市政府和市场共同推动会展业的发展给其他城市提出了很多有利的经验。

近年来,随着天府新区、高新区、新津县、大邑县、都江堰市会展生态圈产业功能区的加快建设,中国西部国际博览城、世纪城国际会展中心等会展载体的能级不断增强,成都会展品牌和影响力不断提升。2019年,成都举办包括第八次中日韩领导人会议、第七届中日韩工商峰会、慕尼黑环博会成都展、第100届糖酒会、成都全球创新创业交易会、第22届成都国际车展等重大活动超过860场,其中,国际性活动超过170场;展出总面积1250万平方米,会展业总收入1330亿元,其中,直接收入130亿元。

成都已跻身全国会展竞争力城市第四位,为落户成都会展项目的发展提供了良好的营商环境,吸引着越来越多的会展企业和品牌会展项目落户并扎根。

(资料来源:中国会展经济研究会.http://www.cces2006.org/2020)

【分析】
(1)成都为什么能够成为我国中西部地区的会展中心城市?
(2)成都会展业的发展给你所在的城市带来了哪些启示?

第三节　国内会展旅游的发展现状和趋势

近年来,随着经济的发展,各类以会议、奖励、展览为特征的商务旅游在国内各城市迅速发展,并逐渐形成规模,各旅游相关企业及城市地区对会展旅游的重视程度越来越高,会展旅游成为城市新的经济增长点。

第一章 绪 论

一、国内会展旅游业发展现状

会展旅游是会展经济发展的必然产物,是一种高级的、特殊的旅游活动表现方式。国外会展旅游业发展历史悠久,水平高,规模大,特别是从20世纪五十年代以来,由于可支配收入增加、旅游愿望增强、休闲时间增多、交通及技术改善等原因(见图1-1),会展旅游发展迅速。目前,会展旅游在国外已经发展成为一个比较成熟的产业。

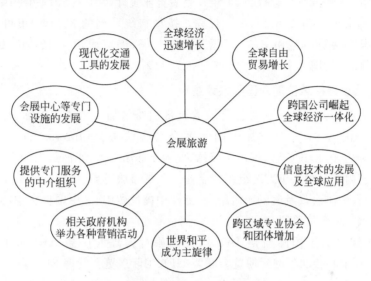

图1-1 会展旅游快速发展的影响因素

(资料来源:张显春.会展旅游.重庆大学出版社,2013)

我国会展旅游业的起步比较晚,但发展非常快,特别是会展旅游业的硬件设施建设大有超前发展的态势。

(一)会展业成为带动经济发展的新增长点

近年来,我国会展业发展迅速,据不完全统计,2000年以来,我国会展业每年以25%左右的速度递增。2018年全国展览总数为10 889场,展览总面积达14 456.17万平方米,每年举办的具有相当规模的展览会总数达到4000个。以北京国际会议中心为例,近年来,北京国际会议中心每年接待的超过千人的国际会议有数十次之多。会展业已经成为我国经济的新亮点。

(二)各地政府积极推动会展业的发展

由于会展业本身的高速发展及其对经济的巨大带动作用,各地政府非常重视会展业的发展,从各方面积极促进会展业的发展。比如,北京市组建领导小组对会展业进行全面研究,包括组建课题组,撰写了《北京会展业发展研究报告》,并由北京市统计局会同有关单位制订会展业统计指标体系,等等。上海、杭州等地也在政府的主导下制订了会展业发展的规划。

(三)建立会展的行业协会组织

各地会展企业在政府的主导下,开始组建行业自律性的会展协会。1998年6月,由北京市贸促会发起,我国第一家国际会议展览业的协会——北京国际会议展览业协会成立。此后,全国各省市陆续成立了会展行业协会组织。2018年8月,第一届全国省级会展行业协会联席会议在上海召开,旨在进一步整合资源,互联互通,促进各地会展业的共同发展。

(四)掀起了展览场馆的建设高潮

据中国会展经济研究会2015—2019年度《中国展览数据统计报告》数据,2015年全国举办经济贸易展览总数9283场,展览总面积11 571.36万平方米;2019年全国举办经贸展览11 033场,展览总面积达14 877.38万平方米;展览数量增长18.85%,展览面积增长28.57%。中国会展经济研究会自2011年开始展览业统计,2011—2019年,中国展览的数量和展览面积年均增长率为5.61%和9.11%。按最初统计到的83个城市可比口径计算,2019年83个城市展览数量由8157场增至9573场,展览面积由12 566万平方米增至13 559万平方米,年均增长率分别为3.39%和7.32%。

(五)主要会议接待单位加入国际会议组织

各地经营会展的公司和一些旅游行政管理部门纷纷加入相关的国际会展组织。截至2019年2月,中国有61家单位加入国际大会与会议协会(International Congress and Convention Association,ICCA),仅次于英国,成为全球第二大、亚洲最大的会员国。北京国际会议中心是国内最早加入ICCA组织的企业。北京市旅游局、中国国际航空公司、中国民间国际旅游公司、中国会议及奖励旅游组织、浙江中国世贸中心、中国世贸中心、中旅国际会展公司等都是ICCA会员单位。

此外,中青旅参加了国际航协IATA、美国旅行代理人协会ASTA、亚太旅游协会PATA,国际展览中心参加了国际博览会联盟UFI、国际展览会管理BIF等。

(六)形成以会展中心城市为核心的五大会展经济产业带

我国会展业已基本形成了以北京为中心的"环渤海会展经济带"、以上海为中心的"长江三角洲——华东会展经济产业带"、以广州、香港为中心的"珠江三角洲——华南会展经济产业带"、以武汉、郑州、成都、昆明等城市为龙头的"中西部会展经济产业带"和以大连、哈尔滨等城市为中心的"东北会展经济产业带"。这些会展经济产业带和会展中心城市的功能和定位各具特色,形成了相互协调、梯次发展的互动式会展经济发展格局。

会展业有自身的产业运行规律和条件限制,要发展为一流的展会与会议举办胜地,举办地需要在基础设施、交通网络、展览和会议场所、市场环境等方面具备一定的基础。

小贴士

百余年来,德国会展业在全球独领风骚,全球八大展览中心有四个位于德国,世界领先的专业性贸易展会约有三分之二在德国举办,每年约吸引18万参展商和1000万参观者,外国参展商和参观者的比例分别为60%和30%,德国展览帝国的地位无人能及。

德国会议发展局(GCB)的负责人Matthias Schultze这样解释德国在展会和会议举办领域取得骄人成绩的原因:"很多因素都起到了作用,比如,良好的基础设施建设、便利发达的交通网络、多样的展馆和会议场所选择,具有明显竞争优势的性价比以及德国在经济和科学领域的领先地位。此外,德国城市为国际展会的顺利进行提供了一个良好的外部环境。"

(资料来源:网易号。http://dy.163.com/2018)

我国江苏省、山东省、上海、北京、广州、深圳等会展中心城市在发展国际会展业方面具

有一定的优势。这些优势主要表现如下。

1. 现有会展场馆健全

上海是全球品牌商业展会登陆中国市场的首选城市。目前，上海市可供展览的室内面积超过73万平方米，居全球主要会展城市之首；"大、中、小、专"展览场馆种类齐全，拥有新国际博览中心、世博展览馆等9个大中型展馆，以及中华艺术宫、上海科技馆等20多家专业展览场所；星级饭店约230家，会展设施齐全，可以满足各类展览需求。

北京市拥有众多展馆、会议场所、体育馆场和博物馆等，这为北京会展业发展提供了良好的基础设施。目前，北京市可供展览面积达38.97万平方米，正在建设的中国国际展览中心二期三期规划总建筑面积达185万平方米，建成后将承接北京市70%至80%的展会活动。此外，北京拥有500座以上的会馆超30家，星级饭店有500多家，客房数达到了13万间，有5000多间会议室，其中很多饭店的会议场馆都达到了国际标准。

2. 会展外部条件相对成熟

会展旅游业作为都市旅游的重要组成部分，其发展不仅需要举办地具有良好的硬件设施，而且要具备较好的城市总体环境和国际交往的综合能力。例如，北京、上海等大城市的地铁、城市道路等交通状况比较好，接待国际国内旅游者人数在我国名列前茅。此外，北京已与51个国家的56个城市缔结友好城市关系。截至2018年年底，北京市境外机构达3.7万家，其中外国驻华使馆172家，联合国机构和国际组织总部5家，国际组织分支机构26家。

3. 举办会议展览总数多

会展中心城市因为有着良好的会展旅游发展条件，所以每年举办的会议展览数量远多于其他地区。《中国展览经济报告》显示，2019年中国各城市办展数量前三名分别是上海市、北京市和广州市，办展合计1097个，占全国办展总数的30.9%。广州和深圳作为珠三角地区重要城市，共办展384个，在广东省占比80.2%。

在举办会议方面，按照ICCA的统计口径，北京、上海、杭州、西安、广州等会展中心城市位列国内城市前十名（见表1-2），其中，2018年北京市接待的国际会议数量为93个，在亚太地区城市中排名第七位，全国居首；上海市接待会议数量82个，位列亚太城市第九名，全国排名第二。

表1-2 2018年城市举办国际会议情况

2018亚太地区城市国际会议数量 TOP 10			2018国内城市国际会议数量分布 TOP 10		
排名	城市	会议数量	排名	城市	会议数量
1	新加坡	145	1	北京	93
2	曼谷	135	2	上海	82
3	香港	129	3	杭州	28
4	东京	123	4	西安	27
5	首尔	122	5	广州	20
6	台北	100	6	南京	20
7	北京	93	7	成都	16
8	悉尼	87	8	青岛	13
9	上海	82	9	武汉	13
10	吉隆坡	68	10	深圳	12

（资料来源：会议产业网. http://www.meetingchina.com/2019）

(七) 会展产业体系正在形成

国际会展业在多年的实践中,形成了一整套接待服务体系。目前我国的会展业也正在形成自己的服务体系。例如,会展组织者(PCO)、目的地接待者(DMC)正在建立中,很多经营会展的公司,都开始培训自己的 PCO。

此外,会展业的教育培训也开始步入正轨。为顺应国际展览业发展的大趋势,缩短中国国际展览业业务水平与发达国家的距离,北京国际会议展览业协会每年都会举办了专业培训班,专门为展览业中、高级经理和从业人员开设培训课程,以促进国内展览业务的发展和展览水平的提升,培养高素质的展览专业人才。

中国贸促会与国际展览与项目协会(IAEE)合作,于 2003 年在中国独家引进的注册会展经理培训(CEM),迄今已举办近 30 期,为中国培养了大批专业化、国际化会展人才。在会展专业学历教育方面,我国已经形成从专科、本科、硕士到博士人才培养完整的学历体系,每年会展专业招生人数稳定在 1.5 万人左右。

(八) 网络参与性强

现代网络技术在我国会展业起步时就开始介入。当前,基于"互联网+会展"诞生的网络型会展正在助力我国会展业经济飞速发展。越来越多的展览企业、展会项目组织者借助互联网开展低成本的市场调查、宣传推广,互联网在线招展,举办线上+线下双线结合的"双线会展"等活动。随着近两年 AR/VR 技术、云计算技术、AI 人工智能技术的发展,我国虚拟展览的发展态势已初具雏形。"互联网+"正促使我国会展业面向平台化、数据化、智能化发展。

(九) 我国在国际会展业中的地位逐步提高

根据 ICCA 统计,2018 年中国举办的国际会议数量在全球排名第八位,接待会议数量达到 449 场,在亚太国家地区中排名第二位(见表 1-3)。这说明,我国展览业在国际展览业中所占地位越来越重要,相当一部分展会具有很大影响力。

表 1-3　2018 年世界国家地区举办国际会议情况

2018 世界国家国际会议数量 TOP 10			2018 亚太国家地区国际会议数量 TOP 10		
排名	国家	会议数量	排名	国家	会议数量
1	美国	947	1	日本	492
2	德国	642	2	中国(大陆)	449
3	西班牙	595	3	韩国	273
4	法国	579	4	澳大利亚	265
5	英国	574	5	泰国	193
6	日本	522	6	中国台湾	173
7	意大利	492	7	印度	158
8	中国	449	8	新加坡	145
9	荷兰	355	9	马来西亚	134
10	加拿大	315	10	中国香港	129

(资料来源:会议产业网。http://www.meetingschina.com/2019)

二、我国会展旅游业的主要问题

虽然我国会展旅游业近几年取得了长足的发展,取得了世人瞩目的成就,但在发展中也暴露出一些问题,其中既有经济发展的客观原因,也有行业发展的内在原因,主要有以下几方面。

(一)市场化和全球化程度不够

在我国会展旅游业的发展中,最重要的问题是市场化和全球化程度不够。

1. 尚未形成 PCO、DMC 完整的接待服务体系

国际会展业的成功经验表明,会展组织者(PCO)、目的地接待者(DMC)分工体系是会展旅游业发展的重要内容,但我国目前无论是会展旅游企业还是政府都较少关注目的地接待者(DMC),对于会展中最为重要的会展组织者(PCO)认识不足。国内的会展旅游公司很少能为客户提供会议、活动、公关、广告、数字营销、奖励旅游等综合整体市场传播服务,客户的整体服务过程处于一种割裂状态。

2. 政府干预较多,部分项目产权不清

目前,我国境内外举办的展览大多是由政府主办或是政府给予资金支持的,在参展人数、展位数量、展览规模、成交效果等方面要严格按照政府给定的指标进行运作,因此滋生了大量形式主义问题。如有的展会现场签约数量很多,但实际落地项目很少;有的展会为追求规模把不同题材的展览同期举办等。由于存在大量政府主办或是政府支持的展览会,导致不少企业和机构碍于政府情面等非市场原因不得不参展,从而使会展经营偏离了市场轨道。

虽然目前我国绝大多数展览会产权是清晰的,尤其是外资企业、民营企业运作的展览项目,但由于历史原因,很多政府主办和全国性行业协会举办的项目,由于主办、承办单位复杂,项目产权问题依旧没有得到很好的解决。

3. 会展业国际化水平发展不均衡,品牌影响力弱

目前,我国会展业发展明显存在着"不对等的国际化"状态,即国际展览企业在中国的业务远远好于中国会展企业出国举办展览的业务,中国企业赴国外参加展览会的情况远远好于外国企业来华参加展览会的情况。

北京、上海、广州等地虽然举办了中国国际大数据产业博览会、中国国际数字经济博览会等国际展览会,但真正意义上的世界级品牌展览数量相对较少,国际化的展商比例较低,国际影响力不够。许多展览仅局限于国内某个区域,规模偏小,综合效益低,市场竞争能力有限。

4. 市场存在不公平竞争

近年来各级政府纷纷出台政策措施促进会展业发展,但有些政策为了获取立竿见影、刺激短期市场的效果,要求按照参展人数、展位数量、展览规模、国外展商比例等指标,作为选取受益主体的标准,有时甚至采取"一事一议"的方式选择扶持对象,这些政策措施直接造成了市场的不公平竞争。

(二)外部环境急需改善

会展旅游业作为商务旅游的重要组成之一,其发展尤其依赖外部条件的完善,但目前我国会展旅游业发展的外部条件还不健全。

1. 法律法规不健全

很多会展业发达的国家都制定了非常完善的法律法规体系,以促进会展业的发展。目前,我国会展业领域在国家层面还没有专门的法律法规。随着会展业的发展,与会展相关法律法规虽然不少,但立法层级比较低,而且规章过多、过乱,导致我国会展业经营比较混乱,主要表现在：重复办展、会展内容混乱、受众对象不明确、举办会展的中介公司良莠不齐等。

2. 审批手续复杂

由于法律不健全,我国在举办会展的审批中,人为因素过多,审批手续繁杂,存在多部门审批、多部门管理的情况；审批时间长,如有的会展审批时间长达一年以上。这也是旅游企业不愿意介入会展旅游业的重要原因之一。

3. 城市环境有待改善

会展旅游业作为都市旅游业的重要组成部分,其发展受制于国际旅游城市的发展程度。目前,我国就连北京、上海等大城市距离国际旅游城市的标准还有相当差距,这些差距严重阻碍了会展旅游业的健康发展。

(三) 重硬件轻软件,重展轻会

目前,我国直辖市、省会城市和大型城市几乎都将会展业作为其经济发展的增长点,并将重点放在场馆等硬件设施的建设上。然而,会展旅游业的发展,绝不仅仅依赖场馆的建设,其发展更依赖于软环境的规范化、国际化等,而这恰恰是国内会展城市发展的软肋之一。

我国各大城市和地区在会展旅游业发展中注重展览场馆的建设,对于住宿、餐饮、交通、银行等会展配套设施关注较少。以交通系统为例,国外展览业成熟国家的交通网络完善,配置有专用货运站和集散中心,而中国很多展览举办地交通拥堵,公共服务设施欠缺,配套设施落后。此外,会展旅游业中,展览与会议是两大基本功能,但各大城市更重视展览业的发展,对会议功能关注不够。

三、我国会展旅游的发展趋势

随着社会的发展,会展旅游作为一种交叉的、新型的旅游产业形态,正朝着生态化和人文化、地域特色化、多元化的趋势发展。

(一) 行业规范性逐步提升

中国会展旅游市场存在不规范化操作问题,运用有效的监管方法,促进会展旅游业健康良性发展成为行业共识。目前,国家已经开始制订有关会展的法律、法规。今后几年有关会展业的法律、法规将相继出台,会展业的市场将进一步规范化。随着会展O2O(Online to Offline)的发展,线上平台及合规工具的使用,将结合互联网的信息透明、评论、反馈监督机制,客观形成对服务产业链的整合和提升,对行业服务质量起到真正的监督作用,推动会展旅游市场规范化发展。

(二) 市场化进程加快

今后,我国政府机关办展将逐渐压缩,商业性展览会进一步放开。政府管理部门将持续推进简政放权,进步转变政府职能,强化行业协会的作用,创新监管方式,不断优化会展旅游发展环境,激发市场主体活力,保障会展旅游的市场化和开放化进程。办展项目报批和审批程序将更加简化,并将按照国际惯例逐步过渡到登记制惯例办法,这将促使会展业真正成为一个规范的市场。

(三) 产业政策将侧重营商环境的优化

营商环境的优化是发挥市场在资源配置中决定性作用的关键环节,是推动中国会展旅游业良性发展的基础性工作。提升软硬件水平,进一步做好公共服务、提供公共保障,以营造一流的营商环境吸引更多国际、高端会议、展览来中国落地,是今后各地制定会展旅游政策的着力点。

(四) 全产业链布局逐渐形成,规模化和集中化趋势明显

会展旅游公司只有具备全角度市场传播服务能力时,才能真正地参与客户营销传播战略、战术的制定,理解并执行客户的市场战略,从而获得更高利润。今后,会展旅游业产业链将不断延伸,通过产业链的延伸,会展旅游公司可以直接控制、入股乃至收购下游资源,降低运营风险、带来稳定营收。

随着会展旅游市场的深入发展,市场将进一步向优质资源倾斜,资源巨头将展开兼并,通过线上线下融合,完善战略布局。

(五) 技术发展推动产业效率增长

伴随着互联网、区块链等新技术的发展,会展旅游公司将更多地利用互联网平台的大数据赋能,敏锐捕捉客户需求,洞悉客户行为的趋势变化,及时制定和调整经营战略和营销策略,获取市场红利。技术发展不仅推进了会展旅游项目的响应速度,而且提升了项目的组织和运营效率,降低了运营成本。

在移动互联时代,运用科技、智慧武装来提升产业素质,让互联网进入各个环节,催生全业态的改变,从而全面提升会展旅游的服务管理水平,是会展旅游业发展的必由之路。

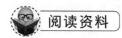
阅读资料

中国会展业走在高质量发展路上

2019年中国会展业继续升温。作为现代服务业的重要内容,会展业已成为许多城市新的经济增长点。从去年国内经济动态可以看出,瞄准会展经济、持续做大做强的城市绝非少数。发展会展业、提升会展经济,正成为国内许多城市选择经济发展路径的共同选项。

1. 建国际会展名城

2019年,围绕建设国际会展名城的发展目标,许多城市以国际化、现代化为引领,会展业实现持续平稳发展。

近日,郑州市会展业促进中心公布数据称,郑州市去年共举办展览240个,展览面积301万平方米,同比增长6.6%。郑州市会展业促进中心负责人介绍说,郑州通过对接国际知名会展机构,吸引更多的国际知名会展企业落地,同时加强与国内重要主办方的战略合作,打造了一批国际性高品质展会项目。

去年,郑州积极申办举办行业展会,努力实现会展与产业联动融合发展。全球跨境电商大会、世界新兴产业大会、世界传感器大会、招才引智创新发展大会、中国服务型制造大会、数字经济峰会等活动,规格高、影响力强、效果显著,会展集聚产业资源要素、服务产业发展

的作用进一步凸显。

同为我国中部地区的重要城市,长沙去年也紧抓"打造中部会展高地、建设国家会展名城"的总体目标,落实《长沙会展发展五年规划》和《长沙会展发展三年行动计划》,发展会展产业、实施品牌工程、承接项目转移、优化会展环境、推动整改落实。长沙的会展将融合湖湘文化优势,实现展览、会议、节庆融合发展的"大会展"战略格局。伴随高铁会展新城的逐步建设,该市会展业迎来了"井喷期"。

石家庄市 2019 年举办了中国数字经济博览会、国际通用航空博览会等展会。一场场高规格的展会不仅为该市带来了诸多商机,也使得石家庄会展业的名片更加亮眼,"办好一次会,搞活一座城"的会展经济放大效应也愈加明显。

西安和昆明等西部城市也将会展业作为 2019 年经济发展的重要抓手。西安按照"围绕重点,品牌优先,分类推进,突出特色"的原则,推动国际会议目的地城市建设,包括推进会议业与旅游业联动发展,提升欧亚经济论坛、世界西商大会、中国通用航空大会、"丝绸之路"旅游博览会等自主品牌展会的影响力,打造新兴工业、国际交流合作类品牌展会等。

昆明服务和融入国家"一带一路"建设,不断推进与南亚、东南亚国家会展的合作交流,促进会展业在昆明对外开放联通中发挥重要作用。围绕《昆明市打造区域性国际会展之都和会议目的地城市三年(2018—2020)行动计划》,昆明着力提升会展业国际化、专业化、信息化和品牌化水平。仅 2019 年上半年,昆明就举办各类展览活动 56 场,总营业收入 8.12 亿元,承办会议 14 010 场,总营业收入 4.5 亿元。

2. 提高会展城市新高度

业内人士认为,我国会展业之所以蓬勃发展,一方面源于中国领先城市正日益深入地融入国际网络,以吸引全球优质产业与创新资源,进而在扩大对外开放的大背景下谋求增强国际影响力;另一方面,现代服务业正在成为中国经济越来越重要的增长引擎,而会展业对于整体经济有着极强的带动作用,因此成为中国众多城市的发展热点。

会展业作为一个城市的窗口,对优化城市社会资源、发展社会经济都有明显的促进作用。尽管一线会议城市的发展依旧超前,但二三线会议城市的发展也不容小觑。仅一年,海口、杭州等会议城市排名迅速攀升,城市形象获得提升。我国会展业虽然起步晚,但因有着旺盛的需求与活跃的经济支持,举办展览会规模和可供展览面积不断增长,现已位列全球首位。

从去年发展来看,会展业能够带来直接经济效益、推动产业结构优化、拉动产业经济发展,还能推动扶贫事业。伴随会展业发展,城市基础设施、营商环境都将得到改善。专业性领域的世界性展会通常被作为某一产业发展的风向标与晴雨表,产生的经济和社会效益更加可观。

许多国内城市看到了会展业日益显著的提升产业竞争力、汇聚优质资源的作用,计划在 2020 年再加把劲儿。比如,郑州市正在申办 2020 年重要展会项目,已申办到第九届中国博物馆及相关产品与技术博览会、亚欧互联互通产业合作论坛等优质展会项目。

"虽然我国会展保持着高速增长,市场规模跃居全球第一,但还有诸多潜力可释放,尤其是对相关行业的带动作用,对各种生产要素的优化配置作用等还有待进一步发掘。"中国会展经济研究会常务副会长如是说。

(资料来源:中国经济网. http://expo.ce.cn/2020)

第一章 绪 论

复习思考题

1. 会展有哪些类型?
2. 发展会展业能起到哪些作用?
3. 我国会展业的发展现状和趋势有哪些?
4. 什么是会展旅游? 其特征表现在哪些方面?
5. 我国会展旅游业现状如何? 存在哪些问题?
6. 试说明我国会展旅游业的发展趋势。

案例分析

"黑马"泰国:奔向亚洲会展业之巅

泰国会展行业近年来的表现可算是一匹黑马。2004 年,泰国的国际 MICE(Meetings、Incentives、Conferencing、Exhibitions)及展览访客所创造的收益仅为 317.89 亿泰铢,到 2014 年已飙至 808 亿泰铢,随后每年稳步上升,至 2019 年泰国 MICE 产业国际游客收入预计将达到 1005 亿泰铢,国际游客数量也预计将升至 124.8 万人。与此同时,泰国 MICE 的国内游客收入也同步飙升,2014 年为 314.94 亿泰铢,2019 年预计升至 1210 亿泰铢,泰国 MICE 的国内游客数量则预计将达到 3140 万人。

泰国会展业的国际排名也水涨船高。据 ICCA 2018 年度排名,泰国 2018 年共承办 193 个国际会议,全球排名由 2017 年的第 25 名升至第 21 名,在亚太地区的排名也从第 6 名升至第 5 名,竟将亚太地区传统会议中心新加坡和中国香港都甩在身后。2018 年,新加坡和中国香港在全球的排名仅为第 31 名和第 34 名,分别位列亚太区第 8 位和第 10 位。

在东盟地区,泰国目前已经成为毫无疑问的第一名。2018 年东盟地区总共承揽 740 个行业展览和 486 个国际性大会,其中 87 个展览和 193 个国际性大会在泰国举办,数量均为东盟地区第一位。2019 年前三季,在会展局的支持下,泰国成功竞标 13 项国际性大会,新吸引了 17 个行业展览,还有 22 个展览在计划中,并成功接待了 12 个超大型会奖旅游团队,每个团队人数均在 3000 人以上。

记者还了解到,这 12 个超大型团中有 10 个是来自中国,总人数达到 10.08 万人,带来的经济收益达 2.365 亿美元。2020 年 MICE 产业将为泰国带来 1056 亿泰铢国际旅客收益,同时国内游客收益也可达 1271 亿泰铢。

会展业成了泰国经济重要的拉动力量,并已成为泰国政府未来 20 年国家发展计划中的新增长驱动引擎。

因此,泰国即将新增 9 家酒店,共计新增 2440 个房间,另外新落成的 ICONSIAM 内的大剧院也将提供 12 000 平方米的会展面积。泰国政府还将启动多项交通建设项目,加大泰国境内通达性和便利性。

为何泰国会展业能异军突起? SITE(国际奖励旅游精英协会)主席 Philip Eidsvold 的总结颇具代表性。他认为,泰国在旅游服务、文化特性和交通通达性方面都具有颇高的实力,而且除了曼谷以外,其他城市也有 MICE 机会。另外,泰国也是个安全性比较高的国家,环境舒适。同时,由于泰国经济的强劲增长,以及在东南亚地区的政经实力,泰国也是很多人想要来做生意的地方,商务往来频繁。综合考量,泰国的旅游性价比非常不错。

在会奖行业,泰国一直是颇具竞争力的目的地。一家不愿透露名称的会奖旅行服务商向21世纪经济报道表示,5000元以内的会奖旅行,泰国可以轻松做多个方案,但是类似的内容和服务品质的行程,放在新加坡至少得加一倍的预算,放在欧美目的地更是要多两三倍以上才行。鉴于近两年经济下行,不少企业的预算吃紧,因此"物美价廉"的泰国成了多个公司的首选,亦间接推高了泰国这个目的地在MICE行业的地位。

泰国近年一直重金扶持会展行业的发展,每带一个团来泰国,相关旅行社和会展公司都会得到相应的现金支持。比如,今年的金猪计划,只要在9月前赴泰的团队人数在1000人以上,并在泰国酒店协会(THA)成员名单中的酒店入住不少于三晚,泰国会展局将为每个旅行社和会展公司提供20万泰铢的财务补贴。

又比如,泰国会展局面向展览会的组织者提供考察基金,给国际性会议组织者提供竞标基金,让其在选择会议地点前,就通过该基金来泰国考察相关的基础设施、市场潜力、合作伙伴等情况。会展局还会在进入竞标阶段时提供宣传支持等,帮助展览业者吸引更多参展商。据透露,泰国会展部门一年为会展行业提供的财力支持大约为1400万美元。

除了政府扶持政策外,泰国会展的快速增长,与产业链相关公司的积极转型也有莫大关系。比如,会奖旅行需要丰富又有创意的行程安排,泰国的美食又颇有特色,因此有不少餐馆开辟了餐饮以外的业务。曼谷市中心的BO LAN餐厅是泰国颇有名气的一家泰餐馆,曾获得世界最佳50家餐厅第19名,并被米其林餐厅指南推荐。该餐厅除了以新式泰餐闻名外,还会向会奖团队开放厨房和举行与食物相关的学习、玩耍等活动,这种连吃带玩的体验很是特别,因此颇受会奖旅行团欢迎。

从曼谷到华欣这两个多小时的路上,泰国沿线居民也开辟了多个体验线路,比如坐小船周游泰国村落,在椰子园里熬椰子浆、做椰子糖,又或是去华欣附近的Phetchabui试试盐疗或草药疗法等,变着法子玩新花样。

尽管泰国会展业成长迅猛,但想要登上亚洲会展业老大的位置可不容易。目前日本是亚太地区排名第一的会展国家,2018年在日本召开的国际性大会高达492个,中国以449个排名第二,泰国与这两个排名前列的MICE大国之间,存在不小的差距。何况泰国的交通状况的确存在问题,记者在曼谷就曾碰到严重的堵车,一个多小时动弹不得。另外,中国早已成为泰国会展国际访客最大的客源地,但泰国会中文的服务人员并不算多,中文服务的水平也远远落后于英语。"我们也在积极寻求改进。"Chiruit Isarangkun Na Ayuthaya向21世纪经济报道表示,或可寻求一些科技手段提高相关服务。

不过,正如Nichapa Yoswee所介绍的,中国很多产品的竞争力越来越强,也在积极寻求出口到国外市场,泰国在展览方面的实力颇强,卖出的展会面积在东南亚已是第一名,因此中国可将其作为进入东盟市场的一个跳板,通过在泰国的展出,向越南、缅甸、印尼等多个东盟国家进行推销。在中国市场的"协助"下,兴许泰国MICE的发展后劲确实会不容小觑。

(资料来源:21世纪经济报道. http://finance.eastmoney.com/2019)

【分析】
(1) 泰国会展旅游业的特点有哪些?
(2) 结合案例,分析泰国会展旅游业的发展对我国有哪些启示?

实战演练

运用本章所学知识,调查分析你就读的大学所在的城市举办过哪些有影响力的会展活动?这些会展活动对城市旅游业的发展带来哪些影响?

第二章
会展旅游管理与开发基础

【知识目标】
- 了解会展旅游的需求与供给；
- 掌握会展旅游目的地管理；
- 理解会展旅游活动筹办。

【能力目标】
- 学会运用会展策划原则分析会展项目实施效果；
- 学会利用所学知识分析会展旅游开发与管理的趋势。

引导案例

30亿投资基金启动，未来万亿市场规模静待开启

2019年6月19日，由上海东浩兰生（集团）有限公司、上海瑞力投资基金管理有限公司作为基石发起人，联合上海黄浦区政府投资基金、华麟资本，共同设立的上海会展产业股权投资基金（筹）启动仪式在国际会展业CEO上海峰会开幕式上举行。据了解，该基金总规模30亿人民币，首期规模10亿，投资领域将涵盖会议展览、活动赛事、商贸旅游、文化创意、体育健康、科技应用等会展产业集群和相关现代服务业。

在投资模式上，该基金将充分发挥产业投资方的产业整合能力和各股东方的产业协同能力，对被投项目进行赋能和价值提升，实现投资收益，推动企业成长。在投资策略上，基金将重点关注会展行业细分领域的高成长型企业、新技术与会展行业结合应用的成熟型企业、成熟阶段的国内外会展项目以及国际大型并购项目等。

根据国际展览业协会（UFI）的报告，全球展览业2018年直接经济产值达1975亿美元，在全球最大行业中排名第56位，高于如机床、医疗设备等行业。中国会展业作为我国经贸活动、国际交流促进的重要组成部分，对促进城市发展、产业转型升级和服务国家战略上起到重要作用。

前瞻产业研究院发布的《中国会展行业市场前瞻与投资机会分析报告》统计数据显示，随着会展业办展数量和办展面积的快速增长，相应会展经济产值也实现大幅增长。2011年我国会展业经济直接产值仅为3016亿元，到了2016年我国会展业经济直接产值增加到

5612亿元。

据前瞻测算，2017年全国会展业直接产值达到6035亿元，同比增长7.54%。初步测算2018年我国会展业直接经济产值达6400亿元左右。预计未来5年，中国会展行业发展的年均复合增长率在10%以上，2022年国内会展业直接经济产值将突破1万亿元。

在经济全球化、科技变革、产业转型、消费升级加速的背景下，中国会展业正面临由高速增长向高质量发展的转型和挑战。为此，会展业需要构建更加完善的政策引领、产业先行、金融适配的体系，以增强市场化资源配置的能力，服务会展业高质量发展。

（资料来源：搜狐网．http://www.sohu.com/2019）

第一节　会展旅游管理

现在，人们经常说起会展旅游管理，但什么是会展旅游却没有一个明确的概念。

一、常见的三种认识误区

（一）重展览轻会议

人们虽然经常提到会展业，但在实际工作中，都是重展览，轻会议。从统计资料上来看，也是展览的数据多，会议的数据少，这说明目前国内对会议业的重视程度尚不及展览业，其突出表现就是专业的会议策划和服务公司未成气候，缺乏专业会议组织者。

（二）把会展和旅游混为一谈

会展旅游只是会展业与旅游业有机结合后的一种旅游产品形式，或者说是旅游企业实现经营多元化的重要途径之一，不能称其为产业。

在会展发达国家，一般将会议业和旅游业归口在会议旅游局或观光局下进行统一管理，展览业则作为一个单独的行业。

（三）会展业是旅游业的一部分

有专家认为，会展业是当今世界都市旅游业的重要组成部分，这种观点存在明显的漏洞。无论是旅游主管部门开始专门研究会展活动对旅游业的作用，还是各大旅游企业纷纷拓展会展旅游业务，都不能改变会展活动的信息交流或产品展示的性质，这一点与旅游活动有着根本区别。这些现象只是说明了会展活动对旅游业的巨大推动作用，而我国在旅游业介入会展活动方面还做得远远不够，其直接表现就是会展旅游发展的明显滞后。

二、基本概念

（一）会议

所谓会议，是指人们怀着各自相同或不同的目的，围绕一个共同的主题，进行信息交流或聚会、商讨的活动。一次会议的利益主体主要有主办者、承办者和与会者（许多时候还有演讲人），其主要内容是与会者之间进行思想或信息的交流。

（二）展览会

展览会是一种具有一定规模，定期在固定场所举办的，来自不同地区的有组织的商人聚会。根据展览内容的不同，国际博览会联盟（UFI）将展览会分为三类，即综合性展览会、专业展览会和消费展览会。一次展览会的利益主体主要包括主办者、承办者、参展商和专业观众，其主要内容是实物展示，以及参展商和专业观众之间的信息交流和商贸洽谈。

（三）旅游

所谓旅游，是指人们出于和平目的的旅行和逗留所引起的一切现象和关系的总和。这些人不会在旅游目的地定居和就业。一次旅游活动的顺利完成主要依赖三个要素，即旅游者、旅游目的地（旅游资源）和旅游业，其根本特点是旅游者的异地流动性（包括异地消费），这一点与会议、展览会极为相似。

通过上述分析，得出三个结论：其一，尽管目前国内普遍采用"会展业"的提法，但会议与展览会在主体内容和运作方式上存在本质的区别；其二，会议、展览会与旅游活动是紧密联系、相互渗透的，但绝不是简单的等同或包容的关系；其三，会展活动和旅游都有一个共同的特征，即服务对象的异地流动性，这为两者在具体运作上的合作提供了基础条件。因此，会展业和旅游业之间可以谈对接或互动，但绝不能画等号。

（四）会展旅游的特征

（1）消费能力强，消费档次高，旅游行业受惠多。
（2）停留时间长，出游机会多。
（3）出行人数多，多为自行组团。
（4）潜在的参加者多，实际的旅游者少。
（5）受季节影响小。

三、会展活动与旅游业如何实现对接管理

随着会展产业规模的不断扩大，一批旅游企业开始涉足会展业务并取得了良好的经济效益。会展活动和旅游业能够而且必须实现有效对接已成为会展界和旅游界的共识。

（一）对接基础

会展业与旅游业能够互动发展，是具有内部条件的。首先，一定规模的人员流动与会议（展览会）、会间或会后的游览、购物、娱乐等活动能够有机组织起来；其次，举办会议或展览会，发展都市旅游，都需要一些基本条件，如鲜明的城市形象、完善的基础设施、便捷的都市服务等。从城市社会经济发展的角度来看，会展活动和旅游活动的开展拥有共同的基础条件。

（二）国内会展业与旅游业的对接现状

目前，国内绝大多数城市的会展业和旅游业都存在着脱节现象，两者之间的关系可以用"外推"两个字来概括。所谓外推，单从字面意思上来理解，即指会议或展览会是将参展商、与会者和观众推向饭店、景点、旅行社等旅游企业，旅游企业滞后接待、被动受益；旅游部门在整体促销、配套服务等方面远没有发挥出应有的作用，旅游业对会展活动的支撑效果不明显。

(三)国内会展业和旅游业之间脱节的主要表现

1. 在市场促销上

政府在组织会展公司和旅游企业开展联合促销时存在很大障碍,更何况没有类似于法国专业展览会促进委员会(promo salons)的专业会展管理机构来牵头。

2. 在人员流向上

由于缺乏有效引导和相关服务,参展商、与会者和外地观众的主要活动仅限于参加或观看展览会(会议),只有很少一部分人会参与游览、购物或文娱等活动,即使有也是小规模的、自发的。

3. 在配套服务上

许多会展组织者精力分散、服务效率较低;与之相对应的是,旅游部门提供给与会者、参展商及观众的服务主要是住宿和餐饮,交通安排、文化娱乐、购物向导和游览活动组织等服务项目明显不足。

4. 在综合效益上

会展活动给旅游企业带来的经济效益不够大,旅游业内部各行业从会展活动中的收益极不平衡,住宿、餐饮、交通获利多,游览、购物、娱乐获利少,现有旅游资源,尤其是城市及周边地区的景点,没有得到充分利用。

(四)对接策略管理

会展业和旅游业实现互动需要政府的有效引导,但归根结底取决于会展公司和旅游企业之间的合作程度。前者为后者带来数量可观的客源,并创造更多的市场机会;后者为前者提供配套服务,并增强会议或展览会的吸引力。

1. 角色定位

在开展会展旅游活动时,会议或展览公司应扮演"旅游吸引物创造者"的角色,这种吸引物既可以是其所拥有的场馆,也可以是其举办的大型会议或展览会;饭店应该主动与会展公司合作,以合理的价格和高品质的服务迎接参展商、与会者入住,并积极争取展览会期间的各类高峰论坛在本饭店举行;旅行社则应转变传统的经营模式,把重点放在专业观众的组织以及会展活动与其他游览活动的衔接上。

2. 管理体制

在管理体制上,我国可以成立会议旅游局,将会议业纳入旅游部门进行统一管理;在展览业内成立展览行业协会,对展览会进行统一规划、管理和促销。

3. 整体营销+配套服务

城市在进行目的地整体促销时,会展部门完全可以和旅游部门协作,即使是会展企业单独开展营销推广活动,也应将会议/展览会与城市及周边的旅游景点和旅游接待设施结合起来。饭店、旅行社等旅游企业应积极为参展商、与会者和观众提供食、住、行、游、购、娱等一系列服务,并尽量将丰富多彩的旅游节庆活动与大型会议或展览结合起来。

4. 客源预测

会展部门应与旅游部门联合开展调研和预测,以增强参展商(与会者)对展览会(会议)

的信任程度，但两者的工作侧重点有所不同，前者侧重专业观众，后者侧重一般旅游者。

5．场馆后续利用与管理

从旅游开发的角度来讲，场馆建造起来后，除会议服务公司、展览公司等继续举办大型展会以吸引观众外，旅游部门可考虑将具有本城市特色的现代化场馆作为都市观光的一个重要景点，以提高场馆的利用率。

四、会展旅游管理

我国的会展旅游发展处于初步发展阶段，一个很大的原因就是我国商务旅游发展滞后。以前我们所说的旅游，主要指消费性旅游，也就是个人的休闲娱乐旅游，不包括商务旅游。实际上，旅游业包括两大块：一个是消费性旅游，另一个就是商务性旅游，如果没有商务旅游，那些五星级酒店难道都是个人旅游时去消费？这显然不合理。这种认识导致我国商务旅游发展受限，会展旅游发展滞后。

会展旅游介于消费性旅游和商务性旅游之间，区分主要看消费主体。上海世博会就是典型的会展旅游，包括了这两方面的内容，个人和公司都有。

（一）我国会展旅游发展的困境

我国会展旅游发展当前最大的困境，就是大家对会展旅游的价值和作用认识不够。例如：旅游规划，是画画、讲故事，就是将山水、人文景观找出来、画出来，把故事说全了；旅游开发商，是修、建房子，要做好景区的基础设施建设。但是规划好了，景区建好了，没人来，只能是资源闲置。怎么才能让人来旅游、来消费呢？办会展，会展解决的就是交通、食宿的事情。

会展活动把以前那种被动性地接待游客，变为主动性地邀请游客，改变了游客的组织方式，改善了游客的结构，丰富了游客的活动内容。这三个方面就是会展旅游的积极作用，而这也给旅游规划提出了新要求，除了画画、讲故事外，还要明确谁将是消费的主角、有哪些消费内容等。

会展旅游虽然处于初级阶段，但由于有巨大利益驱动，导致会展旅游陡然升温，城市已成为会展旅游浪潮中的主角。发展会展旅游，政府应当明确准确的概念、形势、条件和目标定位，以减少进入会展旅游的盲目性。当前有两种倾向必须引起各级政府的重视：一是在发展会展旅游时，各级政府显现出少有的急迫性；二是在进入会展旅游市场时，又表现出少有的盲目性。

（二）会展旅游的管理

政府作为会展旅游管理的主体，在发展会展旅游方面，主要突出其特有职能。

1．政策扶持

政府应将发展会展旅游作为促进城市经济发展的重要环节，重视其发展并提供相应的政策扶持。

2．建立健全宏观管理机构

要建立健全宏观管理机构，加强对会展公共服务的协调。

日本、新加坡以及中国香港等国家和地区在其旅游管理机构下设会展局，专门负责发展会展旅游。我们也可参照这种做法，在文化和旅游局下设会展处或类似机构。

现在北京、上海、广州、深圳、珠海、大连等城市,已经逐渐形成了一批在海内外有一定规模和知名度的品牌展会,如广东的广交会、大连的国际服装周等,同时它们也是我国会展旅游开展得比较好的城市。

教学视频

上海世界旅游博览会

上海世界旅游博览会(WTF)是由上海市旅游局、欧洲展览集团(VNU)共同主办,上海旅游会展推广中心和上海万耀企龙展览有限公司共同承办的旅游展会。作为华东地区首屈一指的年度旅游采购盛会,上海世界旅游博览会始终坚持组织国内外优质旅游资源及旅游服务企业,为国内旅游业界买家和众多旅游爱好者展示丰富多样的旅游资源,并致力于为参展企业提供开拓中国乃至亚洲客源市场的有效平台。

自从2004年成功首办,上海世界旅游博览会已走过辉煌的15年。2019年4月18~21日第十六届上海世界旅游博览会在上海展览中心召开,吸引了来自53个国家和地区的750家联合参展商,呈现世界各地丰富的旅游资源和优惠热门旅游产品。

据悉,第十六届旅游博览会的国际展商既有来自意大利、保加利亚、俄罗斯、斯里兰卡等地多家与旅游博览会长期合作的目的地展商,也有来自摩洛哥、委内瑞拉、马达加斯加等地的新兴海外目的地展商。国内地区以沪苏浙皖长三角一体化联合展区为代表,包括宁波、湖南、广东等地方旅游机构和景点参与。

除了目的地多样性以外,展商的另一个特点是涵盖领域广阔。上海世界旅游博览会也将依托这一特点,打造属于自己的旅游生态闭环,逐步简化旅游行业上下游之间的对接,打造华东地区的专业旅游交易平台。

(资料来源:上海世界旅游博览会. http://www.worldtravelfair.com.cn/2019)

(三)会展旅游活动筹办

会展业与旅游业之间有一种天然的耦合关系,举办会议展览(尤其是国际性的)必然涉及食、住、行、游、购、娱六大旅游要素,而各种国内及国际会展活动的参加者也自然地形成了旅游业的重要客源市场。从当前形势看,发展会展旅游成为国际旅游市场的新趋势,越来越多的国家和城市加入日趋激烈的市场竞争中。

我国会展旅游方兴未艾,显示出强劲的势头。会展旅游已经成为旅游产业的拳头产品之一。随着会展产业规模的不断扩大,旅游业对会展活动的支持作用表现得越来越明显,一批旅游企业开始涉足会展业务并取得了良好的经济效益。会展活动和旅游业能够而且必须实现有效对接,这已成为会展界和旅游界的共识。由此也就形成了会展旅游接待市场。

第二节 会展旅游的需求与供给

会展旅游是参加会议和展览的人的旅行,以及在会议前后的参观游览活动。它包括大型会议旅游、公司企业举办的会议旅游、学术会议旅游、贸易展览性旅游(TRADE FAIR)和科学技术展览性旅游(EXHIBITION)等。

一、会展旅游的需求与供给状况

在国际、国内旅游市场上,会展旅游是一个发展极快,又潜力巨大的市场,已经引起了各方面的高度重视。会展旅游之所以受到人们的青睐,在于它有以下优点:一是在价格和季节上所受的影响比其他旅游项目小;二是会展旅游者滞留时间长,旅游消费水平高。

从旅游需求来看,会展旅游是特定群体因会类或展类的举办而前往举办地参加会展活动的整个会展过程,包括会展前、会展中以及会展后期的因旅游需求而产生的参观考察、休闲游览等活动的综合性的旅游形式。

从旅游供给来看,会展旅游是在会展组织者或承办方的倡议下,由指定的旅游企业针对各类别会展的举办而设计推出的专项旅游产品。

我们所提倡的会议旅游并不是让旅游企业举办各种会议和展览,而是让旅游企业发挥行业功能优势,为会展的举行提供相应的服务。

二、会展旅游需求的分类

(一)会议旅游

会议旅游是指人们由于会议的原因,离开自己的长驻地前往会议举办地的旅行和短暂逗留活动,以及由这一活动引起的各种现象和关系的总和。

(二)展览旅游

展览旅游是指以展览为依托,吸引人们参与各类展览活动并为其提供与旅游业相关服务的一种综合性旅游活动形式。

小贴士

第十五届中国国际动漫节于2019年4月30日至5月5日在杭州举行。此次动漫节共吸引86个国家和地区参与,有2645家中外企业机构、5778名客商展商和专业人士参展参会,总参与人数高达143.6万人次。动漫节成交及达成签约交易、意向合作项目1368项,涉及金额139.84亿元,消费涉及金额25.2亿元,总计165.04亿元。在参与地区、参与人数、办展规模、交易金额和节展效益上,第十五届动漫节都再创新高。

(资料来源:中国新闻.http://www.chinanews.com/2019)

(三)节事旅游

节事旅游是指以节事活动为吸引因素,以地域文化为主导,吸引人们前往旅游目的地开展各类旅游活动的特殊旅游形式。

小贴士

作为锦州市对外文化交流的重要窗口,中国·锦州古玩文化节已成为锦州文化产业中的"金"字招牌,享誉全国。2019年5月18日至20日,第十四届中国·锦州国际古玩文化节暨中国锦州文化旅游节在锦州古玩城举行。据统计,国际古玩文化节期间,锦州共接待境内外参展商、收藏爱好者及游客逾 50 万人次。

(资料来源：国际在线. http://ln.cri.cn/2019)

(四) 奖励旅游

奖励旅游是基于工作绩效而对优秀职员及利益相关者进行奖励的管理方法和以旅游方式进行的商务活动。奖励旅游是一种商务手段。

旅游业全面介入会展和节事业可以分为三个层次。

(1) 传统的旅游企业特别是旅行社将自身定位成会展、奖励旅游和节事活动的组织者，向会展公司或奖励旅游公司全面转型。

(2) 在经营中引入新的业态，例如，酒店兴建专业的会议设施，用于承接各类会议或展览会；旅行社从事奖励旅游业务等。

(3) 扩充服务内容，譬如酒店设立专门的会议部或旅行社设立单独的部门，主要承接大型会议或展览会的会务工作等。

三、会展与旅游的需求与供给

(一) 会展与旅游的互动作用

1. 会展拉动旅游消费

会展旅游是旅游业产业化、社会化以及行业交叉以后出现的新的旅游活动方式，为旅行社、饭店、餐饮业带来了新的发展空间，为会展举办地的旅游经济带来了新的亮点。

2. 旅游推动会展业发展

会展业的发展在于会展举办地的基础设施和硬件设备的建设和配置情况，如交通、住宿、餐饮等，都是会展活动得以举办的必要性条件。

3. 会展与旅游的协调发展

(1) 合理整合相关资源以达到协同效应

会展与旅游的互动性可以使人们更充分地利用会展举办地的旅游资源。按照市场规律和顾客需求对会展与旅游进行整合，可以形成协同效应，从而更好地发挥资源的整体效能。

(2) 会展与旅游结合以提升会展举办的品牌效应

会展旅游的共同特点就是，参展商和旅游者都会向会展举办地城市进入。因此，向参展商和旅游者全面地展示本地的经济、文化和社会风貌，对于扩大会展举办地对外的影响力和知名度，提升城市形象有很好的效果。

(二) 会展活动和旅游活动的区别

会展活动与旅游活动的对比分析如下。

1. 主要目的

会展活动是为了解决问题，促进特定资源和信息的交流或达成共识，促进商贸的发展；旅游活动则旨在休闲、观光游览、娱乐身心、文化交流、增长见闻等。

2. 操作流程

(1) 会展活动的主要操作流程

会展活动的主要操作流程是选择主题——市场调研——寻求支持单位(新闻媒体、行业协会、相关政府部门等)——联系会展活动场地——向相关行政管理部门办理、展会申请、报批等手续——展会进行中对参会、参展方的服务及危机管理——会后展后的后续工作(包括跟踪会展活动的质量及经验总结)。其中,还涉及专业化程度高、涉及面广、科技含量较高的零星管理工作。

(2) 旅游业主要的流程

旅游业主要的流程是旅游资源的规划与开发立项——市场调研——旅游产品设计及其宣传促销——为旅游者提供食住行游购娱等服务——服务质量调查反馈及评价。

3. 经营的产品和主要服务内容

会展活动销售的是会或展的参与权,主要提供展位、洽谈服务、信息交流等;而旅游活动销售的是旅游线路及其中的服务,主要提供的是食住行游购娱等综合服务。

在会展旅游活动中,会展活动和旅游活动的需求与供给尽管是两种几乎完全不同的产业群体,但两者整体上存在一种主从关系,即旅游业(从)服务于会展业(主),从事会展业通常是旅游业实施多元化战略的路径选择,会展业则是把旅游业提供的各种服务和资源作为开展会议展览活动时的辅助要素,两者是相辅相成、互为补充的。会展业与旅游业的融合是全球会展业发展的必然趋势。会展旅游作为旅游经济的重要组成部分,正是会展业和旅游业相互介入式的经济活动的必然结果,是综合会展业和旅游业两大产业优势形成的新型产业。

第三节 会展旅游策划

策划是人们为实现预定的目标,对与目标有关系的信息资源进行深入分析,并综合运用广告创意、管理、营销和财务等方法,进一步发挥创造性思维,事先谋划、构思和设计有关问题的解决策略,形成最佳行动指导方案的过程,由此引出了会展策划的内容。

一、会展策划

(一) 策划的含义

有关策划的定义目前主要借鉴哈佛的《企业管理百科全书》的定义:策划是一种程序,在本质上是一种运用脑力的理性行为。基本上所有的策划都是关乎未来的事物,也就是说,策划是针对未来要发生的事情做当前的决策。换言之,策划是找出事物的因果关系,衡量未来可采取的途径,以目前决策作为依据,即预先决策做什么、何时做、如何做、谁来做。

国内也有的学者把策划归于管理职能,认为策划是以科学的、系统的、创新的、实效的原则,通过全方位的信息处理、智力运作和参与,对目标的所有资源进行重新整合和开发,以提高综合实力、实现利益优化为最终目标的一种管理职能。这个定义有些片面,在学科大类上策划从属于管理,但是从目前策划理论和方法的发展来看,策划越来越呈现出自身相对鲜明和相对独立的特点,我们采用策划程序论的定义,而管理是保证策划案实施实现的方法和工具。

（二）会展策划的含义

会展策划是对会展的整体战略与策略的运筹规划，是指对于提出会展战略和计划、实施并检验会展决策的全过程作预先的考虑与设想。会展策划不是具体的展览业务，应该是会展决策的形成过程，是将会展目标具体化的过程。

会展策划应该有以下几个程序性内容：根据市场调查与预测，确定展会主题、展示对象和观众，突出会展表现形式，制定会展总体规划，实施营销计划与方案，完成会展组织、会展管理、会展费用预算、会展效益评估和效果测定等一系列的决策。因此，会展策划就是在会展调查的基础上，根据展会的战略目标，制定有效的会展策略方式和方法。

二、会展策划的核心理论

从策划本身的内涵来讲，就是策略和规划的意思，规划强调会展的整体结构或者流程控制，而策略赋予这种结构或者流程以更加充实丰富的内容。举办一次会展通常历经一个较长的周期，涉及大量的资源投入，这与任何传统的实体工程项目有着显著的特征差异，前期很多耗时耗力的工作看起来都是无形的，这些工作全靠策划缜密的方案不断地把相关信息进行汇总、整理、分析和运用，会展策划的成败取决于会展举办的短短几天时间的实施过程。因此，会展策划是一个会展项目的核心架构，所有工作都要围绕会展策划案拓展和运作，但是这并不意味着会展策划案是一成不变的，当周围的情景条件发生变化的时候，灵活应变调整策划案也是必不可少的。上述问题，都可以从会展策划所涉及的内容中得到清晰的把握。

从会展可行性分析与立项策划角度出发，立项策划主要是通过内外环境调研，识别市场需求，确定会展的主题，并围绕会展主题展开的相关内容的分析，包括该主题会展的长短期目标、投资风险收益和相关资源等影响要素。从项目管理、营销管理、财务管理、危机管理、合同管理和信息管理六个方面来界定会展策划。

（一）项目管理

会展举办具有过程渐进性、结果不可挽回性和组织的临时性与开放性等项目的特点，因此整个会展从筹备到举办可以采用项目管理的方法。项目管理就是在有限的资源条件下，为实现项目目标所采取的一系列的管理活动，它是理顺与项目有关的众多错综复杂的难题的一种手段和过程。

（二）营销管理

会展营销就是展览公司制定和执行计划、定价、促销和销售创意及展览服务，以此创造商品或提供服务，满足参展商、观众和其他利益相关者的个人和组织目标。

（三）财务管理

会展财务管理主要是对会展所需资金的筹集、使用及运作中的各项收入和支出活动进行管理，贯穿于会展项目的始终，从最初的预算、中期的控制到最后的结算都非常重要。由于会展项目运行过程中需要大量的前期垫付资金，会展项目的收入与支出不能同步，能否保证充足的资金流是决定会展管理成败的关键因素，因此会展项目中的财务管理就成为重中之重，其主要的职能是财务决策、财务计划和财务控制。

建立优良的财务管理系统,使会展项目经理能够控制财务状况,了解现金流与活动目的和目标的关系;把握资金的来源和去向;确定各个子项目的收入和支持百分比;控制支出的规模;确定增加收入、减少支出的可能性,能保证总目标的费用分配决策。

(四)危机管理

会展行业非常容易受到国际国内的政治、经济和社会等突发事件的干扰,有时甚至会阻止会展筹备工作的正常进行。对于会展业而言,危机是指影响参展商和观众对展会举行目的的信心和扰乱展会组织主体继续正常经营的非预期性事件。

会展项目从策划、立项、招展到开幕一般需要一年甚至几年的时间,一旦受到干扰,会展组织者会损失惨重。例如,2020年的新冠肺炎疫情让全国展览会的收入下降了近55%,利润下降了约60%。

(五)信息管理

会展行业是一种商业信息集散的行业,会展组织者不涉足具体的易货交易,而是通过信息收集、分析和处理形成的信息库,进而为大量的有潜在交易的供需双方提供必要的了解、洽谈和交易的场所,传递并引导行业发展趋势,提高行业内的商业效率。

会展信息管理包括会展信息系统的建立、会展信息流的确定、会展信息处理过程的控制,还有会展信息形式、会展内容、会展传递方式、会展存档时间的确定等。

三、会展策划的原则

会展策划的原则是指能够反映会展策划过程的客观规律和要求的、在会展策划活动中需要遵循的指导原则和行动准则。会展策划原则是会展策划客观规律的理性反应,无论是策划目标的确立和策划问题的评估,还是策划方案的设计制作和实施,都必须依据会展策划原则的指导。会展策划的主要原则如下。

(一)前瞻性原则

所谓前瞻性,是指会展策划方案在时间的延续上要经得起历史的考验,具有较长时期的适应性、实用性、领先性,这对企业设立和企业技术改造策划尤为重要。前瞻性是指会展主题要引领行业发展趋势,捕捉行业的潜在需求,否则会展策划案就会缺乏市场吸引力。

(二)创新性原则

创新性原则应该贯穿企业策划的始终,会展是一个具有自身特色的特殊行业。它是一个开放性很强的活动,从会展立项开始的调研工作,就需要与不同的组织合作和协调,例如向有关机构索取信息和数据,听取参展商的意见等;在准备工作中,会展机构要进行选址和融资工作;而在整个实施过程中,从营销到展会期间,也是要广泛开展社会资源的吸纳和整合。这种开放性决定了会展工作的不确定性,因此,会展策划必须不断创新动态变化的形式,保证最终目标的实现。

(三)系统性原则

会展策划的系统性原则,就是运用系统理论对会展策划进行充分分析,从整体和部分之间相互依赖、相互制约的关系中,揭示会展策划这一系统的特征和运动规律,以取得最佳的展览效果。

(四) 艺术性原则

艺术性是策划人的知识、灵感、经验、分析能力、洞察能力、判断能力和应变能力的综合体现,目的是在会展策划中闪现创意的新奇亮点和应时而变的灵活性,以做到出其不意。

(五) 效益性原则

会展策划的效益性是由会展的营利性决定的,会展活动要取得良好的经济和社会效益是举办会展活动的一个主要目的,会展各方主体的目标在很大程度上是通过会展活动获取利润,可以说,会展的效益是衡量会展策划是否成功的标准。

四、会展旅游项目策划的原则

会展旅游项目作为特殊的旅游项目,在策划上与传统的大众旅游产品有所不同,一般说来,应当坚持以下原则。

(1) 会展为主,旅游为辅。参展商前往会展举办地的根本目的是参展而非旅游,因此,在对会展旅游项目进行策划时,必须秉承"会展为主,旅游为辅"的原则。

(2) 会展旅游项目须突出会展的主题。一般来说,大型的会展活动每一届都会有一个特定的主题,会展旅游项目策划必须以会展的主题为核心展开。在进行旅游项目策划时,必须对会展的主题有一个正确而充分的认识,在此基础上才可能设计出切合会展中心思想的旅游项目。

(3) 适应性强,留有较大的选择余地。

五、会展旅游项目策划的流程

会展旅游项目的策划一般经过以下程序。

(1) 收集、分析相关信息。通过媒体、调查、网络等渠道和方式,获取关于会展的主题、参展商情况、经济预测等方面的信息。

(2) 市场定位和确定目标。结合市场供给情况和自身资源等,确定目标群体、旅游项目的类型、消费结构等。

(3) 提出项目的初步分析。提出会展旅游项目的初步方案,包括主题、理念以及主要内容等,一般须准备多个方案以供备选。

(4) 对备选方案进行论证。对备选方案组织专家进行评估、讨论,可采用头脑风暴法、专家小组法等。

(5) 选定项目方案。选定最终的项目方案。

(6) 编写企划书。对项目进行最终的实施(如联络供应商、价格谈判等),提出阶段性的项目推介方案。在此基础上,对会展策划的核心理论从项目管理、营销管理、财务管理、危机管理、合同管理和信息管理等几方面进行阐述,并提出会展策划应遵循的原则。最后讲述会展策划的程序和方法,会展策划的程序性可以保证把各方面的活动有机整体地结合到一起,协调各个系统,形成整体的策划方案,有序地分清工作秩序及工作架构。

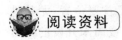 阅读资料

上海新国际博览中心

上海新国际博览中心(SNIEC)由上海陆家嘴展览发展有限公司与德国展览集团国际有

限公司(成员包括德国汉诺威展览公司/德国杜塞尔多夫博览会有限公司/德国慕尼黑国际展览中心有限公司)联合投资建造。作为中外合资合营的第一家展览中心,上海新国际博览中心已建设成为中国最成功的展览中心之一。

上海新国际博览中心拥有17个单层无柱式展厅,室内展览面积200 000平方米,室外展览面积100 000平方米。每个展厅规模为70米×185米,面积为11 547平方米。服务区设在大厅两端。在拱廊一端的服务区内及展厅之间设有商店。展厅内完全没有柱子,高度为11米,其中5号展厅高度为17米。展厅设有灵活性分隔、卡车入口、地坪装卸、设备、办公室、小卖部及餐厅和板条箱仓库。

上海新国际博览中心的入口大厅,明亮气派,可安排来宾登记、信息查询和洽谈等。观众从这里可方便快捷地进出各个厅。整个展馆高挑宽敞,设施先进,设有商务中心、邮电、银行、报关、运输、速递、广告等各种服务项目,能够向客商提供全面的优质服务,满足各类展览会的要求。

上海新国际博览中心位于上海浦东——中国商业、经济、科技、贸易、航运、金融和信息中心。自2001年开业以来,SNIEC凭借其独特的区位优势、先进而实用的展馆设施,以及专业的服务品质,成为促进国内外经济往来的重大国际展会平台。SNIEC每年举办100余场知名展览会,吸引700余万名海内外客商。上海新国际博览中心的成功运营凸显了展会经济在中国及东亚经济区迅猛发展过程中的重要作用,为中国和亚洲展会经济做出了重要贡献。

(资料来源:上海新国际博览中心.http://www.sniec.net/2019)

第四节 会展旅游开发

一、会展旅游的概念

会展旅游,是指为会议和展览活动的举办提供展会场所之外的且与旅游业相关的服务,并从中获取一定收益的经济活动。旅游业参与会展活动的目的是开拓旅游市场空间并获取一定的经济收益;是根据参会者的不同需求为其提供旅游企业所擅长的服务。

根据参加者参加活动类型的不同可将其细化为会议旅游和展览旅游。这种划分方式有利于旅游企业依据不同的活动类型提供不同的服务。

(一)会议旅游

会议旅游就是政府、公司、科研机构和民间团体等组织的人员因参加不同类型的会议而派生出来的一项特殊的旅游活动。召开会议的目的是解决问题、交流信息或达成共识,作为举办者和举办地为促进与会目的的实现,则提供完备的会议设施和优质的服务,同时凭借其所在地的风景名胜,让参会者在舒适的环境中开展会议活动,并辅助进行旅游景点的游览。

因此,不管会议的规模大小和重要程度如何,组织者都将选址放在了首要位置,尤其是国际性会议,在地点选择方面更倾向于景色优美、空气清新的旅游景观区或尚未开发的自然景观区,并不是都在人气旺盛的大都市。

优秀旅游城市中的一部分因具有会议的先天地理优势和基础条件往往成为首选。各类会议对多功能的会议中心的通信、交通服务、视听设备、文书、同声传译以及干净、卫生和舒适的住宿、饮食和娱乐条件及比较专业化的服务均有较高要求。这就要求旅游企业必须依据会议旅游所表现出的特征提供,专业化和细致化的优质服务。

(二) 展览旅游

展览旅游是指为参与产品展示、信息交流和经贸洽谈等商务活动的专业人员和参观者而组织的一项专门的旅行和游览活动。相对于会议来说,展览要求的是聚人气、讲规模、重品牌,举办地需经济实力强大、基础设施良好、商业环境优越、文化氛围浓郁、信息辐射迅速、进出交通便利。旅游企业在人员接待、事务协调、活动安排、票务预订等方面均比专业展览公司具有独到优势,由于市场需求和展览活动的激发,展览旅游便应运而生。

旅游企业在开发这一旅游产品的同时,必须按照展览的分类(综合性展览和专业性展览)和发展变化而调整其服务内容。专业性展览,旅游企业应该熟悉行业的发展情况和参展者展览之外的需求,能安排与本地同行业的交流与参观访问活动,应该由专业化的旅游企业来承担。综合性展览,因其规模庞大、人数众多、持续时间长,单一的旅游企业无力提供所有服务,故需建立战略伙伴或由大型旅游集团来承揽。

二、会展旅游的特征

(一) 关联带动性特点

会展业与旅游业都有很强的关联带动性,这决定了会展旅游的联动效应较大,能带动前后相关支撑产业群,如餐饮业、商业、交通运输业、广告通讯业等的共同发展,并可培育新兴产业群,从而形成整体的倍增效应,成为经济与社会发展的助推器,为区域经济的发展注入新的活力。

国际研究发现,会展业的联动效应在1∶5～9,即会展业1个单位的收益可为相关服务产业带来5～9个单位的经济收益。据统计,上海每年因会展业带来的直接经济收入比为1∶6,间接的已达到1∶9。这些数据充分说明,强大的关联带动性是会展旅游的一个重要特点,也是发展会展旅游的前提所在。

(二) 专题化要求

以会展业为基础的会展旅游专业化程度极强。对会展旅游的主办方和承办方来说,从申办、竞标,到策划、筹办,再到运作、接待都是一个系统工程,有的大型会展常需要几年的时间来筹备。这决定了各举办城市不但要有专门的会展场地,还要有了解会展业、懂经济、会管理的专业人才,能围绕某一主题来进行策划、组织和推销工作。因会展旅游具有客户消费高、规模大、行业互动性强等特点,所以对服务人员服务质量的要求也比其他旅游方式要高。

(三) 同城市发展水平密切相关

会展旅游不同于其他旅游形式,高质量的会议展览设施及相应的现代化管理水平、服务水平、优美的城市环境和社会环境是其展开的物质基础和先决条件,因此,它与城市的发展水平关系极为密切,既要求城市具有举办会展活动的基础条件,又要有良好的旅游吸引物。

鉴于此,发展会展旅游,必须有一定规模的会展场馆,确保有足够的展台供企业单位的产品展出;城市内须有方便快捷的交通条件,建立发达的旅游航空交通网;要有完善的现代会展设施,包括配备同声翻译系统、图文传输系统和网络会展系统等;还应具备发展会展旅游所需的一切相关接待条件和旅游吸引物。大城市特别是大都市作为信息、交通、经济中心,满足了会展旅游发展的硬件需求,并使会展旅游成为都市旅游的重要组成部分。

三、会展旅游市场开发

会展市场的成功开发主要依托以下两个方面:一是经济全球化条件下如何最大化营销企业或产品;二是如何完善企业或地方的能力。

(一) 外部营销

1. 战略组织联盟形式

国外会展市场的开发比较成熟,既有会展组织机构,也有自由职业者,像 ICCA(国际大会和会议协会)和国际展览局等全球会展组织机构和各地相关政府服务机构是推动会展旅游业的主要部门。目前,我国已经有部分企业加入了该组织系列。利用会议开发的大型国际性或系列性机构对外宣传仍是有效的市场开发手段,但多在协会组织发挥作用,而对于企业组织这一市场层面仍需更为有力的手段,其中会议组织与旅游公司建立联盟开发旅游市场不失为较好的办法。

2. 独立开发体系建设

经济全球化时代企业或地方面临的巨大改变就是可以利用信息工具直接与各国、各地区发生关联。因此,企业或地方自主营销已经成为主要手段。为弥补 CVB 机构对企业会议组织不力的缺憾,企业更应加强自身与客源市场的直接往来,需要独立的公关部门完成稳定客源并开发新客源的任务。相当数量的会议组织者也希望直接与供应商联系,获取除目的地及企业信息之外的特殊信息。另外,独立的市场开发机构还可以起到巩固回头客的功能。

(二) 内部规划建设

1. 会展营销的旅游人力资源

由于会展旅游活动的独特性,其人力资源建设问题也就相对突出。会展旅游的行为决策是由少数人决定的,各类专业或非专业的会展组织者在其中起到了主要的中介作用。因此,培育与之打交道的会展旅游专业营销人员是必要的,并且这类人员要具有会展业与旅游业的交叉经验。在企业或地方内部,相应的人员也要承担培训自身员工的任务,形成灵活机动的应变人力结构,根据会展旅游的发展不断调整组织内部的主体机能。

2. 会展服务的综合能力

企业层面:接待会展群体的核心是会议设施的建设,如各类会议室、展览厅、新闻信息中心、酒会场所等,并对原有的住宿、餐饮、娱乐等设施加以改进完善,另外则是提供合意得体的会场内外服务。地方层面:接待会展群体的核心则是宜人的自然与人文环境的建设。企业和地方在会展旅游方面的制作模式可以用"地方生产,全球营销"来概括,因此追求设施与服务的地方特色是关键。

四、会展旅游项目开发

(一) 展览场地的选择

考虑因素:交通便利程度、通信设施、气候、服务设施、环境和旅游资源。

1. 我国展览中心的建设现状

20世纪90年代以来,随着我国对外开放的步伐加快,以及我国融入经济全球化的进程加速,被称为"眼球经济"的会展业作为服务业中的一个主要行业,在国内获得了空前的发展。与此同时,很多现代化国际展览中心(会展中心)也应运而生。

据不完全统计,2019年国内展览馆数量达到173个,室内可租用总面积约1076万平方米;全国共有31个展览馆室内可租用面积在10万平方米以上,约占全国展览馆总数量的18%;有38个展览馆室内可租用面积在5~10万平方米,约占全国展览馆总数量的22%;有75个展览馆室内可租用面积在2~5万平方米,约占全国展览馆总数量的43%。

2. 现代化展览中心的特征

(1) 规模宏大

国外目前新建的展览中心占地面积都在100万平方米,如巴黎北郊展览中心的占地面积高达115万平方米。我国新建的展览中心建筑也呈现越来越大的趋势,目前深圳国际会展中心总展览面积50万平方米(一期建成40万平方米),是我国规模最大的展览馆。出于前瞻性的考虑,不少展览中心在建成20万平方米的展馆后,还留有一定的预留地,以便增建展馆。

(2) 设施齐全

现代化的展览中心是集展览、会议、文艺表演和体育比赛等功能为一体的综合馆,同时建有餐饮服务和停车设施,如慕尼黑展览中心就拥有一个1万辆车位的停车场。

(3) 智能化与经济实用相结合

目前,一般的展览中心都基本具备智能化的网络系统,同时,展览中心的展馆设计也很注重经济实用性,占地规模大但不浪费土地,展馆设施齐全但外观并不豪华。

(4) 规划设计以人为本

现代化的展览中心一般选址在市郊。将交通便利作为选址的首要条件。展览中心的内部布局也是以人为本,如餐饮中心分布于各展馆周围,便于用餐;场址保留有绿地,有利于环境保护。展馆的设计也是以人为本,一般是单层、单体,高度13~16m,便于布展作业,适应展台特装设计要求。

(5) 具有政府支持

由于现代化展览中心也有一定的公益性,主要是对举办地的经济发展具有带动作用,因此,一般地方政府对展览中心的建设都给予积极支持。除了给予优惠政策外,不少还给予直接的资金和土地支持。

3. 办展选择展馆的因素

办展选择展馆的因素主要为:展馆形象、展馆性质、展馆展厅大小及调整的可能性、展馆的配套设施水平、展馆的规定是否公平合理、展馆对外交通是否方便、展馆的展期安排。

(二) 展位承建商的选择

展位搭建工作是设计和施工两个环节的结合,对展会来说是一项专业性很强并且关系到展览形象和声誉的重要工作。展位搭建的第一个环节是设计工作,第二个环节是施工搭建工作。无论公司参展目的如何,展位都必须要显示出公司的形象。

1. 展会承建商的职责

展会指定承建商即主场搭建商,是由展览会主办方指定的为参展商提供展台搭建等现场服务的企业。主场搭建商一般负责为参展商提供标准摊位和特装展台的搭建,会场拱门、指示牌及名录版等的制作,展具租赁等服务,还可满足参展商提出的一些特殊要求,如紧急加装、撤展等项服务。不同展会的组展方对主场搭建商所提供的服务要求也不尽相同,一般在参展指南中会详细列明。

主场搭建商负责展会展位的搭建,同时对组展方和参展商负责。展示效果是观众对展会形象的第一印象,所以展位外观设计效果的好坏,在很大程度上会影响到展会的整体形象和参展商的展示效果,进而会影响参展商的参展效果。参展商很多时候都把主场搭建商所提供的服务看成是展会组展工作服务的有机组成部分,因此组展方在选择主场搭建商时,一定要全面考察,以确保其能够胜任展位搭建工作。

2. 如何考察展位承建商

如何选择主场搭建商是参展商面临的重要问题,通常来说主要从以下几个方面进行考察。

(1) 具备较为全面的知识和技术

展位承建商应当具备的技术:室内设计与装潢技术、工程结构知识、制图和模型方面的知识、照明/给排水/电子机械方面的知识、图片和表格的布置、展架展具、施工材料和展台施工的知识、展位承建商的选择、与办展机构或参展商的沟通、对于展位设计目的的理解、展位的艺术表现、表达主题和形象、展位设计的功能性。

(2) 要有丰富的经验

展位的有些承建工作特别需要经验的积累,如对展具展架的使用、对展会现场施工要求的理解、对展会观众人流空间的预估、对参展商展示要求的处理等。经验丰富的承建商能更好地处理设计方面的问题,保证展位设计的目的性和艺术性,可避免忽视展位设计的功能搭建出好看不好用的展台,或者是只考虑展台展示效果的华丽而忽视展商的参展主题造成华而不实的现象。

(3) 提供合理的价格

展位承建商的价格是组展方选择承建商需要考虑的一个重要因素,他们提供价格的高低同时关系到组展商和参展商两者成本的高低,所以要同时关注他们向组展商和参展商提供服务的价格。组展商要求展位承建商的价格应该合理,但并不是越低越好。

一般展位承建商的价格与他们的实力以及提供的服务相关。实力强的公司,其工作质量及服务有保证并值得信赖,价格通常会高一些。这就说明在选择展位承建商时,价格因素是重要的但不是绝对因素。

(4) 要熟悉展览场地及其设施

展览会的布展和撤展时间有限,展位承建商要对展览场地及其设施有所了解,才能更好地考虑展位的空间设计布局,更好地安排人流的流向。

除此之外,展位承建商还应熟悉展览场馆对展位搭建的限制性要求,如展位的限高以及展具展架使用的限制、通道和公共用地的限制、消防和安保方面的限制和要求等,必须要了解才能保证展台搭建的顺利进行。

(5) 可以提供展位维护保养服务

展位承建商搭建好展位以后,还要对展位承担维护和保养的义务。展会开幕后,如果有需要,参展商和办展机构要很方便地就能找到承建商,承建商要能及时地提供服务,能很好地完成参展商对展位进行改进和调整的要求,只要这些要求是合理的和可行的。

3. 指定展位承建商的方法

在举办展会时,组展方基本上都要事先选择一到几家展位承建商来具体负责这项工作,通常把组展方选定的承建商称为展会的指定承建商,也被称为主场搭建商,由他们来负责大部分参展商的展位搭建工作。可以通过招标和专家推荐的方式具体选定展会的承建商。招标选定展位承建商是较为常见的方式,展位承建商通常是与组展方签订合同,由组展方对其进行监督和管理。招标一般可分为:公开招标、选择招标、两阶段招标等四种形式。

(三) 确定展会物流服务商

1. 运输管理

由于运输有它自己的行业操作规范和工作技巧,国际展览运输协会对会展运输代理的工作提出了以下两个方面的要求:第一是遵守会展运输代理的工作准则;第二是遵守报关代理的工作准则。也就是说,在选择会展运输代理时,不仅要考虑到运输能力,还要考虑其海关报关能力。

国际展览运输协会认为,运输代理的业务主要依赖于三个方面的管理,即联络、海关手续和搬运操作。

(1) 联络

联络的第一个要求是语言。国际展览运输协会的运输代理成员中必须有会说流利的英语、德语、法语和展览会举办国家或地区的主要语言的人,主要是为了保证运输代理和组办方、参展商能够很好地沟通和联络。

第二个要求是运输代理必须在展览会场设立全套办公设施,如果会场不具备条件,要在合理的距离(步行距离内)设立办公设施,并配备常设的支持设备,以便与地方办公室及时联系。

第三个要求是协助客户与运输代理的联络,必须要配备以下设施:国际电话和国际传真。

第四个要求是运输代理必须提供详细、有效的邮政地址,这一点对于临时在现场工作的代理非常重要。因为参展商会在展会前后把运输单证文件(提单、海关文件)直接寄给运输代理。

(2) 海关手续

运输工作最关键的部分应该是办理海关手续。海关手续办理是否及时直接影响到国际参展商的展览计划,如果不能及时办理,就可能出现展会开幕而展品未到展场的情况。对此项工作主要有两个要求。

一是展会组织机构和代理共同为展会设立临时免税进口手续,根据海关的规定,对于有些题材如汽车展会,运输代理可能还需要担保或交保证金。

二是要与海关商妥现场工作的时间和期限,包括正常工作之外的时间、周末和节假日等,以便有足够的时间办理海关手续。以下是办理进出口手续的一些时间标准。

① 进口手续。整车放行卸货,在预先通知的情况下,货车抵达后 6 小时;未预先通知的情况下,货车抵达后 14 小时。空运货物放行,在预先通知的情况下,货车抵达后 8 小时;在未预先通知的情况下,货车抵达后 48 小时。

② 出口手续。

a. 包装检查。在预先通知的情况下,开始后 2 小时;未预先通知的情况下,申请后 8 小时。

b. 装车检查、铅封、货车放行。在预先通知的情况下,装车后 3 小时;未预先通知的情况下,申请后 8 小时。

c. 办理出口或转口文件。在预先通知的情况下,提交文件后 4 小时;在未预先通知的情况下,申请提交文件后 8 小时。

另外,为顺利办理梅关手续,参展商有义务向会展运输代理提供全套准确的相关文件,事先通知并准确地表述和申报。

(3) 搬运操作

国际展览运输协会对搬运操作的要求主要有以下五点。

① 运输代理必须熟悉现场,并在展览施工和拆除期间能随时使用合适设备和有经验的搬运工,应事先预计到非常规的、大尺寸的物品运输装卸问题,并准备好需使用的特殊设备。

② 运输代理要在现场安排仓储地,如果不可能,就在尽可能近的地方(不超过 30 分钟的路程)安排仓库,以存放保密和易盗的物品。

③ 空箱应当存放在现场或离会场尽可能近的地方,以确保参展商在展会后能迅速运回空箱,这是展会撤展成功的关键因素。

④ 卸车和装车必须在同一天内尽快完成。

⑤ 要协调好所有参展商的要求,并相应安排好搬运操作,以避免出现混乱。

总之,现场搬运操作的成功完全在于运输代理,因此运输代理必须事先就协调好所有参展商的搬运需求,提前把相应的安排告知组办机构和所有的参展商,避免节外生枝。

2. 国内运输代理

国内运输代理主要负责国内参展商的展品及相关物资的运输工作,有时也作为海外运输代理国内段运输的代理。国内运输代理主要分为来程运输和回程运输。

(1) 来程运输

来程运输是指将参展商的展品及相关物资自参展商所在地运至会展现场,主要有以下几个环节。

① 展品集中和装车。

② 长途运输。

③ 接运和交接。

④ 掏箱和开箱。

掏箱是指将展品箱从集装箱或其他运输箱中掏出或卸下,并运到指定展位的过程;开箱是指打开展品箱取出货物。掏箱工作要准确有序,时间和人员要安排合理;开箱工作一般由参展商自己负责,要注意清点和核对货物。

经过以上运输环节,货物安全准时到达会展现场后,参展商就可以按照计划安排布展工作了。会展结束后,根据参展商的计划,有些货物需要运回参展商所在地,有些需要运给经销商等,这样就涉及回程运输的问题。

(2) 回程运输

回程运输是指在会展结束后,将展品和相关物资自展位运至参展商指定的其他地点的运输工作。回程运输的目的地可能是参展商所在地、参展商指定的地点,如经销商和代理商的所在地或另一展会所在地等。

回程运输的基本环节与来程运输相似。回程运输的时间要求虽然不高,但办展机构和运输代理应该提早筹备回程运输,以免引起撤展现场的混乱。

(3) 其他注意事项

办展机构在指定国内运输代理时,还要考虑以下几个因素。

① 时间安排。

② 运输路线和方式。办展机构有必要督促运输代理为参展商安排最佳运输路线和运输方式,尽量使用集装箱等安全的运输方式。此外,一定要明确不同运输方式的到达目的地。

③ 包装要求。由于在同一个大型展馆可能同时举办多个展会,为了在展览现场搬运和装卸方便,办展机构可以和运输代理一起安排好会展物资的运输包装要求,如包装标志要注明展会名称、展位号、收货人名称和地址等。

④ 费用问题。办展机构有必要让运输代理向参展商提供合理的运费和杂费的收费标准,防止运输代理收取的费用过高;要和运输代理谈妥陆运、水运和空运的基本费率,以及迟到附加费、早到存放费、码头/机场费等附加费率、自选服务的费率,并明确告知参展商。

⑤ 保险。办展机构要督促运输代理提醒参展商,在安排运输时需要投保的险别。

(四) 服务的选定

从付费方式看,有三种以下服务方式。

1. 全包服务

从交通票务、迎送、住宿、会务费、餐饮到所有的会展旅游活动,以统一的价格报出并作统筹安排,更经济划算,购买者会获得一定的优惠。

2. 半包服务

由于时间不足、费用限制等原因,与会者除会务费必须缴纳外,在交通票务、迎送、住宿、餐饮及会展旅游活动中,省略某一项或几项。

3. 单项服务

与会者除会务费必须交纳外,不再预先购买交通票务、迎送、住宿、餐饮及会展旅游活动中的项目。

复习思考题

1. 会展旅游的特征有哪些?
2. 会展活动与旅游业如何实现对接管理?
3. 会展旅游的需求与供给状况是怎样的?
4. 会展策划的原则及怎样界定会展策划?
5. 会展旅游市场开发包括哪些方面?

案例分析

四川眉山会展经济强势起步

眉山,成都附近一座具有悠久历史的小城。6月,4场国际和国家级会议先后在这里举办:由联合国教科文组织主办的"文化2020城乡发展:历史村镇的未来"国际会议、全国日本经济学会2019年年会、全国文化和旅游系统人事工作研讨会暨乡村能人支持项目现场会、地理标志农产品保护工程启动仪式暨全国农产品地理标志培训班。"越来越多的重要会节活动在眉山举行,总的看来是富有特点、富有成效、富有影响。"眉山市委书记慕新海说。

有底气 以会促会

"历史村镇的未来"国际会议是眉山建市以来承办的最高规格国际盛会,参会的86名外宾、170余名专家来自43个国家。这个会议为什么能落户眉山?

原来,2017年11月,联合国教科文组织通信、会议与合作部门主管多琳被眉山生态环境、文化氛围、发展态势以及办会能力折服,提出在眉山办会的初步构想。

最近两年,眉山成功举办多场次国内外重要会议及会节活动。"这将全方位展示眉山开放发展形象,极大提升眉山的知名度和影响力,助力眉山加快建设开放发展示范市。"慕新海一语道出办会初衷。

如何让眉山在会展经济主办方众多选择中脱颖而出?眉山有这些办法。

一是彰显比较优势。本次全国文化和旅游系统人事工作研讨会暨乡村能人支持项目现场会,是文化和旅游部组建后首次在北京以外地区召开的全国性文旅会议。这是因为该市文广旅局和丹棱县共同实施的国家示范项目"民间众筹文化院坝建设",在结项评审中获得西部第一名。

二是以会促会,实现良性循环。在"历史村镇的未来"国际会议上,厄瓜多尔文化和遗产部部长劳尔·佩雷兹·托雷斯对东坡文化和眉山非遗艺术赞不绝口,发出盛情邀请,东坡国际文化节走进南美洲有望实现。

三是创新思路,创造"主场"。早在2017年,眉山主动对接,成为北京世园会国际竹藤组织园的主要协办单位,在世园会上拥有这一难得的展示平台。在该园所展示的3000多件竹藤产品中,七成来自眉山。

眉山市还拥有东坡国际文化节、眉山东坡国际半程马拉松赛等多个自办的知名会节活动等待做大、做强。

算大账 虚功实做

全国日本经济学会2019年年会本是全国日本经济学会的一个工作年会,但眉山借助这一平台,成功加"戏":举办中日康养产业发展与合作研讨会、眉山市优势产业推介会。

同时,中国社会科学院日本研究所中日康养产业合作(眉山)基地揭牌。这是中国社科院设立的唯一一个研究基地,将为开展中日康养产业的深入研究搭建平台。参加年会的日本中荣集团还与眉山卫生职业学校签订协议,将合作培养护理专业人才。前来参会的众多日本康养产业相关机构和企业中,有40多家早就在眉山的"朋友圈"里。

"缘分"来自总投资约300亿元、落户于天府新区眉山片区的中日国际康养城项目。去年以来,多家日本企业前来考察调研,对和眉山乃至四川开展康养产业合作表现出极大兴趣。

"今年西博会眉山的签约项目,可能会从这次会议中催生。"眉山市经合局局长赖刚说,仅会议期间,该局就获得10多条项目信息,未来将逐条深挖对接,力促落户。

"每次会议都是商机,每名与会者都可能是眉山未来的投资者、宣传者、推动者。"眉山市要求相关人员与参会来宾保持联系热度,以此推动国际合作和友城交流。

在"历史村镇的未来"国际会议中,泰国楠府府尹维拉凯迪·赛瑞斯帕科纳认为,楠府和眉山在区位、环境、旅游等多方面有诸多相似之处,希望双方建立官员互派学习交流机制。

天府新区眉山片区管委会凭借一条不起眼的信息,成功与美国加州签订总投资260亿元的加州智慧小镇项目,开工在即。2017年以来,眉山通过西博会等各种会节活动平台,签约项目106个,合同金额1559.2亿元,履约率96.23%,开工率82.08%,投产率25.47%,资金到位率30.59%。

抢"蛋糕"做出品牌

眉山也从"一月四会"的节奏中发现问题,总结经验,以更好地迎接未来。

一位拟出席"历史村镇的未来"国际会议的重量级嘉宾,在登机前两个小时发现,承担往来旅程的旅游公司居然没为其购买机票,而另一位波兰外宾抵达成都双流国际机场后,因未办理来华签证在入境时被拒……

因此,眉山首次采用联络官加志愿者的接待模式,组建18个外事接待工作小组,抽调18名副县级领导干部担任外宾在眉山期间的联络官,收到明显效果。

"会展经济既是潜力股,又是引爆点。"眉山市东坡区委书记朱莉说,"这是一块无比巨大的'蛋糕'。"该区将尽快引进一家知名国际博览集团公司,举办更多有影响力的会展活动,推动会展产业做大做强、做出品牌。

(资料来源:中国国际贸易促进委员会.http://www.ccpit.org/2019)

【分析】

(1) 四川眉山会展旅游业的特点有哪些?

(2) 结合案例,分析眉山会展旅游业的发展对你所在的城市有哪些启示?

实战演练

(1) 课堂讨论:四川眉山会展旅游的开发策略。

(2) 实践与训练:参与当地一个专业展会的策划,尝试运用两种策划方法,分别编写策划程序,并讨论、比较策划结果。

(3) 课后作业:2019中国(国际)休闲发展论坛在杭州举行,请撰写该论坛的会议旅游策划方案。

第三章 会议旅游

【知识目标】
- 了解会议旅游的基本含义、要素和作用；
- 掌握会议旅游的特点和类型；
- 理解会议旅游运作的程序和内容。

【能力目标】
- 学会联系实际分析会议旅游目的地应具备的条件和基础；
- 学会分析会议旅游的发展趋势和前景。

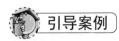 引导案例

会议旅游的成功典范——世界经济论坛（达沃斯论坛）

世界经济论坛（world economic forum，WEF）是一个非官方的国际组织，总部设在瑞士日内瓦。其前身是1971年由现任论坛主席、日内瓦商学院教授克劳斯·施瓦布创建的"欧洲管理论坛"，因为这个论坛在全球的影响力不断扩大，它在5年以后改为会员制。1987年，"欧洲管理论坛"更名为"世界经济论坛"。论坛的年会每年1月底至2月初在瑞士的达沃斯小镇召开，故也称"达沃斯论坛"，小镇达沃斯也因此闻名遐迩。

一个偏僻的瑞士小镇发展成为世界级会议举办地，达沃斯发展会议经济的秘诀在哪里？达沃斯小镇，位于瑞士东南部格里松斯地区，隶属格劳宾登州，坐落在一条17公里长的山谷里，靠近奥地利边境，它是阿尔卑斯山系最高的小镇。在兰德瓦瑟河的达伏斯谷地，海拔1529米。人口约1.3万，主要讲德语。小镇气候宜人，为疗养和旅游胜地，20世纪起成为国际冬季运动中心之一。到20世纪中叶，245平方公里的达沃斯小镇已经成了阿尔卑斯山区最大的度假胜地、体育和会议中心。

最早，达沃斯是靠空气出名的。19世纪时，肺结核还是不治之症，到此寻求政治庇护的德国医生亚历山大，发现达沃斯因为海拔高，四面环山，空气干爽清新，对保健有极大的帮助，也是各种肺病患者最佳的疗养地。达沃斯因而也被称为达沃斯旅游健康度假村。当时城里的医院鳞次栉比，今天当地的很多酒店就是由医院改建而成的。达沃斯在医学界的地位不减当年，每年仍有不少国际医学大会在这儿举行。不过，真正让达沃斯扬名天下的，还

是1987年前落户在这里的世界经济论坛。

据说,会址之所以选择在达沃斯,只不过是因为当时年仅32岁的论坛创始人施瓦布先生酷爱滑雪罢了。不过,就是这个偶然事件,却让小镇从此快速发展起来。

在达沃斯小镇召开的世界经济论坛,给达沃斯带来了举办世界级会议的好名声,而这好名声又给达沃斯带来了一个又一个的国际会议。如今,每年在达沃斯举办的300人到1500人规模的大型国际会议就有50多个,小型国际研讨会的数量更是将近200个。达沃斯每年的GDP约为8亿瑞士法郎,而这些国际会议就能给达沃斯带来3亿瑞士法郎的收入。

会议产业与休闲紧密互动,也让达沃斯论坛进一步放大了达沃斯原有的滑雪圣地优势,促进了当地旅游业的发展。如今,只有1.3万居民的达沃斯,直接从事旅游服务业的就有4000多人。每年,这里要接待来自世界各地的230多万游客。

达沃斯论坛本身之所以成功,很大程度也是因为它将会议与休闲相结合。达沃斯论坛期间,聚集了来自全球的2400多位各国政界、商界重量级人物。参会代表除了发言外,当然还要带上自己的全套滑雪用具,到达沃斯长达300千米的雪道上滑雪。这里的冬天尤其丰富多彩,每年大约有70万游客来此度假。这里拥有全欧洲最大的高山滑雪场,它拥有5个独立的滑雪场,其中任何一个都可堪称大雪场。冬季的瑞士还是一个雪橇王国,几乎所有的滑雪场都设有雪橇区和雪橇小径,因此,瑞士也是滑雪观光者和初次体验者的天堂。

达沃斯小镇是会议旅游地的成功典范,小镇借会议经济发展休闲产业,靠休闲产业更好地提升会议经济,让旅游度假与会议完美结合,这也是达沃斯小镇成为知名的会议、温泉度假、运动度假胜地的原因所在。

(资料来源:新浪网.http://k.sina.com.cn/2018)

第一节 会议旅游的基本概念

国际会议旅游产业已有几十年的发展历史,如今已经成为全球重要的旅游产品。按照世界权威国际会议组织——国际大会和会议协会(ICCA)的统计,每年全世界举办的参加国超过4个、参会人数超过50人的各种会议约有40万以上,会议总开销超过2800亿美元。国际会议市场的巨大潜能和会议产业的高额回报,使越来越多的国家和地区盯住了这棵摇钱树。

当前,世界上国际会议旅游产业发达的国家多位于欧美等地。

一、会议旅游的概念

在这个全球化越来越盛行的时代,几乎每时每刻都在进行各种类型的会议活动。在我国,会展旅游这一新生概念出现以前,会议旅游基本上就是会展旅游的代名词,其含义基本等同于今天所指的会展旅游。

国际上通常将会展旅游概括为MICE四部分,其中的M和C所对应的就是会议旅游。目前对于会议旅游没有特别统一的概念,各种观点站在不同的角度和立场,其内容也是不同的。为了更好理解会议旅游,我们综合目前主流的会议旅游的概念,将会议旅游定义为:会议旅游(convention tour)是指由跨国界或跨地域的人员参加的,以组织、参加会议为主要目的,提供参观游览服务的一种旅游活动。

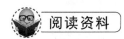阅读资料

国际大会和会议协会简介

国际大会及会议协会(International Congress & Convention Association,ICCA)创建于1963年,总部位于阿姆斯特丹,是全球国际会议最主要的机构组织之一,是会务业最为全球化的组织,包括会议的操作执行、运输及住宿等各相关方面的会议专业组织。

ICCA的首要目标是通过对实际操作方法的评估,促使旅游业大量地融入日益增长的国际会议市场,同时为他们对相关市场的经营管理交流实际的信息。作为会议产业的领导组织,ICCA为所有会员提供最优质的组织服务,为所有会员间的信息交流提供便利,为所有会员最大限度地发展提供商业机会,并根据客户的期望值提高和促进专业水准。

同时,ICCA的国际会议产业供应商网络遍及全球,成员单位来自近100个国家和地区,会员单位有1000多家。一切在战略上致力于为国际会议提供高质量产品和服务的公司、组织,ICCA都欢迎他们加入进来。国际会议策划者可以借助ICCA的网络,为他们的活动找到全部的解决方案,包括会议地点选择、技术咨询、参会代表交通帮助、大型会议的全程策划和服务。

ICCA的会员们代表着全世界顶尖的会议目的地和最有经验的专业供应商。ICCA的使命是,创建一个全球化的会议产业共同体,使其成员能够在竞争中产生并报纸明显优势。截至2019年2月,中国有61家单位加入ICCA,仅次于英国(66家),成为全球第二大、亚洲最大的会员国。

(资料来源:中国会展经济研究会.http://www.cces2006.org/2018)

二、会议旅游活动的构成要素

会议旅游活动不论规模大小、规格高低、议题多寡、时间长短,都是人们在政治、经济和社会活动中的一种常见的重要活动方式。一般来说,任何构成会议旅游的活动都应包括以下几方面的要素。

(一)主办方

主办方即会议旅游活动的发起者和东道主,其任务主要是根据会议的目标和规划,制订具体的会议实施方案,并为会议活动选择和提供必要的场所、设施和服务,确保会议正常进行。

一般而言,一些跨地区、跨国家的国际会议,往往采取申办竞争程序来确定会议主办者;一些合作性和学术性组织都有召开经常性会议或例会、年会的制度,每一个成员单位都有主办会议的权利和义务。通常情况下,会议的主办者就是会议承办者,但有时也有所区分,如2001年APEC会议的主办者是中华人民共和国,但具体承办者则是中国上海市,承办者对主办者负责。

(二)与会者

与会者即会议代表、参加会议者。他们是会议旅游中最主要的组成部分,也是会议旅游活动主要的服务对象。与会者又可以根据身份和地位的不同分为会员代表、非会员代表、一般代表和贵宾(VIP)等。

(三)议题

议题是指会议旅游所需讨论或解决问题的具体项目,它是会议旅游的基本任务。议题的确定是会议策划中的关键,议题的选择与会议目的密切相关。议题可以安排一会一议或一会多议。一会多议最好是内容相近或相关的,这样便于讨论,节省时间。

在会议期间临时提出的议题称为动议。动议一般所涉及的内容都较为紧急,常常是针对某项已经列入议程的议案而提出的修正性或者反对性议题。

(四)名称

名称即会议旅游的主要议题和类别。有时,会议旅游的标志实际上就表达了会议旅游的名称。

(五)时间

时间即会议旅游活动召开的具体时间。适时开会是一个基本原则,会议应当在适当的时间召开。一些会议是定期举行的,会议时间是用制度固定下来的,如联合国大会的召开,在每年9月第三周的周二开始,并一直延续到12月20日左右结束。一些非常会议是临时决定召开的,如布置一些紧急任务等。

会议的长短首先应考虑会议议题的多寡,因此会议主办者设计会议议程时,要对每项程序仔细分析,确定大概时间,再做科学调配。

(六)地点

地点即会场所在地。大型的会议还应有主会场、分会场之分。

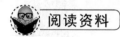

2020西安丝绸之路国际旅游博览会

2020西安丝绸之路国际旅游博览会(以下简称旅博会)旨在进一步响应和落实十三五规划中将文旅产业打造为国民经济支柱产业的战略,传播丝路文化,发展丝路旅游,促进文旅融合,塑造新时代陕西文旅产业品牌形象,带动西北五省区文旅产业发展,推进"丝绸之路"沿线文化旅游深入合作。

旅博会每年一届,已成功举办六届。本届旅博会展览面积4万平方米,组委会将进一步整合优势资源,加大宣传力度,吸引更多的国内外客商参展参会,以期为参会者提供更多合作机会。

一、活动名称

2020西安丝绸之路国际旅游博览会。

二、活动时间

2020年3月27日—29日。

三、活动地点

西安曲江国际会展中心B1、B2、B3、B4馆。

四、规模

展览面积40 000平方米,2000个国际标准展位,参会人次10万。

五、组织机构

主办：陕西省文化和旅游厅、甘肃省文化和旅游厅、青海省文化和旅游厅、宁夏回族自治区文化和旅游厅、新疆维吾尔自治区文化和旅游厅、新疆生产建设兵团文化体育广电和旅游局。

承办：西部国际会展有限公司。

六、参会代表

文化和旅游部领导、陕西省领导、西安市领导、各省市区文化和旅游部门负责同志、参展国文化和旅游部门官员、国内外文化和旅游机构代表、国内外参展商、国际国内买家、专业观众、公众、媒体等。

(资料来源：新展网.https://www.expon.cn/2020)

三、会议旅游的作用

目前，世界上的许多城市都在不遗余力地争夺国际性会议的主办权，其根源就在于大型的国际性会议会给举办城市带来巨大的商业利益，同时还会带动整个城市相关产业的发展，如旅游业、交通运输业、餐饮业、饭店业、信息产业等。

经常举办国际会议，不仅能为举办城市带来可观的经济效益，更能为该城市带来无法估价的社会效益。大型国际会议的举办城市往往具有良好的城市形象，甚至通过会议扩大城市的国内外影响力，成为世界知名城市。因此，会议旅游活动的举办会直接或间接地带动举办地经济和社会的发展。

拉斯维加斯：从"世界赌城"到"会展之都"

拉斯维加斯(Las Vegas)是美国内华达州的最大城市，以赌博业为中心的庞大的旅游、购物、度假产业而著名，拥有"世界娱乐之都"和"结婚之都"的美称。10年间拉斯维加斯凭借繁荣的会展业及多元文化娱乐产业持续拉动城市旅游及消费，并逐渐甩掉"世界赌城"的形象，成为"世界会展娱乐之都"。

场馆：运营管理重在提高效益

拉斯维加斯会展及观光局成立于1990年，是根据美国内华达州立法设立的官方机构，拥有独立董事会，负责宣传推广拉斯维加斯的旅游、会展和重大活动，拓宽拉斯维加斯在旅游和酒店业的影响力，并管理着两个场馆(拉斯维加斯会议中心和卡仕曼中心)和5个游客咨询中心。

拉斯维加斯的沙地会展中心、拉斯维加斯会议中心和曼德勒海湾会议中心跻身全美十大会展中心之列，展览面积分别为20.2万平方米、18万平方米、13.5万平方米。拉斯维加斯会展场地面积总计约90万平方米，位列全美第三，但经济效益排名第一。

拉斯维加斯已连续22年被列为全球第一大贸易会展目的地，200强会展中有44个在拉斯维加斯举行，堪称全球闻名的会展之都。拉斯维加斯每年举办各类会展2.2万多次，大型会展600个，吸引访客600万人次，经济收入超过80亿美元，解决直接就业人数逾4.6万，间接就业岗位2.9万。

2016年,到拉斯维加斯参加会展人数达630万人次,比2001年的450万人次增长了14%,会展及其相关收入逾82亿美元,比2001年的60亿美元增长了13.7%。

据拉斯维加斯会展及观光局统计,参加在拉斯维加斯举办的展览会,每个客商平均直接消费933美元,间接消费1543美元。拉斯维加斯电子消费品展、春秋季服装博览会、国际美容美发展等一大批展会已成为拉斯维加斯金光闪闪的城市名片。

为了改善消费者体验,在激烈的会展竞争中立于不败之地,拉斯维加斯会展与观光局投资8.9亿美元,分阶段改善拉斯维加斯会议中心设施,包括技术升级、建造多功能会议厅和改善交通设施。

转型:利用已有优势助生新业态

从单一化经营战略向多元化转型,全力打造会展业及多元文化娱乐产业,持续拉动城市旅游及消费,拉斯维加斯完成了华丽的转身,令人不禁刮目相看。

拉斯维加斯会展业起步于1959年,世界飞行展这一年首次在这里举办。20世纪90年代,拉斯维加斯迎来了第一次改革浪潮。著名的梦幻金殿、纽约纽约、威尼斯人酒店均建于彼时,单一博彩模式也随之被集美食、娱乐、购物为一体的多元度假新模式所取代。

最近5年,会展业带动了拉斯维加斯变革的第二次浪潮,这次最先采取行动的依然是酒店业。2012年年初,著名的撒哈拉酒店翻新工程开始动工,酒店改建为SLS拉斯维加斯度假酒店。SLS开发商以前瞻性的分析和眼光选择买下距会展中心仅数百米之遥的撒哈拉酒店,并对其进行重新设计与打造。酒店于2014年投入运营。从此,以SLS为代表的新兴酒店掀起了拉斯维加斯商务旅游新热潮。

目前,虽然每年到拉斯维加斯的游客人数达4000多万,消费金额高达320亿美元,但其中来自博彩业的消费仅占25%,约合80亿美元。内华达州博彩管理委员会资深研究人员洛顿指出,博彩业收入减少,是因为拉斯维加斯游客的消费方式变了。

拉斯维加斯城市发展模式的两次变革浪潮,特别是近年来会展业的大热,帮助其有效缓解了博彩业的低迷现状。凭借卓越的会展设施和服务,拉斯维加斯吸引全球各界人士前来参加商务活动、会议和展览。会展业给当地带来了6.65万个就业岗位,创造了27亿美元的工资收入,给当地产生了多达93亿美元的经济效益。

据拉斯维加斯会展及观光局统计,2015年,拉斯维加斯游客访问量再创新高,累计接待4230万人次,实现同期增长2.9%;举办2.2万多场会议和商贸展览会,吸引会展游客共计590万人次,创8年以来新高,同比增幅达13.4%,是游客访问量增长的首要驱动力。目前,拉斯维加斯拥有15万多间酒店客房,每晚平均入住率为89.1%,超过北美任何目的地。

随着会展娱乐业的不断兴盛,拉斯维加斯的发展令人振奋。"一站式"住宿购物餐饮和娱乐综合休闲区LINQ和世界最高观光摩天轮High Roller举世瞩目,SLS、The Cromwell等综合娱乐度假酒店纷纷开业,投资约3.5亿美元的拉斯维加斯新剧场(New Las Vegas Arena)落成开幕。据SLS拉斯维加斯度假酒店总裁Scott Kreeger介绍,目前,酒店赌场面积为6192平方米,仅约占整个酒店面积的25%。为了迎合因会展业带来的新型旅游度假人群,SLS开发了丰富的度假体验,以期吸引更多国际游客。

拉斯维加斯正在建设中的新项目也令人期待。投资40亿美元打造的"拉斯维加斯云顶中华世界"是拉斯维加斯近10年来首个大型新发展项目,占地3.24万平方米的The Park娱乐区将成为拉斯维加斯另一个光彩夺目的娱乐新地标。

经验：以城市品牌促会展业发展

以城市品牌带动会展业发展是拉斯维加斯会展业成功的秘诀之一。拉斯维加斯会展及观光局十分重视城市品牌建设，加大在《华尔街日报》《今日美国》和《福布斯杂志》等知名媒体的会展广告投放力度，借助城市品牌效应吸引更多人来参展，每年在城市品牌广告方面投入约8000万美元，还先后在中国的北京、武汉、成都、南京和上海举办旅游论坛、颁奖晚宴和路演活动。

拉斯维加斯所在地克拉克县的所有商业住宿企业，包括酒店、汽车旅馆等都需要向游客收取客房税（平均税率12%），这一项税收收入的40%归拉斯维加斯会展及观光局所有，成为其重要收入来源，以便其开展场馆运营和城市推广工作。同时，拉斯维加斯政府从当地税收中提取8%，用于补助展馆建设和参展所需，有效降低企业参展成本，提高场馆方运营维护的积极性，有利于推动当地会展业发展。这种做法值得中国会展城市借鉴。

（资料来源：中国贸易报，2017）

【分析】

结合案例，讨论分析拉斯维加斯成功转型的经验与启示。

第二节 会议旅游的特点和类型

一、会议旅游的特点

会议旅游作为会展旅游中一个重要的组成部分，与常规旅游相比，不仅具有大多数旅游活动的共性，同时，作为现代旅游活动的"一朵奇葩"，也表现出一些独有的特性。会议旅游是以会议为主要目的的依附型旅游形式。具备了下列三个特征之一。①会议成为旅游吸引物，能够吸引大量的旅游者前来；②会议成为旅游的一种模式，参会人员的目的是旅游休闲，在旅游的过程中达到沟通、交流和解决问题的目的；③会议成为旅游企业业务的一部分，由旅游企业承担会议的策划、接待和会后的所有业务，会议旅游成为旅游企业产品的一部分。

（一）目的性强

会议成为旅游吸引物，能够吸引大量的旅游者前来。会议是围绕特定目标而开展的活动，是目的性很强的社会交往活动。会议成为旅游的一种模式，参会人员是以在会议旅游的过程中达到沟通、交流和解决特定问题为目的参加会议旅游的。目的性强是会议旅游活动的最基本的驱动力。

（二）逗留时间长

绝大多数会议的会期2~3天，长的3~7天，在会议期间，不仅有正式的议题，同时会议组织者往往会组织与会者进行与会议主题相关的参观考察活动，这就形成了大量的会议旅游者，其在会议举办地的逗留时间会变长。

（三）组团规模大

会议是群体性的社会活动，一次会议，少则数十人，多则数百、上千人，特别是一些国际性大型会议,其参会者规模更为可观,如每年召开的世界经济论坛(即达沃斯论坛)会吸引数千名参会者前来,带来的经济效益非常可观。作为一次性的消费群体,会议旅游的团队规模都远远高于其他旅游形式,不仅与会者数量众多,其"连带"的游客数量也非常多,一人开会,多人出游,这也是会议旅游的重要现象。

(四)影响范围广

会议旅游对于会议举办地的影响作用是显而易见的,不仅可以扩大举办国的政治影响,提高会议举办城市的知名度,并且对于会议举办地的经济发展、市政建设、环境卫生,甚至市民的精神状态都有促进作用。如自2000年亚洲论坛设在海南博鳌以后,当年当地的旅游者就猛增了20%,并吸引了大量海内外企业前来投资旅游等产业。

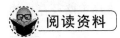

阅读资料

博鳌亚洲论坛

博鳌亚洲论坛(Boao Forum for Asia,BFA)是在民政部登记的国际性社团,拥有29个发起国,于2001年2月27日在海南省琼海市万泉河入海口的博鳌镇召开大会,正式宣布成立。博鳌亚洲论坛为非官方、非营利性、定期、定址的国际组织,为政府、企业及专家学者等提供一个共商经济、社会、环境及其他相关问题的高层对话平台,海南博鳌为论坛总部的永久所在地。

博鳌亚洲论坛是第一个把总部设在中国的国际会议组织。自2001年博鳌亚洲论坛定址汉南博鳌以来,国内外大小会议相继落户海南岛,蓬勃发展的会议经济对这个省的旅游业成长产生了巨大的带动作用,更让海南在国内外名声大噪,会议旅游开始成为海南最富有吸引力和竞争力的旅游产品。博鳌亚洲论坛是海南旅游产业升级的重要催化剂。

博鳌亚洲论坛无疑是海南最有意义的旅游广告,它不仅向世界各地的旅游者展示海南的风采和形象,更提高了海南在国际的知名度和美誉度。亚洲地区唯一定期定址举行的国际会议组织能够在中国设址举行,表明这个地区的旅游安全度高,必然对海外游客产生更大的吸引力。从这种意义上讲,博鳌亚洲论坛为优化中国旅游的客源结构、大幅增加境外来海南旅游人数提供了一个有效地载体。

博鳌亚洲论坛理事会成员达成一致意见后,论坛年会一般会在每年的3月底或4月举行。博鳌亚洲论坛除年会以外,论坛每年还在世界各地举办各种活动。更重要的是,每年一次的博鳌亚洲论坛年会,已成为亚洲以及其他大洲有关国家政府、工商界和学术界领袖就亚洲以及全球重要事务进行对话的高层次平台。博鳌亚洲论坛致力于通过区域经济的进一步整合,推进亚洲国家实现发展目标。

(资料来源:博鳌亚洲论坛.http://www.boaoforum.org/2019)

二、会议旅游的类型

会议旅游发展至今,由于会议旅游者活动的特点和需求的不同,已经衍生出丰富多彩的类型和市场分工。如ICCA(国际大会及会议协会)的市场范围包括50人以上的国际会议,而UIA(国际协会联盟)则在300人以上。会议举办地及旅游企业要想有针对性地开展会展促销和接待工作,就势必要对会展旅游的类型进行科学的划分。不同的划分标准,就有不同的划分结果,常规的分法有以下几种。

(一) 按照举办单位划分

根据举办单位性质不同,可分为协会类会议旅游、公司类会议旅游和其他组织类会议旅游。

1. 协会类会议旅游

协会类会议是指会议主办者为具有共同兴趣和利益的专业人员或机构,开展的社团组织的会议旅游活动。

协会类会议历来都是会议旅游业的主要客源市场,其规模不仅涵盖了各类地方性协会,也包括全国性协会,甚至国际性协会。通常情况下,协会类会议与常规的展览会结合紧密,协会会员通过会议来交流、协商、研讨和解决本行业或领域的最新发展、市场策略及存在的问题等。

协会类会议旅游的显著特点是经济效益巨大,据 ICCA 统计,虽然协会类会议在会议数量和参会人数上较少,只相当于公司会议旅游的 1/4 和 1/2 强,但其旅游支出却占会议旅游的 2.5 倍。除此以外,与一般类型会议相比,协会类会议旅游往往会更换会议举办地来保持对其会员的吸引力,这恰恰是协会类会议旅游的"卖点",将参加会议与消遣娱乐结合起来,考虑到气候、环境、城市形象和旅游资源等因素,从而吸引更多的会议旅游者前来。

2. 公司类会议旅游

公司类会议旅游是指会议主办者为一家企业或多家同行业、同类型及行业相关的企业举办的会议旅游活动。在会议旅游中,公司类会议旅游是其最大的细分市场,大约占到近 2/3 的市场份额。

公司类会议旅游最大的特点是数量庞大,范围广泛。无论从会议数量,还是与会人数,都站到很大的比例。同时,公司类会议旅游设计的范围也很宽广,具体可分为销售会议、新产品发布/分销商会议、专业/技术会议、管理层会议、培训会议、股东会议、公共会议、奖励会议等形式。

与协会类会议相比,公司类会议对旅游地点的选择更多的是考虑设施条件、服务水平、交通费用及便利程度,一般不需要考虑变更地理位置的问题(见表 3-1)。如上一次会议旅游的举办地和接待企业提供的服务令其满意的话,会议主办者通常会继续选择相同的接待企业。

表 3-1 公司类会议与协会类会议旅游的比较

因 素	公司类会议旅游	协会类会议旅游
与会人员	参会带有指令性和强制性,易估算	与会人数较少,具有可展望性
决策(会议主办者)	集中	分散,通常是委员会
会议数量	占会议旅游的大部分	适中,但与会人员多
回头客(重游率)潜力	会议游客重返率高	有,但会址必须轮换
饭店客房预订	固定	必须跟踪预订
预订程序	经常提供客房单	一般使用邮寄答复和客房协调
配偶参加	很少	会有附带配偶
附带展览活动	相对较少	有,但需与会议主题相关
选择会址	寻找方便、服务和安全	有吸引力,能刺激与会人员增加

续表

因　　素	公司类会议旅游	协会类会议旅游
地理模式	没有固定模式	地区轮换
筹会(旅游筹备)时间	3~6个月,通常不到一年	通常提前2年
支付方式	(公司)主账户	个人支付
取消会议风险	很高,惩罚条款和预付款方式普遍	较小
到达/离开	很少提前到达或提前离开	很可能提前到达
对价格(会议主办者)	不太敏感	很敏感,一般是优秀的谈判者

(资料来源:王保伦.会议旅游[M].北京:中国商务出版社,2006)

3. 其他组织会议旅游

在会议旅游中,还有许多不属于公司类会议旅游和协会类会议旅游的会议主办者也经常开展旅游活动,这类可以统称为其他组织会议旅游。主要包括政府会议旅游、工会和政治团体会议旅游、宗教团体会议旅游、慈善机构会议旅游等。

这类会议的典型代表是政府类会议旅游,其会议次数、规模、消费标准基本固定,会议直接消费比较高且带来客观的间接消费,会址选择范围大,层次高,并伴有相当数量的VIP接待,同时会议组织周密细致,对酒店的接待能力和服务水平有较高要求。如中央和国家机关召开的全国性会议,会期不得超过三天,与会人员最大不超过300人。

(二)按照会议规模

一般而言,可以根据会议的规模,即与会者人数来区分,将会议旅游分为小型会议旅游、中型会议旅游、大型会议旅游和特大型会议旅游。

(1)小型会议旅游,出席人数最大不超过100人。

(2)中型会议旅游,出席人数100~1000人。

(3)大型会议旅游,出席人数1000~10 000人。

(4)特大型会议旅游,人数在10 000人以上,如节日聚会、庆祝大会等旅游活动。

(三)按照会议的性质和内容划分

根据不同会议的性质和内容不同,可将会议旅游分为以下几种。

1. 年会

年会(Convention)是指某些社会团体一年举行一次的集会,是企业和组织一年一度不可缺少的"家庭盛会",主要目的是激扬士气、营造组织气氛、深化内部沟通、促进战略分享、增进目标认同,并制定目标,为新一年度的工作奏响序曲。年会可以单独召开,也可以附带展示会等形式,多数年会是周期性召开,最常见的是一年一次。由于年会参会者较多,因此往往需租用大型宴会厅或会议室,分组讨论时需租用小型会议室。

2. 专业会议

专业会议(Conference)的议题往往是具体问题,与会者就其展开讨论,可以召开集中会议,也可以分组讨论,规模可大可小。

3. 代表会议

代表会议(Congress)通常在欧洲和国际活动中使用,本质上与Conference相同。但在美国,这个词用来特指立法机构。

4. 论坛

论坛(Forum)是指被专题讲演者或被专门小组成员主持并有许多反复深入的讨论为特征的会议。其特点是可以有很多听众参与,随意发表意见和看法,不同讲演者可持不同立场对听众发表演讲。主持人主持讨论会并总结双方观点,允许听众提问,所以必须对这种论坛会议提供多个话筒。

5. 座谈会、专题研讨会

座谈会和专题讨论会(Symposium)除了更加正式以外,与论坛会议是一样的。此类会议与会者有许多平等交换意见的机会,适合经验被大家分享,探讨会通常在主持人的主持下进行。其最大特征是以面对面商讨和参与性强最为显著。

6. 培训类会议

培训类会议(Training Sessions)需要特定的场所,往往需要少则一天,多则几周的时间进行,培训的内容高度集中,且需要某个领域的专业培训人员讲授。

7. 奖励会议

奖励会议(Incentive Meetings)全称是奖励会议旅游,对象通常是各企业团体中千挑万选出来的有功人士。企业为鼓励及特别感谢这些优秀人才,才会精心策划所谓的奖励会议旅游。一般来说,外商公司(美商、欧洲商、日商等)较本国企业更具有奖励会议旅游的观念,更容易接受新奇的建议及构想,而一般海外的奖励会议旅游又较受员工的欢迎。

(四)其他分类方式

(1)按照会议代表的范围划分,可分为国内会议旅游和国际会议旅游。
(2)按照会议举办时间的特点划分,主要包括固定性会议旅游和非固定性会议旅游。
(3)按照会议的主题划分。

目前,比较常见的会议主题有医药类会议旅游、科学类会议旅游、工业类会议旅游、技术类会议旅游、教育类会议旅游和农业类会议旅游等。

第三节 会议旅游的运作与管理

随着经济全球化的日益深化,会议作为一种重要的国际交流方式,特别是国际性的会议越来越多,涉及面和影响力也将越来越广。而会议旅游作为组织与会者参观游览会议主办国风景名胜,了解会议主办国风土人情的有效方式,其在国际交往中将占有更为重要的地位。因此,加强对会议旅游的市场运作机制的研究,提高会议旅游管理水平,对整个地区,甚至国家的经济发展都有极大的推动作用。

一、会议旅游运作的基本条件

成功运作一个会议旅游活动,需保证具备若干条件,主要有以下几方面。

(一)举办地的外部环境

外部环境主要包括国际形势和平稳定,没有战争、恐怖活动或其他突发性事件的发生;

会议主办国与周边国家友好相处,不存在政治抵制;国际旅游环境稳定,保持增长趋势;主办国与主要客源国空间距离适当,交通方便,费用合理,客源国经济保持增长,汇率稳定。

(二)举办地的内部环境

举办地国内政局稳定,社会发展,经济和国民可支配收入持续增长;居民支持会议举办,对会议相关旅游者友好;举办地旅游资源及旅游服务硬件和软件优异;基础设施完善,可进入性好。

(三)举办地的主观能动性

主观能动性主要包括会议主题鲜明,定位有特色,组织出色;会议相关设施建设没有对社会和经济生活形成干扰,避免或减少会议的"挤出效应";积极落实会议旅游服务行动,涵盖会前、会中和会后;不断开展举办地形象塑造,进行有效的市场促销和公关活动,树立举办地良好形象;同时进行与会议相关旅游产品的开发和推广活动。

以上三方面只是会议旅游举办的必要条件,其中很多外部环境不是轻易能够改变的,内部环境也存在一些难以控制的因素。如果将旅游作为举办会议的目标利益的话,通过采取切实可行的行动来满足主观能动性条件是完成可能的。

二、会议旅游的活动过程

成功举办一次会议活动至少要经过申办会议、策划会议、营销会议、运作会议和结束会议五个流程,如果按照时间的先后可分为会前的会议旅游活动、会议期间的会议旅游活动和会后的会议旅游活动。

(一)会前的会议旅游活动

会议旅游举办之前最重要的事情就是策划和准备会议,主要包括:会址的考察、会议的宣传营销活动、预定会址、为与会者预订酒店和交通票、与接待企业洽谈服务事宜和会后的旅游安排、迎接等活动。

1. 会址的考察

为了顺利的召开会议,选择适当的会址就显得极为重要了。会议举办方不仅要对会议的地点、设施、环境、服务水平等进行评估,而且要将可能涉及的交通服务、酒店服务、考察及参观等项目进行考察。

2. 会议的宣传营销活动

利用会议举办地的旅游资源作为申办会议和吸引参加者是会议宣传营销活动常用的手段,其不仅关乎与会者数量和会议的规模,更为重要的是提高了会议的品质认可度和对品牌的忠诚度。

3. 预定会址

根据与相关方面的谈判,确定会议的举办地,既可以是专门的会议中心,也可以是会议型酒店。

4. 预订酒店及交通事宜

为与会者安排适合其身份的酒店关乎会议是否可以顺利完成。选择酒店的时候需要考虑很多方面,如地点、价格、设施、服务等因素,有时需要多家酒店为与会者提供房间。同时,使与会者顺利往返也是保证会议成功的关键,提供与会者所希望的交通服务既反映了会议有关方面的重视程度,也体现了组织者的业务水平和能力。

5. 与接待企业洽谈服务事宜

会议结束后的游览活动是会议旅游不可分割的一部分,各类会议一般都会在会后为与会者提供这类服务。因此,会议举办者在会前就应当与旅游公司或旅行社进行洽谈,特别是在具体行程和价格方面的问题。

6. 迎接

对于来自异地的与会者,如何使其顺利抵达会议举办地和下榻的酒店是会议举办者的责任。会议举办者不仅要在机场和车站设置专门机构和人员负责接站,有专门车辆负责摆渡,而且要在会址和酒店有专门人员负责接待。

(二) 会议期间的会议旅游活动

会议不仅是商务活动,会议的主办者和与会者都会利用会议期间的旅游活动为以后的合作和业务打下基础,而相对应的这些服务就必须要提供给与会者。

(1) 酒店签到。客人签到,发放房间钥匙、会议材料、饭卡、胸牌、礼品、登记返程机票、火车票、会后旅游登记、收取会议费等。

(2) 会前准备。会议期间所需要的会议材料、会议用品、会议演讲稿等会议相关物品。

(3) 会议场所。专人到会议室检查会议室条幅、灯光、音响、茶饮等。

(4) 会议住宿。房间楼层及房间号的确认,询问是否有特殊要求。

(5) 会议餐饮。用餐时间、用餐标准及特殊客人的确认。

(6) 会议娱乐。酒店周边旅游及娱乐消费形式、消费标准、交通等信息的确认。

(7) 会议服务。会议代表合影留念、为代表提供文秘服务及相关服务,会议现场摄影及光盘服务。

(三) 会后的会议旅游活动

会议议题结束后并不意味着会议就结束了,因为这是会议旅游最活跃和繁忙的时候,会后的会议旅游活动包括游览观光、返程车票的预订服务、会议纪念品的定制和分发服务、送客服务等。

1. 游览观光

游览会议举办地是会议旅游必不可少的内容,不仅可以让与会者身心放松,也可以为彼此之间提供更多社交的机会。游览既可以在当地进行,也可以在周边活动。其形式也是多样的,既可以进行人文景观的游览,也可以进行自然景观的观光;既可以休闲放松,也可以求新探异。

2. 返程车票的预订服务

为了让与会者顺利返回,会议举办者需提供高质量的返程车票预订服务。不仅要保证能够预订到足够数量的返程车票,还要根据与会者的要求预订不同类型的交通工具。

3. 会议纪念品的定制和分发服务

会议举办者应根据会议性质和当地特色定制有代表性的纪念品,会议纪念品不仅可以使与会者对会议及组织者保持较深的印象,同时也会对会议和会议举办者起到宣传的效果。

4. 送客服务

送客服务是会务服务的最后一项,周到而细致的送客服务往往会使与会者对会议和会议举办方留下美好的印象,有时甚至可以起到弥补会议中出现失误所造成的不良影响。送客服务可根据具体情况安排专人专车或巴士服务等形式。

通过以上介绍可以发现,会议旅游贯穿于整个会议组织和运作的过程之中,并涉及多方面的协调和合作。要使会议圆满、成功,就要对其进行有效的运作和管理。

三、会议旅游的策划和组织实施

(一)会议旅游策划的流程

1. 信息收集和分析

这是会议旅游策划的第一步。信息的收集过程是了解会议旅游者需要的重要环节,只有了解了会议旅游者的需要,会议旅游才会成功。

2. 确定目标

在了解了需求状况以后,就可以确定会议以及会议旅游的目标了,这个目标既可以是广泛的、战略的目标,如目标市场、会议特色、会议支出等,也可以是战术的、辅助性的目标,如会议产品策划、会议旅游竞争策略、销售目标、会议服务计划等。

3. 开展创意策划

丰富的信息和明确的目标为会议旅游的创意策划提供了依据。好的创意来自灵感,它有很多方式,如创意暗示、联想、模糊印象、灵机闪现等。同时,创意又是经验的总结,因为它不是天马行空的胡思乱想。创意策划可以从以下两方面进行。

(1)从报纸、杂志、书籍等大众媒体中寻找灵感,然后将各自的创意放在一起筛选,从而找出比较理想的方案。

(2)由策划人员各自寻找灵感,然后运用头脑风暴法,得出最终方案。

4. 论证

一般来说,一个创意需经过反复论证后方能成为最终方案。论证需要会议的举办方和实际运作方共同研究,探讨方案的可行性,同时应考虑到会议旅游各方的利益和兴趣。

5. 形成方案并制定预算

这个环节主要是使会议旅游各项内容加以明确,如会议及会议旅游目标、实现会议以及会议旅游所必需的条件、会议及会议旅游的方式和方法、会议和会议旅游策划与安排的步骤和时间、会议和会议旅游所需人员和经费、各项具体方案的效果和评估等内容。

6. 撰写企划书

企划书是十分重要的环节,当策划方案确定后就应将其撰写成书面材料,以供决策层审批和实施人员依照操作。企划书的撰写要做到简明、清晰、具体、具有可操作性。企划书由于不同的撰写对象,具体内容有所区别,详细可见表3-2所示。

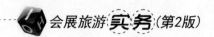

表 3-2 会议策划公司撰写企划书和会议主办者撰写企划书的不同

	会议策划公司企划书	会议主办者企划书
内容	会议举办者委托会议策划公司撰写企划书 带有公司标志（LOGO）的封面； 致客户的信； 公司的介绍； 会议及会议旅游的目标及实施方法； 费用支出方向和成本预算； 时间安排； 证明人/推荐人； 策划班子成员简历	会议举办者撰写企划书 会议及会议旅游的目标及实施方法； 具体的实施步骤； 费用支出方向和成本预算； 时间安排； 策划班子人员介绍及职责

（资料来源：郑岩，曾武灵.会展与事件旅游[M].北京：中国科学技术出版社，2008）

（二）会议旅游的组织实施

会议旅游一般由会议接待单位组织实施，也可以委托旅行社实施，但需考虑到旅行社的信誉和价格问题，并签订合同。不管由谁组织实施会议旅游，都需做好详细准备，保证会议旅游顺利实施。

1．接待计划周密

接待单位应制订详细的行程计划，包括线路、日程和时间表。一般大型的会议都会在会议通知或邀请函中加以说明，并详细列出报价，以便与会者选择适合自己的项目。

2．落实好车辆和食宿

车辆应考虑到安全、舒适，以及是否满足座位等需要；安排食宿时应考虑到不同与会者的饮食习惯。

3．准备必要的物品

如摄像机、投影仪、摄影机、团队标志、卫生急救药品等。

4．安排陪同人员

一般应派遣与接待对象对应的人员负责接待，除去必要的工作人员以外，陪同人员不宜过多。

5．参观游览

游览风景名胜时，应由专业导游员或讲解员负责解说和介绍，介绍情况时准确，向外宾介绍时应避开敏感的政治、宗教问题。

6．摄影

为了扩大宣传或为以后会议活动留下珍贵材料，会议旅游活动主办方应注意影像资料的收集。

7．安全问题

在参与会议旅游活动时，安全是最重要的，特别是到一些危险地旅游景区时，一定要提前告知参与者，确保安全。

四、会议旅游的宣传和营销

随着会议旅游的不断发展，如何塑造具有长期影响力和声誉的会议就成为会议主办方的一个重大课题了。对于不同的会议所采取的宣传和营销策略也是不一样的,会议主办方在宣传和营销方面的投入也是不一样的。

(一) 会议旅游的宣传

1. 会议旅游宣传的作用

随着会展业的快速发展,会议主办者越来越重视会议旅游宣传工作,而会议旅游的宣传推广的效应更加明晰。

(1) 提升会议知名度。提升会议知名度,就是要使会议品牌逐步从无名向知名发展,从而吸引更多的与会者。

(2) 扩大会议的品质认知度。品质认知度是指人们对会议的整体品质或优越性的感知程度,它是人们对会议品质做出好与坏的判断,对会议的档次做出高与低的评价。

(3) 努力创造积极的品牌联想。品牌联想是指人们记忆中与该会议相关的各种联想,包括他们对会议的类别、品质、服务、价值等的判断和联想。

品牌联想有积极和消极联想之分,积极的联想有利于强化差异化竞争优势,促使人们积极参加。会议品牌经营的人物之一就是要通过宣传等各种手段,努力促使人们对会议产生积极的品牌联想,避免他们产生消极的品牌联想。

2. 会议旅游宣传的内容

(1) 相关资讯。主要是向与会者详细介绍和宣传的资讯,包括开会的时间、地点、交通、住宿、会务接待、会议出席者情况、会议效果、参会者要求和条件。

(2) 会议旅游活动的宣传和推广。会议期间往往会安排一些活动,不仅可以增加会议内容,也可以有效吸引与会者前来。这些活动是会议旅游不可分割的一部分,有些甚至是重中之重,如会议的开幕式、闭幕式、研讨会、安排的旅游项目等。

(3) 会议旅游吸引物。会议旅游吸引物是设计会议旅游产品的基础,会议旅游吸引物可以被认为是所有使与会者离开常住地到会议主办地的相关要素,包括会议创意、会议附带文化活动、相关商务活动和展览、会议相关设施以及主办地其他与会议相关的有吸引力的事物。

(二) 会议旅游的营销

会议旅游营销从前几年的默默无闻到今天的众人皆知,正在受到越来越多业内人士的关注,市场环境也正在发生着巨大的变化。随着国际经济的大融和,各种会议也不断增多,并逐渐形成了会展经济,大量的人流汇集到会议举办地,同时大量的旅游者也随之出现了。以举办国际性、全国性大型会议的方式,提高知名度,聚集人气的会议营销也肯定会取得良好收益。

在对会议旅游开展营销工作时,需采用不同的营销策略才能取得良好的效果,常见的策略主要有以下几方面。

1. 会议旅游产品的组合

会议旅游包含很多相关产品,既有有形的产品,也有无形的服务,对于旅游者来说,不可能全部消费,一般只会根据自身需求,有选择性地消费一部分。因此,会议旅游企业应针对不同客户的需求,优化产品结构,将产品合理组合,最大限度满足客户需求。

2. 各种会议中介机构的发展

推动各种会议旅游中介机构的发展,完善会议旅游市场开发的商业化招揽机制,形成符合国际惯例的会议旅游运作模式,有利于会议旅游市场的培育,有利于独立营销系统的建立。

3. 会议主办者和旅游企业开展联合促销

会议主办者和旅游企业的目标是一致的,在开展营销工作时,特别是促销工作,应联合起来,形成规模优势,大造声势,把会议旅游渗透到每一个阶段,充分利用各种媒体和手段,强化与会者的旅游意识,最终达到销售产品的目的。

4. 采用忠诚营销的策略

在市场竞争日益加剧的情况下,为了更多地吸引与会者参加会议活动,会议主办者和旅游企业通常会采取一系列措施,提高旅游者对会议主办者和旅游企业的忠诚度,其中,满意度、信任感和服务承诺是营销忠诚度的重要因素。

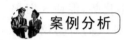

案例分析

2016 中国杭州 G20 峰会

2016 年 9 月 4 日,中国杭州 G20 峰会将在杭州拉开序幕,这个齐聚全球最有权势的袖们的巅峰会议,正在将杭州推向世界的舆论中心。G20 此前的举办地都是华盛顿、伦敦、多伦多、圣彼得堡这样的国际城市,此次首次来到中国,为什么选在杭州?

1. 中国传统文化的名片

如果说到中国的历史文化,那么杭州一定是一张重要的名片,选择杭州作为 G20 峰会的举办地,中国可以通过举办峰会的契机,一并将中国的历史文化更好地介绍给与会各国领导人。杭州不仅有西湖、钱塘江等美景,还有大运河和灵隐寺的历史文化遗迹,白娘子的传奇和中国版"罗密欧与朱丽叶"梁祝的故事也是举世知名。杭州作为 G20 峰会的举办地,风景和历史文化要素一定够格。

在世界知名度上,杭州也颇具名声,在 13 世纪,马可·波罗就在游记中赞叹杭州为"世界上最美丽华贵的天城"。另外,杭州曾被美国《纽约时报》评选为"2011 年全球最值得去的 41 个地方",还被联合国环境规划署评为国际花园城市。西湖和京杭大运河也被列入《世界遗产名录》。

2. 外交上扮演过重要角色

虽然杭州不像北京和上海一样,有多次重大国际会议举办的经验,但杭州在中国外交历史上曾多次扮演重要角色。

在 1972 年,尼克松访华,但奠定中美建交的《中美联合公报》谈判却异常艰难,正当谈判进行不下去的时候,周恩来提议改换谈判地点到杭州,最终中美双方在杭州八角楼就联合公报达成一致。

3. 发达的互联网经济

G20 峰会的定位是全球经济合作论坛,在选择举办城市时,经济发展会是一项重要的参考指标,而杭州作为长三角经济区的核心城市,经济发展成就令人瞩目,全球最大的电子商务公司阿里巴巴总部就位于杭州,2016 年 G20 峰会在杭州举办,一定会有不少与会领导人借机去阿里巴巴进行参观。

杭州是中国最具经济活力的城市之一,并且连续多年被世界银行评为"中国城市总体投资环境最佳城市"《福布斯》杂志将杭州评为"中国大陆最佳商业城市排行榜"第一名。

全球最大的电子商务公司阿里巴巴及收购沃尔沃汽车的中国吉利汽车总部都在杭州。以阿里巴巴为代表的互联网经济不仅支撑了杭州经济的发展,还代表了未来世界经济发展的趋势。有数据显示,杭州电子商务在全国乃至全球已经具有较为广泛的影响力。

目前,杭州集聚了全国超过三分之一的电子商务网站。在电子支付、云计算、快递、网络营销、信息技术、运营服务等领域,涌现出众多专业的电子商务服务商,其中包括全球最大的B2B电子商务平台、全球最大的网络零售交易平台和全球最大的电子支付平台。

4. 万众创新之城

作为国家自主创新示范区的杭州,创业氛围浓厚,杭州金融机构数量多、种类齐,而且创新都走在全国的前列,众多金融机构为创业者提供融资服务,能够满足各类创业者需求,这都是杭州非常强的优势。

杭州在会后计划三年打造"创业者的天堂",2017年杭州建立了各类孵化器、众创空间,要引进创新创业的海外高层次人才,加大对科技的投入,激发全社会创新活力和创造潜力。包括已建立的极客创业营等等的孵化器,几年来孵化出了无数个充满"生命力"的项目及创业团队。目前,杭州已经成为投资人青睐的投资热土。

(资料来源:新浪财经头条. https://cj.sina.com.cn/2016)

【分析】

1. 试分析杭州成功申办G20峰会会给杭州带来哪些方面的影响?
2. 通过案例,你觉得杭州采取了哪些具体的营销策略来申办G20峰会?

五、会议旅游的运作细节

(一)会议旅游运作模式

考虑到会议主办者或旅游企业自身实力、主观意愿、会议主办经验等原因,会议旅游的运作模式通常采用以下两种。

1. 自我操作模式

一些会议非常多的会议目的地或公司,特别是大型跨国企业,如微软、诺基亚等,一般都会设有专门的会务部门来负责本公司内部会议的举办。通常情况下,这些部门和人员都拥有较为丰富和成熟的会议举办经验,甚至比一些专门的会议企业办会能力更强,所提供的服务也更到位。

2. 委托操作模式

绝大多数会议旅游还是通过委托会议公司的方式来举办,主要在于专业会议公司常年举办会议活动,其拥有丰富的办会经验,提供专业的服务,而这些恰恰是普通会议主办者或公司不具备的。无论是采取自我操作模式还是委托操作模式,在具体运作过程中,特别是某些分项目的时候,会议策划机构或是会议公司也还是会将服务项目层层分包给其他专业公司,如交通公司、广告公司、旅游公司、翻译公司等具体操作。

（二）特殊与会者的接待

会议旅游中的特殊人员主要是指与会者的亲属和子女、VIP 客人、新闻记者、国际与会者、残障人士等。这类人员的接待是会议旅游运作的一项非常重要的工作，为此类人员提供良好、周到的服务，不仅可以创造经济效益，更重要的是增加会议品牌、会议主办者的美誉度，还可以为今后的业务打下基础。

1. 与会者亲属、子女

与会者来参加会议旅游活动时，通常会和亲属和子女一同前来，据统计，如果有亲属和子女在与会者身边，其就会在会议地点停留更长的时间，参加旅游活动就更加积极，消费也更多。因此，加强对与会者亲属和子女的接待工作就显得非常重要了，不仅要给予其和与会者相同的重视和礼遇，还要有针对性的区别对待，如对待成年人和儿童就会有所区别。

2. VIP 的接待

VIP 是贵宾的意思，即 Very Important Person 的缩写。对于会议旅游活动而言，VIP 一般是指政要、名流、企业高层管理者、重要客户、会议的组织者或策划者等。对这类与会者，其接待的规格很高，主要体现在迎送、住宿安排、安全保障三方面。

3. 新闻记者的接待

新闻记者被誉为"无冕之王"，其对会议旅游的报道影响不仅仅在于会议本身，更重要的是会议品牌、会议主办者和运作者的声誉，甚至是会议今后的举办。新闻记者在会议旅游中的活动主要是记者会和采访两种形式。记者会是会议主办者进行宣传的大好时机，可准备必要的设备和材料；而对于记者的采访，主办方应本着合作和积极配合的态度，在一些敏感的问题上，可适时回避记者的采访。

4. 国际与会者的接待

对于大多数国际与会者来说，接待环节的一个重要问题就是办理签证。会议主办者一般会向国际与会者发出大会正式邀请函，国际与会者凭邀请函到使领馆申办签证。除此以外，会议主办者还需要安排好国际与会者的接送事宜、出入关事宜，以及相应的旅游活动事宜。

5. 残障人士的接待

与会者中，有一些可能是残障人士，针对此，会议主办者应设立相应的服务协调机构专门接待此类与会者。不仅要在会议和旅游活动的设计和安排上考虑此类与会者，还需要为其安排专门人员提供服务。

（三）会议旅游互动中娱乐和观光事宜的运作

1. 娱乐活动

对于冗长的会议日程，娱乐活动可以起到调整节奏和气氛的作用。因此，在很多会议旅游活动中，都会安排或多或少的娱乐活动，既可以单独安排，也可以作为其他活动的组成部分安排。在选择娱乐活动时，可以考虑现成的产品，如当地的音乐会、文艺演出、体育比赛等。娱乐活动安排在会议之前往往会起到烘托会议气氛的作用，安排在会议之后则是会议成功的象征。

2. 旅游观光活动

旅游观光是会议旅游不可或缺的一部分，有时甚至成为吸引与会者前来的主要因素，会议主办者在选择会议举办地时也会非常看重当地的旅游资源和环境。一般来说，会议主办者会选择和旅游企业合作，让其设计、策划组织旅游观光活动。旅游企业在设计此类产品的时候不仅要考虑到与会者的参与能力、文化背景、兴趣爱好、风俗禁忌等，而且要考虑到为与会者留下选择的余地。

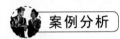 **案例分析**

广州某集团公司董事会年会会议旅游实例安排展示

日期	行程安排	交通	住宿	用餐
11.17	会议代表报到、入住（晚餐自助） 张家界机场、张家界火车站接会议代表 报到处协助分发会议资料和礼品，分房及交费，办理返程票	汽车	张家界万泰国际大酒店（四星）	晚
11.18	会议 07：00—08：30 早餐（酒店自助早餐） 08：30—11：30 会议 11：30—12：30 （桌式中餐，10人/桌） 旅游 13：30—13：30 酒店——张家界森林公园 14：00—16：30 黄石寨（缆车上、缆车下） 参观摘星台、双门迎宾、五指峰等精华景点；登上以山奇、水奇、云奇、雾奇、植物奇等而闻名天下的六奇阁俯瞰峰林奇观 16：30—17：00 出森林公园 入住酒店 18：00—19：00 酒店用晚餐	汽车	张家界万泰国际大酒店（四星）	早中晚
11.19	全天旅游 07：00—07：30 早餐（酒店自助早餐） 07：30—11：00 漫步中国最美丽的大峡谷——金鞭溪、徒步健身、享受负氧离子吧的清新；游览金鞭岩、神鹰护鞭、劈山救母、千里相会、紫草潭、双龟探溪、文星岩、水绕四门等精华景点 11：00—11：30 乘坐环保车出武陵源门票站 11：30—12：30 （旅游用中餐，酒店、中式围桌） 12：30—13：00 乘坐环保车前往天子山（缆车上山、百龙天梯下山）天子山自然保护区（约8000个台阶，往返5小时）海拔1280米 13：20—15：20 参观贺龙公园、西海、御笔峰、仙女散花等精华景点 15：20—16：00 乘坐环保车往杨家界自然保护区 16：00—17：30 游览杨家界、天下第一桥、迷魂台、后花园、俯瞰世界自然遗产武陵源奇峰三千、秀水八百奇异风光 17：30—18：00 乘坐世界第一梯——百龙天梯下山 18：00—18：30 乘坐观光小火车游览十里画廊参观三姐妹峰、采药老人等精华景点 18：30—19：00 乘坐环保车出武陵源门票站 19：00—20：00 酒店用晚餐	汽车	武陵源大酒店（四星）	早中晚

续表

日期	行程安排	交通	住宿	用餐
11.20	全天旅游 07：00—07：30 酒店早餐 07：30—08：00 专车前往黄龙洞 08：00—11：00 游览世界溶洞冠军、中华最佳洞府、地下迷宫——黄龙洞 11：00—12：00 旅游中餐(中式围桌) 12：00—13：00 武陵源专车返张家界市区、中途车览千年古战场——百仗峡 13：00—13：30 商场购物、送机场或者火车站、结束张家界商务会议快乐之旅	汽车		早中

1．接待标准

(1) 住房：标间。

(2) 餐费：用餐标准是 60 元/人(含软饮料、酒水)。含土家风味餐,湘菜风味,野叶风味餐三次。景区每天赠有天门山矿泉水。

(3) 门票：含所有大小门票(景区大门票 248＋黄龙洞 65)。

(4) 交通：接送站及往返景区用车为 26～31 座以上豪华旅游车。不含索道费用(天子山上山索道 51＋下山 41；黄石寨上山 48＋下山索道 38；百龙天梯下 43)。

(5) 小会议室租金为 600 元/次(此价是全天价格,如果只用一次会议室,也是此价)。会议会标及欢迎牌由我社负责制作。

(6) 会议期间由我社导游协助工作,导游服务费 40 元＋10 元保险。

2．中心提供的其他服务项目

(1) 会议资料摄像

VCD 光盘制作费：60 张以下 60 元/张、60 张以上 45 元/张。

(2) 音响及场馆出租(含两名工作人员)

根据举办活动的人数和时间以及对场馆环境的要求不同而定。一般对 50～300 人规模的会议而言,费用在 200～3000 元/天的水平上。

(3) 设备出租(价格面议)

计算机、摄影机、照相机、打印机、复印机、车辆等。

(4) 礼仪宣传

高空彩球、汽模彩、条幅广告、乐队、花篮、导游、礼仪小姐、其他行业中介等。

以上行程仅供参阅,具体行程可根据贵公司或协会要求安排。

(资料来源：张显春.会展旅游[M].重庆：重庆大学出版社,2013)

第三节　国内外会议旅游的现状和发展趋势

一、国内外会议旅游的现状

从国际方面看,进入 21 世纪,会议旅游业呈平稳发展趋势。会议旅游巨大的经济收入和社会影响,使其成为全球经济的重要新兴产业之一。据 ICCA 统计,2001 年以来全球每年国际会议的直接经济效益达到 2800 亿美元。在中国香港、德国等会展业发达的国家和地区,会展业对经济的带动作用达到 1∶9。但是,世界会议旅游在世界各国和各城市的发展是不均衡的,主要集中在欧美发达国家和地区。

从国内方面看,会议和展览关系密切,往往展中有会,会中有展。特别是国际性的会议,一般以会议为主,但是会议的同期总要结合一些商业化的展览活动;而国际性的展览会虽然以展览为主,但展出期间研讨会、专题会等会议也越来越多。

从 20 世纪末开始,中国的会展业正以每年 20% 的速度快速发展。已经形成了 5 个会展经济带,即环渤海会展经济带、长三角会展经济带、珠三角会展经济带、东北会展经济带和中西部会展城市经济带。概括起来有以下几个特点。

(一)会展旅游发展迅速,已成为国民经济的增长点

现代意义上的会展概念起源于欧美发达国家,在经历了百余年的发展之后,如今已成为一个庞大的产业,并且有力地推动了世界经济的发展。例如,现在每年在世界各地举办的大型国际会议有 40 多万个,定期举办的大型展览会和博览会有 4000 多个,直接经济效益达到了 2800 亿美元左右。

会展业还在不断创造着神话,博鳌效应就是其中的一个。原本是穷乡僻壤的博鳌,建成国际会议中心后,以其良好的生态、人文、治安环境,吸引众多海内外会议组织者将会议安排在博鳌召开。仅 2005 年第一季度,就有 100 多个国内外会议选址博鳌,而每天前来旅游度假的人更是络绎不绝。

(二)北京、上海、广州等已成为国际会展中心城市

会展旅游作为都市旅游的重要组成部分,其发展不仅需要良好的会议、展览场馆、完备的城市基础设施,还要有较好的城市总体环境和国际交往的综合能力。我国的北京作为首都、上海作为中国最大的城市、广州作为改革开放后经济发展迅速的大都市都具备了发展国际会展业方面的优势。

(三)我国在国际会展旅游中的地位越来越重要

随着我国经济的发展,世界的眼光聚焦中国,根据 ICCA 统计,2018 年接待全球国际会议最多的国家排名中,中国排名第八位,接待会议数量近 450 场,在亚太国家地区中排名第二位。随着国民经济和旅游业的持续发展,我国在国际会展旅游中的地位将越来越重要。

(四)重展轻会现象严重

在会展旅游的发展中,展览旅游由于一般规模较大,人数众多,短期经济效益明显,因而受到国内普遍关注,而会议旅游则没有引起足够的重视。

二、会议旅游的发展趋势

纵观国内外会议旅游发展,随着世界经济一体化进程的加快、科学技术的进步、市场竞争的加剧等,可以预测,会议旅游将会呈现出一些新的特点和趋势。

(一)会议旅游活动全球化进程加速

随着世界贸易组织的建立,经济全球化和国际一体化趋势进一步增强。越来越多的会

议活动走向海外,并以前所未有的速度向世界各个角落扩展。会议旅游活动的主题更多地与全球化问题相关,并且国际会议旅游的参与国不断增多,全球参与的会议旅游活动进一步增加。

(二) 会议旅游业的国际竞争日趋激烈

随着欧美以外的其他地区的经济迅速崛起,参与国际会议旅游市场竞争的国家越来越多。各国都十分重视会议旅游产品的开发,并极力开展会议旅游促销,从而加剧了会议旅游业的国际竞争。此外,越来越多的会议旅游企业进入国际市场,它们把眼光瞄准全球,参与全球市场的竞争,谋求更大的发展机会。会议旅游企业的国际化程度不断提高,甚至已经渗透到他国国内会议旅游市场。国外会议旅游企业加入他国内部的行业竞争现象,表明会议旅游业的竞争已经发展到一个新的高度。

(三) 会议旅游价格竞争趋强

由于众多的国家、地区和企业纷纷加入会议旅游产品供给的行列,使会议旅游市场成为竞争激烈的买方市场。在这样的市场格局中,价格往往是取得竞争优势的重要手段。可以预见,未来的会议主办者在选择会议举办地和会议旅游企业时,将更注重价格因素。

(四) 会议举办地逐渐转向中小城市

由于许多大城市的旅游费用上升、交通拥挤、环境嘈杂,更多的会议主办者把目光转向中小城市。这些被称为"二级城市"的会议举办地,尽管尚不具备接待超大型会议旅游活动的条件,但它们是中小规模会议旅游的极佳举办地。这些城市一般都具有优美的环境、独特的旅游资源、古朴的民风以及较好的地理位置等特点,在会议向休闲度假发展已变得越来越时髦的今天,更多的会议旅游者愿意前往这样的会议旅游目的地。

(五) 会议旅游与展览、奖励旅游相融合

越来越多的会议旅游活动中伴有展览活动,而许多展览旅游活动中也举办一次或一系列的相关会议,会中有展、展中有会的旅游形式越发常见,会议旅游与展览旅游的交融已成为一种趋势。同时,会议旅游与奖励旅游相结合的特点更为鲜明。一方面,会议主办者在筹备会议和选择会址时,往往兼顾奖励旅游的需要,以便会前或会后安排奖励旅游活动;另一方面,奖励旅游过程中大都穿插以激励、表彰员工为目的的会议活动,约有80%的奖励旅游包括会议。

(六) 会议旅游的技术含量日益增加

会议旅游活动对现代化技术的要求越来越高,网络技术、多媒体技术的最新成果将在会议旅游活动中得到广泛运用。由于计算机、通信设备等更新换代极快,会议旅游设施要随时紧跟最新的科技潮流,才能不断满足会议旅游者的需求。

(七) 会议旅游业内部合作趋势加强

会议旅游业内部合作主要表现在具有相同市场范围的各会议旅游企业开展合作式营销和服务。在会议旅游接待方面,饭店、会议中心、旅行社等各类企业将更多地联手协作,建立紧密的合作关系,利益均沾,并形成一条龙服务。

就我国的会议旅游来说,总体上仍处于发展阶段,与世界发达的会议旅游大国相比,无论是会议的举办数量、规模,还是会议的收入,均存在差距。可见,我国会议旅游业的现状和

我国的资源条件与作为政治、经济以及旅游大国的地位并不相称。但是,我国发展会议旅游有着巨大的潜力,表现在以下几个方面。

(1) 我国经济将保持持续快速增长。

(2) 我国的综合国力不断增强,在国际事务中的作用越来越显著。

(3) 我国拥有丰富的旅游资源和日臻完善的旅游设施,并逐步向世界旅游强国的目标迈进。

(4) 我国所处的亚太地区将成为世界经济和国际贸易的中心,会议旅游活动将会更多地集中在这一地区进行。

正如ICCA主席所说:"中国有可能成为21世纪国际会议旅游的首选目的地。"

复习思考题

1. 会议旅游的含义、特点、类型是什么?
2. 会议旅游活动可分为几个阶段?各自包括哪些主要内容?
3. 品牌对会议旅游在宣传和营销上的影响有哪些?
4. 特殊人员的接待中特殊人员指的是哪些人?
5. 设计会议旅游产品应注意什么问题?
6. 举例说明会议旅游对城市的影响。
7. 试分析我国会议旅游发展的趋势。

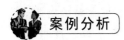

案例分析

瑞士与北京2022年冬奥会

2022年,第二十四届冬季奥林匹克运动会在北京举行,这之前的几年中国已经掀起了开展冬季运动的热潮。尽管在中国只有几百万人热衷于冰雪运动,但国家主席习近平指出,北京举办冬奥会将带动中国3亿多人参与冰雪运动。

瑞士在冬季运动和冬季旅游方面拥有丰富的经验和专业知识,对中国来说既是理想的合作伙伴,也是中国发展冬季运动的可靠顾问。随着中国民众对冬季运动的热情日益高涨,中国冬季运动市场也为瑞士提供了巨大的机遇。这种机遇不仅在中国可以找到,也可在瑞士的阿尔卑斯地区找到。多年来,中国游客极大地带动了瑞士旅游业的发展,在阿尔卑斯地区度假的中国游客数量位居第四,仅次于德国、美国和英国。

中瑞在冬季运动与旅游领域的合作

2013年12月,瑞士旅游局启动了一项名为"中国滑雪教练在瑞士"的活动,邀请八名中国滑雪教练到瑞士,请他们用中文教授那些来到瑞士滑雪场的中国游客学习滑雪。这八名中国滑雪教练都需要接受经验丰富的瑞士滑雪教练的培训。他们不仅可以尽情享受阿尔卑斯山山区的清新空气,也可以获得按照瑞士滑雪教练培训标准的专业培训。此次活动引起了当地媒体的极大兴趣,瑞士电视台(RSF)为此制作了6集电视纪录片,记录了中国滑雪教练在瑞士滑雪区的不平凡的经历。

当然,中瑞两国在冬季运动和旅游领域从未停止合作的步伐,比如确定2017年为中瑞旅游年。可持续发展的山地旅游、冬季运动及酒店业是此次旅游年的合作重点。在旅游年期间,两国推出了各种形式的合作和活动,取得了丰硕成果:时任瑞士联邦主席多丽丝·洛伊特哈德(Doris Leuthard)登上了长城,瑞士以主宾国身份参加2017国际冬季运动(北京)博览会并成功举办中瑞酒店管理会议。未来,两国还将继续推动双方的交流,继续从交流中受益。

瑞士对旅游资源的开发首先是以保护生态环境为前提的

瑞士驻华文化参赞岑达意先生曾说过,瑞士对生态的建设不仅仅是为了旅游,而是为了民族的长远生存。早在19世纪,瑞士就有了专门的法律来保护森林。20世纪50年代,随着工业的发展,又及时制定和完善了有关治理污水以及保护环境的法律。如汽车尾气的排放标准,瑞士在整个欧洲是最严格的;在著名的日内瓦湖区周边绝不能有污染的工业。

据介绍,瑞士人外出登山旅游时,总爱带上清洁袋,这样可保持山的清洁。瑞士还有很多的法律,比如一百年的老房子不能拆,古老的村庄就这样完好地保存下来。同时,每个小镇对建筑外貌都有规定,不管是谁来建设,建筑材料必须统一规格,屋顶和外墙都有专门人员设计统一的建筑风格,使新建筑与当地风貌保持和谐的统一。严格的环保法律更保护了当地的生态环境。

中国可以向瑞士学什么

中国举办2022年冬季奥运会,而瑞士又是国际公认的冬季运动和冬季旅游强国,那么在该领域,中国可以向瑞士学些什么?对于这个问题,瑞士联邦外交部瑞士国家形象委员会(Presence Switzerland)主席、前瑞士联邦主席外交顾问尼古拉·毕窦(Nicolas Bideau)大使认为,"可持续发展是关键之所在。"他说,重要的不是如何尽快地开辟滑雪区或是修建滑雪索道,而是可持续性地开发冬季运动和冬季旅游。瑞士经历过过度开发冬季运动的时期,后来逐渐意识到,冬季运动和冬季旅游不仅仅指发展滑雪及滑板运动。这也是毕窦最想告诉中国的一点体会。

(资料来源:北京周报. http://www.beijingreview.com.cn/2018)

【分析】

(1) 分析瑞士开展会议旅游的优势有哪些?

(2) 为了发展会议旅游业,中国应当向瑞士学习些什么?

实战演练

调查你学校所在城市举办过哪些有国际影响力的会议?这些会议对当地旅游业和城市建设产生了哪些影响?

第四章 展览旅游

【知识目标】
- 了解展览的概念,展览旅游的概念;
- 掌握展览旅游的特点和分类。

【能力目标】
- 学会运用所学知识分析国内展览旅游发展中存在的问题;
- 学会分析我国主要城市开展展览旅游的机遇和挑战。

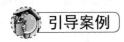 引导案例

世界博览会

世界博览会(WORLD EXPO,世博会)是由一个国家的政府主办,有多个国家或国际组织参加,以展现人类在社会、经济、文化和科技领域取得成就的国际性大型展示会。其特点是举办时间长、展出规模大、参展国家多、影响深远。

自1851年英国伦敦举办第一届以来,世博会因其发展迅速而享有"经济、科技、文化领域内的奥林匹克盛会"的美誉。按照国际展览局的规定,世界博览会按性质、规模、展期分为两种:一种是注册类(以前称"综合性")世博会,展期通常为6个月,从2000年开始每5年举办一次(2000年德国汉诺威,2005年日本爱知,2010年中国上海);另一种是认可类(以前称"专业性")世博会,展期通常为3个月,也有少数为半年的,如1999年中国昆明世界园艺博览会,在两届注册类世博会之间举办一次。注册类世界博览会是全球最高级别的博览会。

各类世博会已先后举办了40多次,已有13个国家20多个城市举办过世博会。举办最多的是美国,先后举办过8次。有些城市多次举办世博会,如法国巴黎等。亚洲的日本和韩国已举办过世博会,中国的昆明在1999年举办过世界园艺博览会。

2010年,中国第一次举办大型综合性世博会,举办地在上海。2019年在中国北京举办的世界园艺博览会是继云南昆明后第二个获得国际园艺生产者协会批准及国际展览局认证授权举办的A1级国际园艺博览会。

以往的很多世博会都留下了在建筑史上举足轻重的标志性建筑,现在已成为举办地的

地标,成了世界盛名的旅游景点,是世博会的宝贵遗产。这些世博会的标志性建筑不但体现了世博会的主题,代表了最先进的建筑技术发展潮流,展示了各国独具特色的优秀文化,在某种程度上也是城市精神的体现。在世博会留下的众多标志性建筑中,最经典的三个应该是法国首都巴黎的埃菲尔铁塔、比利时首都布鲁塞尔的原子球(馆)以及美国西雅图的太空针(塔)。这些标志性建筑物在会后仍散发着无穷的风采和魅力,吸引着大量国内外游客来此观光游览。

2020年世界博览会将在阿联酋迪拜举办,主题为"沟通思想,创造未来",预计接待访客2500万人次。展会规划场地位于迪拜西南部,占地面积约为438公顷,展区分三个主题:移动性、可持续性和机遇。

(资料来源:百度百科.https://baike.baidu.com/2019)

第一节 展览旅游概述

世界展览业始于1894年,德国莱比锡举办了第一届国际工业样品博览会,这届博览会不仅规模空前,吸引了来自世界各地的大批展览者和观众,更重要的是配合资本主义生产方式和市场扩张的需要,对展览方式和宣传手段等方面进行了改革和创新,如按国别和专业划分展台,以贸易为主,以便商人看样订货。这种方式引起了展览界的重视,欧洲各地的展览会纷纷效仿。展览业自此走上规范化和市场化的轨道。随着经济全球化的不断深入,世界各地不同主题、类型、规模和层次的展览会层出不穷,成为经济、技术、文化交流的重要载体和平台,成为现代社会中不可缺少的一种现象。

一、展览的基本概念

当今,全球会展活动如火如荼的发展,我国的会展业也得到了长足的进步。与红火的会展实践相比,会展理论研究尚无统一、科学的学科体系。展览也是如此,各国对于展览的概念莫衷一是,对展览的定义全球尚无统一的共识。目前,主要有以下几种主流的展览定义。

1. 德国

被誉为"世界展览王国"的德国,其展览带有展示的特征,作为专业展览,它为各种经济部门、机构、各种生产者提供解释性、广告性的展示服务,其理论偏重于展览操作的实务性。

2. 美国

《美国大百科全书》将展览定义为:广告的一种。

3. 英国

《大不列颠百科全书》将展览定义为:为了鼓舞公众兴趣,促进生产,发展贸易,或是为了说明一种或多种生产活动的进展和成就,将艺术品、科学成果和工业品进行有组织的展览。

4. 日本

《日本百科大全》将展览定义为:用产品、模型、机械图等展示农业、工业、商业、水产等所有产业及技艺、学术等各个文化领域的活动和成果的现状,让社会有所了解。

5. 俄罗斯

展览是人在物质和精神领域中所取得的各种成就的公开展示。

由此可见,世界各国对于展览的研究众说纷纭,其侧重点也各不相同。本书主要从展览旅游研究的角度出发,对展览进行更宽泛的定义。

展览就是将物品专门陈列供人们观看,在展出内容、时间、规模和形式等诸方面具有很大灵活性。展览既包括各类经济贸易展览,也包括各类艺术、文化、教育等领域的非经济目的的展览;既包括在各类展览馆举办的展览会,也包括在固定场所举办的展览;既包括展期不超过半年的短期展,也包括长期展,如博物馆展览。

二、展览旅游的概念

展览旅游的出现是在特定的经济背景之下,是随着博览会和交易会的发展,以及旅游业的不断成熟而出现的一种新兴旅游类别。目前,展览旅游是会展旅游中一个重要组成部分,也是会展旅游中发展最成熟的部分。

展览旅游是展览业和旅游业结合产生的,但它不是让旅游企业去举办各种展览,也不是必须要有游览观光的过程,其真正的意义是让旅游企业发挥行业功能优势,为展览活动提供相关服务的过程,而更高的层次则是争取在展览活动以外,创造并满足参展者新的需求,如游览、购物等方面。

为了更加清楚展览旅游的概念,我们可以从以下两个方面来理解。

1. 展览旅游是一种旅游活动

从需求上看,展览旅游是指特定的个人或群体到特定的区域参加各种类型的展览会以及可能附带相关的参观、游览及考察内容的一种旅游形式。需要指出的是,展览旅游不是展览业,也不能把所有的展览活动参与者和组展商都当成展览旅游者。

2. 展览旅游属于商业活动的范畴

展览旅游一般都是大型的商务活动,主要是指因大型国际博览会或交易会而产生的外出商务活动。当今世界各种类型的国际博览会或交易会发展迅猛,并出现了声望较高的博览会或交易会,如1999年中国昆明的世界园艺博览会等,都产生了非常好的影响和效果。

举办国际展览会,可以扩大举办国的影响,提高举办城市的国际知名度,也可以吸引成千上万的游客前来旅游,促进举办地的市政建设,给旅游业、服务业等带来大量机遇。

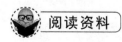

中国海洋经济博览会

2018年11月22日至25日,被誉为"中国海洋第一展"的"中国海洋经济博览会"在广东省湛江市举办。海博会吸引了72个国家、2400多家企业参展参会,专业观众超过5万人次、普通观众达50万人次,签订合作交易意向金额1100多亿元,展览规格规模再创历史新高。

2018海博会以"高质量、高水平、高影响力"为目标,以"蓝色引领,合作共享"为主题,按照"专业化、市场化、国际化、高端化"的原则来组织。近150家国内外涉海龙头企业、著名科研机构参展,可燃冰开采、深潜装备、船艇制造、深海牧场、海水淡化、造岛神器、海上风电、无人艇、水下机器人、海底隧道建设、深海能源开发等一大批高精尖新产品技术亮相海博会,全面展示了改革开放40年来我国海洋事业发展的新成就,深入探讨推动海洋经济高质量发展的新举措。

2018海博会设国家馆、产业馆、海上展区、滨海旅游区、商品展销区,按照专业组织展览。展览面积海陆共计38万平方米,同比增长23%;参展企业2471家,世界500强企业、大型央企、龙头企业、上市公司等149家,同比增长32.7%。其中,海上展区组织40多艘舰艇船舶及海陆装备参展,开放军舰参观,先进的登陆舰、驱逐舰、护卫舰、补给船、海警船、海事船、海监船、缉私船、救助船、消防船、航标船、工程船、采油船、科考船等参展并开放供公众参观,成为本届海博会一大亮点,吸引20多万人次参观。

据介绍,2018海博会注重交易功能和经贸实效,精心策划组织系列经贸活动,吸引广东、山东、辽宁等地20多家涉海中小企业及投资机构代表参加路演,涉及设备制造、海洋渔业、信息服务、海洋旅游等产业,有效促进交流合作。国家海洋信息中心在海博会上发布《2018中国海洋经济发展指数》,对于服务海洋经济宏观决策,引导海洋经济结构优化,推动海洋经济高质量发展具有重要意义。

海博会发布的海洋大数据平台"海上云",为我国首个海洋科技成果转化的资产运营大数据平台,对于海洋数据开发利用、海洋产业创新升级等产生重大影响。

(资料来源:中国海洋经济博览会.http://www.coeexpo.com/2018)

三、展览旅游的特点

与其他类型的旅游活动一样,展览旅游也具有自身的特点。

1. 信息高度集中、高效

展览旅游的信息集中主要体现在对实物展品的集中和观展者的集中。一般来说,参展商通过举办展览,会将其展品集中到一个经过特别布置的展厅展览,组展商会通过各种手段和方式会将观战者集中到展厅参观。这样,参展商和观展者就可以在展会中集中交流信息,不仅量大,而且省时。

如果没有展览使信息集中,参展商和观展者都将会花费大量时间进行实地考察才能获取信息,而在展厅里,他们都可以轻而易举地获取。成功的展览活动往往能使买卖双方当场达成协议、签订合同、办理订货手续。对于较传统的买卖交易,展览会能促使双方交易高效、透明和便捷。

2. 主题新颖

"新"是展览的灵魂,没有"新",展览就没有生机,就会失去最重要的吸引力。在越来越激烈的展览经济竞争中,主题新颖、富有创造力的展览活动往往是最受欢迎的,这主要体现在展品上。当然,"新"并不意味着所有展览都要强调展品的新颖,有些展览恰恰强调的是旧的东西,如文物和考古发现展,都是过去时代遗留下来的。虽然经过几百年、甚至几千年,但反映的是过去时代的文明,其越旧,就越有价值,对于从未睹其尊容的观众而言,它仍然具有"新"的含义。

3. 艺术性强

艺术性强并不是指展览建筑的艺术性,而是说展览自身的艺术性。在一些展会上,组展商会通过声、光、电、形、图像等艺术手段,将展馆、环境、展品布置的栩栩如生。这无疑切合了旅游产品极具有观赏性的特点,也使得展览活动的艺术性得以淋漓尽致的体现。

4. 逗留时间长,消费档次高

一般展览会持续时间在三天以上,加上布展和撤展的时间,时间为一个星期左右。对于不少参加展览旅游的与会者来说,不仅要参观展品,还要参观游览,相对而言,其逗留时间就要比普通旅游者要长一些。同时,参加展览的人员社会地位相对较高,其差旅费通常由所在企业支付,因此,他们无论是可支配收入,还是对旅游接待设施的要求,都要比普通旅游者要高很多,这一点在酒店业体现的较为明显。在展览活动期间,所在地的酒店往往是直接受益者,其入住率会在短期得到很大提升,并带动酒店餐饮、商务设施、娱乐设施的使用,大幅提高酒店经济效益。

5. 潜在旅游者多,现实旅游者少

大型的展览活动会吸引数量可观的旅游者前来,但真正能够转化为现实旅游者的屈指可数。主要是因为前来参与的人员由于受到行程安排的束缚,使得可支配时间较少,不可能参加太多旅游活动;有些组展商没有为与会者安排较多的旅游活动,即使有,与会者的选择余地也很小;同时,受制于举办地的旅游资源品位,这也是影响潜在旅游者转化为现实旅游者的重要原因。从展览旅游发展的趋势来看,为了使供应商和制造商直接接洽,寻找合适的目标,展览会常常与会议联合举行。美国经理人协会社团研究显示,超过50%的协会会议同时会举办展览,50%的展览在酒店举行,42%的展览在会议中心举办。可见,展览与会议通常相辅相成,共同发展。

展览旅游与会议旅游虽然彼此相关,但也有明显的区别,具体如表4-1所示。

表4-1 展览旅游与会议旅游的比较

会展活动	展 览 旅 游	会 议 旅 游
参与人数	较多,经常上万人	较少,上千人算大规模
场地要求	面积较大、备馆、使用时间和进出场馆时间较长	场地分散,使用时间和进出场馆时间较短
重复性	较大,品牌展会要求举办时间与地点有规律	较小,大规模的国际会议每年安排在不同的地方举办
服务范围	场馆仅提供基础设施,展台搭建、运输与接待等各有分工	依赖场馆提供音响、通信、场地布置等全面服务
导向	以会展市场为导向	以场馆硬件和服务软件为导向

四、展览的分类

随着展览的不断发展,衍生出的类型也越来越多,分工也越来越精细。不同类型的展览旅游活动有着不同的特点和需求,展览举办地和相关旅游企业要想有针对性地开展展览旅游促销和提供展览旅游服务工作,就要对展览的类型进行科学合理的划分。在对展览进行分类前,首先应考虑两方面要求:第一,展览的内容,即展览的本质特征,包括展览的性质、内容、所属行业等;第二,展览的形式,即属性,包括展览的规模、时间、地点等。

展览类型很多,不同的划分标准,有不同的划分结果。常见的分类主要有以下几种。

（一）按展览的内容分类

1. 综合展览会（博览会）

综合展览会主要展览的内容是一些人类文明进步的成果，涉及工业制造、自然地理、人文历史等各个方面。目前，世界上规模最大、影响范围最广的综合展是世界博览会。

小贴士

我国上海市成功申办了第41届世界博览会，并于2010年5月1日至10月31日举行。此次世界博览会也是由中国举办的首届世界博览会。2010年上海世博会属于注册类世博会。上海世界博览会以"城市，让生活更美好"（Better City, Better Life）为主题，总投资达450亿元人民币，创造了世界博览会史上最大投资规模记录。

2. 专业展览会

专业展览会往往只涉及某一领域的专业性展出，专业性很强。随着产品服务的细分化和市场竞争的激烈化，展览会的专业性会越来越强。

（二）按展览旅游的地域范围分类

1. 国际性展览会

国际性展览无论是参展商还是观众，都是来自多个国家，如汉诺威工业博览会、汉诺威信息技术展览会、中国国际医药保健原材料展览会等。

2. 地区性展览会

地区性展览会一般都是洲际性展览会，规模仅次于国际性展览会，对本区域有很大影响力，如亚洲国际物流技术与运输系统展览会、亚洲艺术展览会、2011亚洲鞋业展览会等。

3. 全国性展览会

全国性展览会的参展商和观众主要来自我国范围，影响力也只限于国内，类似的展览在我国很多，如全国性工艺品展览会、全国纺织机械展览会、全国建材产品展览会等。

4. 本地展览会

本地展览会的规模一般较小，面向的观众主要是当地和周边地区的企业和市民，如每年举办的大连春季房屋交易会、广西戏曲展览会、广东模具制造机械展览会等。

（三）按照展览面积分类

1. 大型展览会

大型展览会是指单个展览面积超过12 000平方米的展览会。

2. 中型展览会

中型展览会是指单个展览面积在6000~12 000平方米的展览会。

3. 小型展览会

小型展览会是指单个展览面积在6000平方米以下的展览会。

（四）按照展览的举办时间分类

1. 定期展览

定期展览是指展览举办时间具有相对固定周期的展览会，如广州中国商品进出口交易会，每年两次，分为春季和秋季。

2. 不定期展览

不定期展览是指根据需要和条件举办的没有固定举办周期的展览会，如经常在各大城市进行巡回展览的各种文化艺术展览会。

五、与展览旅游相关的行业

（一）展览业

人类的贸易起源于物物交换，这是一种原始的、偶然的交易，其形式包含了展览的基本原理，即通过展示来达到交换的目的，这是展览的原始阶段，也是展览的原始形式。随着社会和经济的发展，交换的次数在增加，规模和范围也都在扩大，交换的形式也发展成为有固定时间和固定地点的集市。集市产生、发展的时期称为展览的古代阶段；17—19世纪，在工业革命的推动下，欧洲出现了工业展览会，工业展览会有着工业社会的特征，这种新形式的展览会不仅有严密的组织体系，而且将展览的规模从地方扩大到国家，并最终扩大到世界，这一时期是展览的近代阶段；现代展览是在综合了集市和展示性的工业展览会的基础上产生的形式，现代展览一般通称为贸易展览会和博览会，这一时期起始于19世纪末。

尽管在所有的历史文献中，对展览的起源没有翔实的记载，但欧洲展览界人士大多认为展览起源于集市。展览是因经济的需要而产生和发展的。几千年来，展览的原理基本未变，即通过"展"和"览"达到交换的目的，但其形式却一直在更新。当旧的展览形式不能适应经济发展的需要时，它就会被淘汰，被新的展览形式所替代。展览的发展取决于经济的发展，并反过来服务经济。展览旅游被看作现代市场经济条件下新生的旅游形式，属于第三产业中的现代服务业。展览旅游与展览业息息相关，不可分割。根据展览旅游的定义，只有有了展览活动才有展览旅游这种特殊的旅游形式，而展览业的兴衰则关系展览旅游这种旅游形式的发展。

展览业作为"无烟工业"和服务贸易的主要组成部分，是促进技术进步和贸易交流的利器，发展十分迅猛。根据国际展览业权威人士估算，国际展览业的产值约占全世界各国GDP总和的1%，如果加上相关行业从展览中的获益，展览业对全球经济的贡献则达到8%的水平。

1851年，英国举办了世界上第一个博览会，而世界上第一个样品展览会是1890年在德国莱比锡举办的莱比锡样品展览会。由此可见，从世界范围来看，展览业诞生已有一个多世纪。科技进步给展览业带来了发展的动力，展览业依靠科技的驱动得到巨大的发展。工业革命和产业革命扩大了世界的生产规模和市场规模，为展览业开辟了广阔的发展空间。20世纪第三次科技革命的"新兴技术"，即电子技术、通信技术、基因重组技术、新型材料技术、海洋工程技术和空间工程技术等的开发和广泛应用加速了经济全球化的进程。展览会作为科技产品的销售前端，科技也毫无例外地被应用于展览业。科技进步将进一步缩小了通信和交通的距离，展览也将面临合作与竞争共存的选择。

(二) 旅游业

展览旅游除了与展览密不可分外,作为一种旅游形式,它与旅游业的关系更为紧密。可以说展览旅游是展览业与旅游业相结合的产物,通过展览旅游将展览业和旅游业这两个行业有机地联系起来。展览旅游的开展需要以发达的旅游业为背景。旅游业的兴旺发达是办好展会的必备条件。发达的旅游业会提高城市展览活动的吸引力,世界上最著名的展览城市如汉诺威、法兰克福、米兰、巴黎、新加坡等都是相当著名的旅游城市。

旅游业是全球性的,它已成为世界上发展势头最强劲的产业。旅游业是以旅游资源和服务设施为条件,为旅游者在旅行游览中提供各种服务性劳动而取得经济收益的经济部门。旅游业作为综合性的经济事业,其构成涉及了社会经济中的许多部门。它的基础经济活动由旅行社、旅游饭店和旅游交通三大部门组成。此外,还有为旅游者服务的经营旅游商品的零售企业、旅游设施、文化娱乐事业和公用事业等。旅游作为人们的一种活动在古代就已存在,它是伴随宗教、游览、商业、探险以及文化交流等活动进行的。旅游作为一个行业是随着社会生产力的发展,人们生活水平的提高,旅行游览活动成为人们生活中的一部分,才比较迅速地发展起来。交通工具的改善,更促进了旅游业的发展。1825年在英国出现了世界上第一条铁路,1841年英国人托马斯·库克同铁路公司签订合同,利用火车成功地组织了一次团体旅游。

由于社会劳动生产率的提高和经济的发展,个人的支付能力有了提高,人们的消费构成发生变化,旅游日益成为人们生活中的一种需要。第二次世界大战后,新科学技术的发展,大型喷气式客机的采用,高速公路的建设,不仅缩短了旅途时间,而且为旅游者提供了安全、舒适和愉快的旅途生活。同时,享受带薪假期的人数逐渐增多,使旅游活动日益大众化。旅游业在世界许多国家迅速发展起来,并成为一些国家和地区的重要经济支柱。瑞士、奥地利、马耳他、新加坡等国,以及中国香港地区的旅游业在其国民经济中都占有重要地位。

旅游业的发展以整个国民经济发展水平为基础并受其制约,同时又直接或间接地促进国民经济有关部门的发展,如推动商业、饮食服务业、旅馆业、民航、铁路、公路、邮电、日用轻工业、工艺美术业等的发展,并促使这些部门不断改进和完善各种设施,增加服务项目,提高服务质量。随着社会的发展,旅游业日益显示出它在国民经济中的重要地位。传统旅游业以旅游资源作为吸引物招揽旅游者。旅游资源的丰富与否以及开发、利用和保护的程度,成为旅游业兴衰的关键。由于旅游业具有季节性强的特点,多受气候和假期的影响,淡旺季差异很大,虽然利用价格调节可以使供求矛盾在一定程度上得到缓解,但是这种影响却不能消除。但展览旅游作为商务旅游的一种,一般不受旅游淡季制约,发展展览旅游可以使旅游业在淡季不受较大影响。因此可以说,展览旅游的兴起为旅游业注入了新的活力。

(三) 酒店业

酒店业是旅游产业最重要的支柱之一,酒店业利润率的下降,会导致旅游产业整体经济效益下滑,这一系列状况在传统旅游城市中表现得尤为明显。因此酒店也有必要寻找新的经济增长点。虽然休闲旅游者代表着饭店业的较大消费群体,但是那些旅行费用可以报销并且经常出差的展会代表才是为酒店业带来最大利润的客源群。因此,利润丰厚的展会市场正成为酒店业越来越重要的、争夺激烈的目标市场。

（四）旅行社

旅行社是在旅游者和交通住宿及其他有关行业之间通过办理各种签证、中间联络、代办手续以及为旅游者提供咨询、导游、组织安排等服务而获得收入的机构，是现代旅游业的一个重要组成部分。作为一个为旅游者提供食、住、行、游、购、娱等服务的综合型服务企业，旅行社在不同国家、不同地区的旅游者与旅游经营企业之间架起了一座桥梁，在全球性旅游业的发展中起着重要的作用。旅行社的产生是社会经济、技术以及社会分工发展到一定阶段的直接结果，同时，也是旅游业长期发展的必然产物。

托马斯·库克是世界上第一个旅行社的创办者。1845年，库克正式成立了托马斯·库克旅行社，总部设在莱斯特，并开创了旅行社业务的基本模式。1855年，他以一次性包价的方式，组织了578人的大团去参观法国巴黎的博览会，在巴黎游览4天，包括住宿和往返旅费，总计为每人36先令，被当时的媒体称为"铁路旅游史上的创举"。实际上，这次旅游就是今天旅行社组织展览旅游的一种形式。

会展旅游的蓬勃发展客观上需要专业的会展旅游企业为之服务。许多国家为此专门建立了会展旅行社，有条件的大型传统旅行社也在积极开发会展旅游项目。

案例分析

教学视频

中国进出口商品交易会

中国进出口商品交易会（The China Import and Export Fair）即广州交易会，简称广交会，英文简称为Canton Fair。创办于1957年4月25日，每年春秋两季在广州举办，由商务部和广东省人民政府联合主办，中国对外贸易中心承办，是中国目前历史最长、层次最高、规模最大、商品种类最全、到会采购商最多且分布国别地区最广、成交效果最好的综合性国际贸易盛会，被誉为"中国第一展"。自2007年4月第101届起，广交会由中国出口商品交易会更名为中国进出口商品交易会，由单一出口平台变为进出口双向交易平台。

广交会历经63年改革创新发展，经受各种严峻考验从未中断，加强了中国与世界的贸易往来，展示了中国形象和发展成就，是中国企业开拓国际市场的优质平台，是贯彻实施我国外贸发展战略的引导示范基地，已成为中国外贸第一促进平台，被誉为中国外贸的晴雨表和风向标，是中国对外开放的窗口、缩影和标志。截至2019年第126届，广交会累计出口成交约14 126亿美元，累计到会境外采购商约899万人。目前，每届广交会展览规模达118.5万平方米，境内外参展企业近2.5万家，210多个国家和地区的约20万名境外采购商参与会展。

素有"亚洲最大的现代化展览中心"之称的广交会展馆（中国进出口商品交易会展馆）自2008年全面启用以来，凭借33.8万平方米的超大型室内展览空间、先进的软硬件设施、独特的使用效果和一流的展览综合配套服务，成了众多国内外品牌展览活动的发轫之地，更是大型和超大型规模专业展会首选的举办之地。每年，在此成功举办的专业展会及活动多达百场以上，可谓名展汇聚，活动荟萃。

广交会展馆拥有国内规模最大的室内展厅——5个1万平方米的超阔超高无柱展厅；超过4万平方米的室外场地，适合举办大型演艺活动；灵活多变的空间组合——展厅可随意分合，既可连成一体又可独立使用；先进的活动专用设备和超大型的停车场等，各种硬件配套设施均一应俱全，能满足会议、演出、宴会、体育赛事等各类型活动的多功能需求，尤其适合举办大规模宴会庆典等活动,曾承接超四千人用餐约400席的盛大宴会,效果显著气势恢宏。

(资料来源:广交会官方网站.http://www.cantonfair.org.cn/2020)

【分析】
试分析中国进出口商品交易会区别于其他展会的特色之处是什么?

第二节 展览旅游的参与主体

展览旅游作为以参展和观展为主要内容的旅游方式,是商务旅游的一种,由于其对举办地的要求颇高,一般是在一些基础设施好、经济发展水平较高的地区,因此也可以作为都市旅游的一部分。展览旅游是由参展或观展为中心环节和除此以外的其他参观考察、旅游、购物、娱乐等项目构成的。从展览的主办者来说,虽然他们举办的是一次展览会,而不是展览旅游,但是客观上他们却为人们提供了进行展览旅游的实质性内容。

从展览的参展者和参观者来说,其目的是为了参加展览,达到交流信息、宣传产品、贸易洽谈的目的,同时他们可以在展览举办地进行其他旅游活动,他们参加展览的整个行程便构成了一次展览旅游。从展览旅游的全过程来看,可以包括以下参与主体:参展商或参观者、展览会组织者、交通运输供应商、展览服务供应商、住宿餐饮娱乐等供应商、展览场所供应商等。它们的关系如图4-1所示。

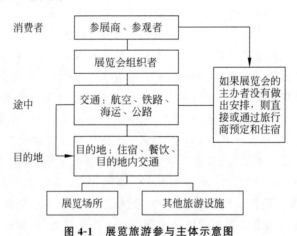

图 4-1 展览旅游参与主体示意图

一、展览旅游的消费者

展览的参展商和参观者是展览旅游的消费者。参展商出于商务的目的,把展览会视为一个展示他们的产品或服务、交流信息、促进贸易的机会,他们主要履行的是参展的程序,即得到展览信息→通过参展说明书与主办方接触→做出参展决定→向主办方预订场地→被介绍给展览服务承包商→按照展览服务手册的规定购买或租赁其他服务和材料,如展位标牌或装修等。与参展者不同的是,参观者不需要履行这一套程序,有的参观者是作为参展商的买家出现的,他们参观展览是为了获得信息或者获得与参展商洽谈贸易的机会,即商机;而有的参观者只是出于参观展览获取信息的目的。但是无论哪种参观者,他们的展览旅游从他们离开出发地就开始了,直到他们回到出发地。

二、展览旅游的组织者

展览组织者是展览运作过程的主要参与者,负责展会的组织、策划、招展和招商等事宜,在展览事务中处于主导地位。我国的展览组织者一般分为主办者和承办者,同时还包括协办单位和支持单位等,它们在法律地位与职责上有明显区别。由于我国目前缺乏专门的展览法,也缺乏专业展览组织者资格的认定和展览市场准入条件的限制,展览组织者呈现较宽泛、复杂的多元化特征。我国展会的主办者主要包括各级政府及其部门、各类行业商会、协会组织、社会团体组织,而专业性的展览企业或事业单位一般是展览项目的主要承办者。

专业展览企业主要是指参与展览项目承办的各种性质和组织形式的展览公司、会展公司、展览服务公司等。一般不包含各种仅对展览项目提供设计、搭建、现场设备租赁等单一服务的设计公司、策划公司、服务公司。专业展览企业按照所有制可分为国有、民营和外资三大类。

国有展览公司主要集中在各地外经贸系统和贸促会系统,也包括其他一些政府部门或行业协会组建的展览公司、国有集团企业所属展览公司、国有展览中心所属展览公司等。民营展览公司近年来发展较快,数量众多,但实力普遍弱小。外资展览企业指我国香港地区的展览公司和国外展览公司,以及它们的合资公司、办事机构等。在外资展览企业中,香港展览公司最早参与内地展览业务,《内地与香港更紧密经贸关系安排》(CEPA)的签署更为其在内地办展提供了便利条件。来自展览业发达国家(如德国、英国、意大利、荷兰、美国)的大型展览公司也在积极进入中国市场,设立相关的办事机构,成立合资、独资公司,寻求转移知名展览品牌和资本、管理的输入。

三、展览旅游的其他参与主体

(一)交通服务供应商

旅游离不开交通。"行"是旅游的六大要素之一,对于展览旅游也是如此。在展览旅游中,参展商和参观者必定要发生位移,交通运输服务商就要为他们提供交通运输服务,促成这种位移的实现。在展览旅游中的交通运输服务商不包括为展览运送展览物品和展览器材等的运输服务提供者。

交通运输服务商包括航空、铁路、公路、航运等企业和部门。一般地,参加展览旅游的人在出发前都会事先安排好旅游中的交通事宜。特别是参展商,他们往往会由展览活动的组织者安排往返交通,甚至是展览前后或期间的旅游考察交通。若展览主办方没有为参展商安排交通,则要由参展商自己安排交通事宜或者通过旅游中介机构,如旅行社,预订和安排交通事宜。

(二)餐饮服务供应商

展览旅游参与者除了需要"行"的服务外,还需要"食""住"方面的服务,这也是旅游六大元素的内容。"食""住"的提供商一般是酒店、饭店、旅店等住宿和餐饮单位。同为展览旅游提供交通服务的供应商一样,餐饮、住宿提供商可以是由展览主办者提供或者指定,也可以是由参展者和参观者自己通过中介预订和安排。同交通运输服务供应商不一样的是,只要是在展览旅游中涉及的一切餐饮和住宿提供商都是展览旅游中的主体,即它们包括了为展览本身服务的餐饮和住宿服务提供商。

(三)其他服务供应商

旅游最重要的要素就是"游"。在展览旅游中,作为一般参观展览的旅游者,他们的主要游览对象是展览会,而其他旅游设施只是辅助而已。这是因为,展览旅游是以展览为诱因的旅游形式,它作为商务旅游的一种,与其他休闲旅游最本质的区别是它是以参加或参观展览为最主要内容和目的的,其他旅游设施在展览旅游中可有可无。当然,一个展览旅游目的地对游客的吸引力也要依赖于除展览外的其他旅游设施,如知名的风景区、名胜古迹、特殊的文化等。展览的举办地一般是经济比较发达的城市,他们具有发展展览旅游的各种条件,其中包括发达的商业和服务业。在展览旅游中还有两个重要的要素就是"购"和"娱"。购物和娱乐作为旅游中的重要内容已经越来越得到旅游者的认同。特别是以都市旅游为主的旅游形式里,购物和娱乐尤为重要。展览旅游的特点表明,展览旅游有时也具备了都市旅游的特质,购物和娱乐在展览旅游者的旅游行程中也占有一席之地。

展览旅游作为一种旅游形式,需要多方面的配合和合作才能顺利进行,其中除了很多可以作为展览旅游主体的部门外,还包括了一些中介组织,如旅行社、票务办理等机构,但最重要的还是旅行社。旅行社在组织旅游、代理票务、预订饭店等方面具有专业优势,因此,在一些展览的筹办中,主办方会寻求旅行社的支持,不论是提供票务还是酒店预订、交通运输,旅行社都比一般的展览筹办者更有优势。随着旅行社业务的多元化发展,旅行社也开始涉足展览业务,他们成立了专门的会展部门或者分支机构承揽展览、承办业务。

目前来说,我国的旅行社从事展览业务还在起步阶段,更多的形式是旅行社组织旅游者组团参观某个展览活动。这种展览旅游一般是以大型的展览会为前提的,如各综合世界博览会或专业博览会。展览旅游的发展也使旅行社可以开发更多的旅游产品,丰富业务种类。

美博会聚人气,美旺周边酒店

第19届广州国际美容美发化妆用品博览会(简称广州美博会)在中国出口商品交易会展览馆开幕,来自四面八方的人潮使该地区处于交通拥堵的高峰。预计三天的广州美博会,成交额可望达到190亿元。广州美博会上各种美容讲座、新产品发布会、演示会等活动聚集了众多人气,附近的酒店也抓住商机,适时推出低脂、养颜的美食,吸引了不少人来尝鲜。

此次美博会期间,世界各地许多知名的美容美发品牌都大力进行产品推广,交易会周围的酒店会议室变得炙手可热。仅东方宾馆在美博会期间就租出客房800余间,举办了60多个场次的免费美容讲座、美容技术推介、美容美发产品展示会和多种形式的招商、研讨会和论坛。同时,东方宾馆在美博会期间举办"花容之约"养颜美食周,推出冰镇绿色无公害蔬菜、塘鲜美食、美容靓汤等多种低脂肪、高蛋白的滋补养颜食品,让人们亲身体验内外调养相结合的美容之道。

(资料来源:傅广海.会展与节事旅游概论[M].北京:北京大学出版社,2013)

【分析】
结合以上案例,试述展览会与酒店间的良性互动关系。

第三节 展览旅游的运作与管理

一、展览旅游的运作模式

展览旅游的发展依靠相应的内因和外因,内因是旅游业发展情况,外因是展览活动的开展情况。在具体运作过程中,展览旅游的实施主要依靠展览旅游的组展商、参展商和观展者,这三方面是展览旅游发展的基础和条件。

展览旅游的组展商在整个展览旅游运作中处于主导地位,他们在参展商和观展者之间起到桥梁作用,并提供相应服务,满足参展商和观展者在展览旅游活动期间的各种需求。参展商和观展者是展览旅游的主体,其对展览旅游的满意程度直接关系展会的成功与否,如果参展商和观展者对展览旅游保持支持和信任的态度,能使展览旅游参与各方盈利。一般来说,展览旅游的运作模式如图 4-2 所示。

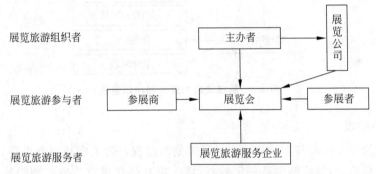

图 4-2 展览旅游的运作模式示意图

如图 4-2 所示,尽管展览旅游的主客体是稳定的,但具体运作过程中,由于展览旅游性质、目的、内容等的不同,使展览旅游活动的运作模式有所不同。主要有以下几种模式。

1. 专业展览公司承接展会

展览旅游的组展商将展览旅游承包给专业展览公司,由展览公司对展览旅游活动进行策划、组织,同时在展会前进行展会的营销和宣传工作,并负责展览会的展台设计、搭建、展品的运输等工作。作为展览旅游的一个重要内容,开发设计能够反映当地特色的展览旅游产品也是展览公司需认真考虑的方面。

2. 专业展览公司主办展会

一些实力雄厚的专业展览公司可以直接主办或承办展览会,不仅可以使展览旅游活动更加专业,也能给公司创造更多的效益。

3. 组展商主办展会

展览旅游组展商独立完成展会的策划和组织,同时在展会各个阶段完成对参展商和观展者的接待和服务工作。一些创办初期的展览旅游活动,往往由当地政府等主办单位提出展览旅游创意、主题,再由专业展览公司进行策划、组织和承办工作。随着展览旅游发展的成熟,由专业的展览公司对展览旅游进行创意、策划、组织等工作的各类展览将越来越多。除此以外,展览旅游的每个阶段都有众多的展览旅游服务商为组织者、参展商和观展者提供各种服务,如旅行社、旅游景区、旅游交通部门、旅游餐饮住宿部门等。

二、展览旅游的运作程序

目前,主流的商业展览活动基本都是由专业展览公司主办或承接的,作为商业性企业,其都是根据市场需求进行相关的策划和组织工作。从专业展览的角度看,展览旅游的运作程序如图4-3所示。

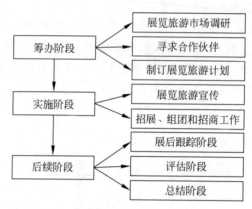

图 4-3　展览旅游的运作程序示意图

(一) 筹办阶段

展览旅游的筹办阶段其实就是一个调研策划的过程。为了成功举办展会,使组展商、参展商和观展者都满意,且能够创造一定效益,就一定要强化展览旅游前期的筹办工作,即调研和策划环节。前期的筹办阶段工作流程可以简单总结为:展览旅游市场调研、寻求合作伙伴、制订展览计划。

1. 展览旅游市场调研

展览旅游的市场调研是一项极其重要的工作,不仅要尽快确定展会目标和内容,而且要根据市场需求,完成展览旅游的可行性分析。展览旅游的市场调研主要包括以下几方面。

(1) 收集信息。主要是了解行业发展情况和潜力,判断能否利用目前的行业发展形势促使展会得以发展。

(2) 选择优势产业。应当选择本地区的优势产业。优势产业通常是指在一个国家或地区的经济总量中占有一定份额、有发展优势的产业,或是在一定的空间区域和时间范围内具有较高投入产出比率的产业。选择优势产业不仅可以使展览旅游的成功率大幅提高,而且也会对地区的经济发展起到很大的带动作用。

(3) 当地政府扶持政策。考虑所选择的项目是否是政府重点支持的项目,如果是,则会对展览旅游起到很大的支持作用。

(4) 可行性分析。展览旅游的可行性分析主要包括市场可行性分析和运行可行性分析两方面。市场可行性分析主要是指展览旅游项目未来的市场发展空间,包括市场竞争状况、市场规模和市场辐射力等内容。运行可行性分析主要是指展览旅游执行过程中所需的各种资源的分析,如人员、资金、物力等内容。

2. 寻求合作伙伴

为了扩大展览旅游的盈利性,保证其规模和档次,展览旅游主办方一般都会寻求合作伙伴,作为展览旅游的招展组团代理或支持单位。其中,展览旅游的招展组团代理是指有影响力的专业性、大众化以及权威性的大众媒体、专业展览公司以及海外代理机构,这些部门具有举办展会的丰富经验,能够快速整合资源,提高展览旅游的影响力,还能够有效降低招展成本。展览旅游的支持单位是指行业的政府主管部门、行业的权威协会组织以及有广泛影响力的行业机构等。

3. 制订展览旅游计划

展览旅游计划是对整个展览工作所做的全局性、总体性的安排。一个完备的、系统的展览旅游计划可以使展览工作有条不紊地进行,同时,展览旅游计划也是整个展览管理流程中比较重要的环节,对于组展商、参展商来说都是必不可少的一环。

展览旅游计划内容繁杂,没有统一的模式,但其内容相对固定,一般来说主要包括以下内容:①确定展览旅游的名称;②举办地点和时间;③展览旅游的规模和目标;④举办机构;⑤展览旅游的展示商品及其范围;⑥展览旅游的招展、组团和宣传推广计划;⑦进度计划;⑧现场管理计划;⑨展览旅游的相关活动计划。

(二)实施阶段

确定了展览旅游的前期筹办工作以后,特别是确定了展览旅游计划之后,就步入展到览旅游的实施阶段了,实施阶段主要包括展会前的宣传,招展、组团和推广工作。

1. 展览旅游宣传

展览旅游的宣传工作在整个展览旅游运作环节中居于重要地位,它不仅决定了参展商的数量和质量,而且也决定了观展者的数量和质量,也最终决定了展览旅游的展出效果。展览旅游的宣传应选择合适的方式,有针对性地开展宣传工作,以取得良好的宣传效果。

展览旅游的宣传工作可以从以下几方面操作。

(1)宣传对象。

一般来说,展览旅游宣传主要针对现实和潜在的参展商和观展者。不同的展览,所涉及的行业不同,其参展商和观展者也不尽相同,只有把参展商和观展者限定在一定的范围内,才能最大限度地实现展览旅游目标。

(2)宣传内容。

展览旅游的宣传内容是指制定宣传资料,主要包括展览会资料、市场资料、组展要求和安排、协议或合同等。制定宣传资料主要目标是让参展商和观展者了解展览的项目,如地点、时间、内容、性质等。宣传资料应做到尽可能详尽,使参展商和观展者能够更为详细地了解展览会的情况。

(3)宣传方式。

展览旅游组展商应根据展览和宣传对象具体情况,选择合适的宣传方式。常见的宣传方式主要有大众媒体广告、户外广告、邮寄广告等。

（4）宣传技巧。

适当的宣传技巧不仅可以使展览旅游的宣传工作事半功倍，而且可以使展览旅游得以顺利举办。在具体的宣传工作中，组展商和参展者应分别开展。当然，有时组展商会邀请参展商完成宣传，可以大幅降低宣传成本，也可以激发参展商的积极性。

2．招展和组团、招商工作

招展和组团工作就是展览旅游组展商招揽参展商，组织旅游团前来参加展览活动。招展、组团工作是展览旅游实施阶段的重要阶段之一，其所涉及的利益主体和事件十分庞杂，招展组团工作主要包括展览会说明及特色介绍、目标市场定位、财务预算、可供给市场采用的推广方法等。招展组团工作关键在于参展商的数量和质量。

招商工作也是展览会能够成功举办的影响因素之一，主要是指展览旅游对观展者的吸引。招商工作与招展组团工作是相辅相成的，只是两者面向的对象不一样。需要强调的是，越来越多的国内展览公司开始把专业观众组织（招商）放在首位，以吸引更多、更高层次的参展企业，因此招商工作在展览旅游实施阶段有着十分重要的作用。观展者可分为专业观展者和普通观展者，专业观展者的参加比例是衡量整个展览旅游服务质量的标准之一。

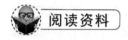

教学视频

进博会天津市交易团多种方式促招商

2019年11月5—10日第二届中国国际进口博览会在上海举行。在进博会筹备期间，天津市交易团组织各有关单位、部门和各交易分团，聚焦"抓招商、促成交"的中心任务，立足自身职责、全面宣传发动、扎实推进招商工作，促进采购商报名注册数量不断增长。

天津市对外经济贸易信息中心作为第二届进博会天津市地区指定招商服务机构，不断扩大招商宣传覆盖面，通过微信、邮箱、传真、快递等方式，重点邀请我市1078家批发零售企业和1200家服贸进口企业参会，累计发送邀请函800余份。冲刺阶段，信息中心将以首届进博会参展成交企业为邀请重点，加大招商宣传力度，争取邀请更多采购商报名参会。

天津市和平区交易分团结合自身实际，扎实推进采购商招商。

一是认真做好对"老"企业追踪回访，推动区内首届参展企业继续报名参会。对参加首届进博会的区内企业，区交易分团主动加强沟通联系，收集企业需求，了解企业意愿，掌握企业动态，及时跟进服务，从而为第二届进博会招商打下了良好基础。

二是深入做好宣传发动工作，积极引导企业报名参会。区交易分团主动联系区内大企业、不断挖掘新企业，并根据区内企业的业务性质特点，分门别类，有针对性地向他们宣传第二届进博会的特点，同时积极宣介首届进博会参会企业的一些成功案例，引导企业积极报名参会。

三是加强"业务"培训，全力做好企业服务。区交易分团工作人员积极参加市交易团组织的业务培训活动，对进博会招商、报名及相关业务做到真正学懂弄通。工作中坚持贯彻"企业家老大"理念，主动服务企业，全力为企业提供进博会全流程咨询服务，做好报名审核工作，努力吸引更多采购商注册报名参加进博会。

（资料来源：天津商务之窗．http://tianjin.mofcom.gov.cn/2019）

(三)后续阶段

后续阶段是展览旅游主体活动结束以后,展会组展商、参展商与观展者合作关系的延续。尽管展览旅游的主体活动是整个展览活动的核心内容,但后续阶段也会对展览旅游产生深远的影响。一些知名的展览活动不仅能在市场竞争中立于不败之地,同时还能有效地扩大自身影响力和市场份额,这或多或少与其重视展览活动的后续工作有关。后续阶段主要包含三个方面内容。

1. 最后跟踪阶段

展览旅游活动的最后跟踪阶段主要针对参展商和重要观展者进行的,主要是为了加深重要客户的印象,树立展览会品牌形象,同时也为了下一届的宣传工作。

最后跟踪阶段的主要工作如下。

(1)感谢工作。展览旅游参与者对展会的策划、招展、招商、信息发布、现场服务、扩大影响等方面起着重要的作用。展览结束后要对他们的支持和协助表示感谢。

(2)媒体跟踪报道。通过各种媒体对整个展览旅游活动进行回顾性报道,特别是对展览环境、参展人数、专业含量、展览效果、成交额、反馈意见等进行报道。

(3)发布下一届的展览信息。

(4)对参展商进行意见调查和征询。

2. 评估阶段

展览旅游工作评估是对整个展览环境、工作以及效果进行全面性、系统性的评估。一般来说,展览旅游的评估工作是由专门的评估人员完成的,主要针对组展商和参展商,其侧重点也有所不同。

(1)组展商的评估。组展商的评估较为宏观,主要包括对展览整体情况、参展商和观展者的整体情况进行评估。展览的整体情况是指组展商的前期准备工作情况、展览期间的现场服务和管理情况,这些数据可以通过对参展商和观展者进行调查得知。通过对组展商的评估,可以使其了解自身工作情况,了解展览旅游活动的档次、规模以及效果。

(2)参展商的评估。参展商的评估是对展览旅游的组织工作和展出效果进行评估。评估的内容主要有:展会前期筹备工作、展会举办期间的组织管理工作、展览旅游目标是否合适、宣传是否到位、展会服务人员工作能力和态度、展会的运输、制作等内容。无论是组展商的评估还是参展商的评估都是十分复杂的工作,评估的好与坏直接关系到本次展会的举办效果和下一次展会举办的顺利程度。因此,评估工作应尽可能做到科学、客观、合理,应收集大量数据和信息,设计科学合理的调查问卷,作为具体评估工作的依据。

3. 总结阶段

展览旅游的总结阶段是展览旅游项目从开始到结束之间各项工作的总结,并形成报告,为未来工作提供数据、资料、经验和建议。其中重点应当是进行效益成本分析,对收集到的组展商、参展商和观展者的意见和建议进行分析,并提出改进产品和服务的措施,作为以后工作的基础。因此,总结工作对展览旅游的运作有着重要的意义和作用。

案例分析

佛山陶博会陶览文化游

一、佛山陶博会简介

金秋,收获的季节,全球陶瓷行业聚焦佛山——2019年10月18日,第34届佛山陶博会将如期开幕,全球客商再次汇聚广东佛山。在为期四天的佛山陶博会上,来自全球的800多家知名企业将悉数亮相于三大展馆,届时超过20 000份新品将炫出首秀,又一场盛大的陶瓷嘉年华即将拉开帷幕。

2019年10月18日至21日举办的中国佛山陶瓷博览会,在华夏陶瓷博览城会场盛况空前,客商如云,亮点频仍。无论是参观的四方游人,还是做生意的中外客商,无不交首称赞。人们感叹:华夏陶瓷博览城真是太大,太美,太旺了!华夏陶瓷博览城本身以及举办博览会的华夏陶瓷博览城会场给世人留下了深刻的印象,南庄和华夏陶瓷博览城因此而蜚声国内外。

博览城"太大":华夏陶瓷博览城,占地1平方公里,绝非一个似巴掌那么小一块地方的陶瓷馆,而是一座实实在在的城。半年多完成的一二期工程,已经占地数百亩,三十多幢大楼栉比鳞次,全部完工后将有百多幢。核心建筑的国际会展中心占地近3万平方,前后共6万多平方的花园式广场,要绕着博览城走一圈得花很长时间。博览城已是大气老成。开车从博览城前的南北五线经过,1.8公里长的陶博大道所及范围,全是博览城的地盘。只见博览城纵横一方,煞是蔚为壮观,动人心魄。现在,已经有数十家中国建陶业的巨鄂进驻华夏陶瓷博览城,华夏陶瓷博览城已经集中了如全球最大陶瓷企业新中源及新明珠陶瓷集团等数十家中国陶瓷企业的营销中心。这里,已成为中国陶瓷业最大的贸易、物流中心。

陶博会规模之大,也无出其右。在华夏陶瓷博览城会场,参展的中外企业300多家,国内二十多个省市区,四川、山东、江西广东等所有重要陶瓷产区;国外十多个国家和地区都有企业参展。参展类别涉及建筑陶瓷、艺术陶瓷、日用陶瓷、陶瓷机械、陶瓷颜料、技术与信息等几乎所有与陶瓷有关的产品或技术等。A馆和B馆以及陶星楼的艺术陶瓷展数量很多,再加上新明珠、罗南、新中源等企业自建的大型星级展厅数十万平方,以至于这次很多观众来没有充足的时间去看陶星楼、陶晖楼等处的展览。

华夏陶瓷博览城之美,首先是因为规划超前,功能设置合理,以国际会展中心为灵魂,各营销大楼众星拱月,彼此呼应,相得益彰。企业各营销大楼豪华、富丽,营销与餐饮、服务,工作与休闲场所完美结合,开拓了营销、会展的新模式。广场开阔异常,一览无余,绿树成荫,繁花锦簇。陶博大道横贯如卧龙,博览会期间两端四个出入口龙门高悬,还有漂浮的飞龙、精美的广告、数不清的彩旗与标语,节日气氛十分浓郁。在晚上,灯火辉煌,活色生香,静谧与灵动相融,成为休闲的好去处。无论近看或远观,华夏陶瓷博览城皆是气势恢宏,繁华热闹。这里,已成为南庄人或外地游客观光、休闲的景点。

陶博会会场之美,在国内的陶瓷展会上绝对是一流。在国际会展中心和企业各大展馆,布展都设计巧妙,各有特色。一大批国内外先进企业先进产品在博览会上竞相绽放,新材料、新工艺层出不穷,绿色、环保、防滑、节水、纳米等各类产品一一亮相。细看展出产品,质地匀称、花色精美,或清新、雅致,或华贵、大方。兰草、书法、仕女乃至西方圣女等融入陶瓷产品之中,艺术品位、文化气息十分浓厚。再看各自整个展位的布局、装饰都富有整体协调的美。华夏陶瓷博览城是个美丽的地方,这些产品和展位就是一件件精致的杰作。很多客人赞叹:这不仅是在看展览,分明是艺术享受!

二、佛山陶博会的旅游活动

华夏陶瓷博览城人气旺。有了如此高的定位和规模,陶博城从一开始就成了各界人士瞩目的焦点。陶博城还在建设之中,就吸引了来自各地的旅游观光团前来观光。待陶博会召开之际,陶博城已经是人尽皆知。华夏陶瓷博览城作为中国陶瓷业的物流中心、技术中心等地位已经显现。近年来,广州及珠三角各地市民纷纷乘车或自驾车,或者组团前来参观。陶瓷博览会举办之际,也正是我国最重要的商品交易会——中国(广州)出口商品交易会举办的时候。期间,从广交会而来的中外客商数万人次。陶瓷博览会举办几日,生意成交额数以十亿计。有广州、佛山等多家旅行社组织了数万游客到此游览参观。

据介绍,为配合佛山中国陶瓷博览会的召开,佛山金华旅行社与市区多家星级酒店联手,在省内推出首条陶瓷文化"一日游"线路,参观内容涵括佛山五千年陶文化精髓,包括现代陶瓷生产企业生产流程及产品展示厅、石湾公仔生产厂家、佛山中国陶瓷博览会展馆、南国陶都的发源地南风古灶和以陶塑为主题的石湾公园等。佛山金华旅行社负责人表示,外地商务客和本市市民均可报名参团,无论游客多寡保证天天出团。此次推出的"一日游"线路,是为实现佛山市旅游产品结构由以商务型为主,向商务会议、休闲度假、观光游览、历史文化等多层次、多样化的旅游产品转变的又一尝试。每日在佛山过夜的商务客接近万人,其中在市区星级酒店住宿的约占1/4,为了将这部分商务客转变为游客,推动佛山游发展壮大,佛山市旅游局对佛山"一日游"的经营权进行招标,佛山金华旅行社赢得独家经营权,并与市区星级酒店携手合作,陆续推出多条具有佛山特色的"一日游"线路,包括佛山陶瓷一日游、历史文化之旅、风景名胜之旅、度假商贸之旅等精品线路。

陶博会的第一大推动作用在于城市新形象的塑造。为迎接陶博会,佛山投入巨资营造现代城市风貌。据介绍,佛山各级政府斥巨资改造了江湾路、镇中路、季华三路,修建石湾文化广场,使佛山旅游交通更为方便,景区景点周边环境得到美化,特别是中国陶瓷城、华夏陶瓷博览城和南风古灶、同庆灶、石湾陶塑主题公园等景点的建成和改造升级,加上陶博会期间组委会开展了一系列主题鲜明的宣传活动,彰显了作为中华陶源之一的佛山的陶文化特质,使我们这座中国优秀旅游城市魅力与活力得以释放,数以万计的外地客商和本地市民涌往会展中心和市区各大景点参观。

会展期间,佛山旅行社接待、景点接待、酒店接待和旅游收入甚至旺过"十一黄金周"长假。在市旅游局的精心组织下,各旅行社推出了各具特色的陶瓷旅游专线,吸引了来自美国、加拿大等海外客人及很多国内客人。

佛山市区和南海的各旅游酒店更是生意火爆,各酒店的开房率比去年秋交会期间上升了15%以上,陶博会同时还带动了佛山旅游商品销售的大幅增长。陶博会宣传声势和建设第三大城市的豪情,大幅激发了佛山人游佛山的兴致,掀起的陶文化游方兴未艾,广大市民游客仍乐于前往佛山各个陶瓷文化景点探根究源,领略上下五千年陶瓷文明的精妙。

(资料来源:会展网. http://www.expo-china.com/2019)

【分析】

(1)你如何看待展览业与旅游业的结合?

(2)佛山陶博会对国内其他城市主办展会提供了哪些经验?

复习思考题

1. 什么是展览旅游？展览旅游的特点有哪些？
2. 试分析比较展览旅游中的参与者主要有几类？各有什么作用？
3. 展览旅游的运作模式如何？
4. 展览旅游前期筹备工作有哪些？
5. 展览旅游的运作可分为几个步骤？各有哪些内容？
6. 结合所学知识，分析发达国家展览业给我们哪些启示？

案例分析

会展小镇——乌镇

2019年10月20至22日，第六届世界互联网大会在浙江乌镇如期举行，世界的目光再一次聚焦在乌镇这座白墙黛瓦的千年古镇上。但对于乌镇来说，世界互联网大会只是其接待的重大会展之一，长期以来，乌镇为众多国内外政府部门、大中型企事业集团及公司成功策划实施了各类会议活动，成功接待大小会议上万个。庞大的会议规模、高规格的会议接待背后，是乌镇在经历了传统乌镇、度假乌镇再到文化乌镇的转变后，开始的第四次转型——会展乌镇。

乌镇交通方便，地理位置优越，它地处江浙沪"金三角"之地，距杭州、苏州均为80公里，距上海140公里。高速、高铁四通八达，交通极为便利，方便全世界各地前来参观游览，全世界参会单位都可以乘飞机到上海转车到乌镇。道路交通的畅通、古镇的开发和保护给乌镇带来了财富和商机，但多位受访者认为，真正让乌镇从众多地点中脱颖而出被选中，人是非常关键的一个元素。

乌镇的MICE销售及接待服务团队有着十几年丰富大型活动策划和保障经验，成功接待大小会议10 000余个，至今为众多国内外政府部门、大中型企事业集团及公司部门成功策划实施了各类年会、研讨会、市场推广会、新闻发布会和公关、庆典、路演、拓展训练、奖励旅游等活动。尤其是连续6年来，百余个国家和地区千余名嘉宾每年齐聚乌镇，乌镇以细致、个性化的服务赢得了与会嘉宾的信任与好评。在乌镇，配套保障人员、酒店管理人员、管家队、消防人员等各部门人员细化分工，团队通力合作，完善了会议日程、住宿、餐饮、场地搭建等每一个环节。

乌镇的会展设施兼具古镇特色与现代商务条件。依乌镇而过的京杭大运河河畔，乌镇互联网国际会展中心、云舟宾客中心等是乌镇身为"会展小镇"的主阵地。其中，外观采用260万片江南小青瓦组成的乌镇互联网国际会展中心就是上演思维碰撞的中心之一。会展中心由三座建筑组成，由南而北分别为会议中心、接待中心和展览中心三个功能区块，具备中国江南水乡建筑传统的同时又不失现代化国际会议中心的强大功能。

从乌镇的发展来看，未来乌镇的4.0时代将是会展小镇，这是乌镇发展夜游文化，留客人住下来的创新方式，也可以说是会展经济发展的一次探索。如今乌镇高质量的会场服务，专业的配套设施管理和对接，已经保障了上万场会议活动的顺利举办，乌镇成为"东方达沃斯"指日可待。

(资料来源：新京报网. http://www.bjnews.com.cn/2019)

第四章 展览旅游

【分析】
(1) 世界互联网大会为什么选址乌镇?
(2) 乌镇会展旅游业的成功给我们哪些启示?

实战演练

背景介绍:北京国际旅游博览会(BITE)是 2004 年由北京市文化和旅游局主办、北京瑞来森会展服务有限公司承办的最具影响力的国际知名旅游展会,是全球旅游业推广旅游资源和旅游产品、促进旅游消费的重要交流交易平台,已成功举办十五届。

北京国际旅游博览会首创 B2B+B2C 的展览模式,并以该模式成功举办了 9 届,国内外展商收获丰厚,均达到或超过预期参展效果。除传统旅游资源外,将增加旅游投融资、旅游地产、旅游商品、特色小镇、美食、温泉、游学、文化旅游、智慧旅游、体育旅游、医疗康养旅游、户外旅游、房车露营旅游、东奥主题旅游等全链条、多领域的综合性展会。

2020 年北京国际旅游博览会将于 6 月 19 至 21 日在国家会议中心召开。假设你是该博览会的组织人员,结合所学知识,试分析如下问题。

(1) 旅博会应邀请哪些参展企业?
(2) 在展会举办之前,你应考虑哪些方面工作?
(3) 根据当地情况,请完成一份旅博会策划方案。

第五章

节事旅游

【知识目标】
- 了解节事的含义、节事活动的类型；
- 理解节事旅游的概念、特征及作用；
- 掌握节事旅游运作与管理工作。

【能力目标】
- 运用所学知识分析节事旅游在旅游目的地发展中的作用；
- 学会综合分析国内节事旅游资源丰富城市的现状和发展趋势。

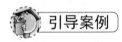

教学视频

上海旅游节

上海旅游节创办于1990年，活动从每年九月的一个周六开始，历时二十余天，涵盖了观光、休闲、娱乐、文体、会展、美食、购物等几个大类近四十多个项目，每年吸引游客超800万人次。

2019年9月14日，第30届上海旅游节在上海著名商业街淮海路拉开帷幕。来自19个国家和地区的32支表演方队和25辆花车为观众呈现了一场盛大的巡游狂欢。开幕式花车大巡游分为"美好欢乐""大美中国""上海品牌""心手相连""长江之恋""相约长三角"六大篇章。在旅游节23天的时间里，上海旅游节7大板块100多项精彩纷呈的文化旅游活动依次登场。

据统计，本届上海旅游节共接待市民游客2570万人次，同比增长48%。旅游节举办期间，全市旅游景区接待1563万人次，文化场馆接待280万人次，参加旅游节活动679万人次，参加阅读建筑活动179万人次，观看花车巡游138万人次。开幕大巡游电视直播收视率2.4%，市场份额9.6%，排名同时段节目第一位，约有500万观众观看（含东方卫视的重播）；新华网开辟了网上上海旅游节，开幕式直播就有26万人次观看；携程、春秋等网站设立了上海旅游节活动和产品专栏；微博、微信和客户端等广大游客的自媒体传播，所有这些电视、新媒体的传播，使关注上海旅游节的人数约超过1亿。

上海旅游节以"人民大众的节日"为定位，以"走进美好与欢乐"为主题，通过丰富多彩、各具特色的上海各区县节庆活动,推进"一带一路"战略对旅游业的发展要求,吸引社会各界的大力支持和广泛参与,已成为上海建设世界著名旅游城市节庆盛典的标志。

(资料来源:中国旅游新闻网.http://www.ctnews.com.cn/2019)

第一节 节事和节事旅游

一、节事的概念

"节事"一词来自英文的 Event,国内学者一般将其理解为"事件、活动、节庆"等含义。围绕这一概念又衍生出另一概念,即 FSE(Festivals & Special Events)。中文译为"节日和特殊事件",简称"节事"。FSE 是各种节事活动的总称,其内容丰富,外延也十分广泛。

从节事的概念上理解,我们可以把节事理解为节日和特殊事件两部分,其含义也是不同的。节日是指一种有着特殊意义的日子,在这样的日子群众广泛参与各种社会活动。一般而言,节日都会选择在一年中固定的日期举办,节日期间还会举行各种庆祝仪式等欢庆活动。因此,节日也被称为节庆。特殊事件是指人们日常生活和工作以外的,是一种不同于平常休闲、社交或文化体验机会的实践。特殊事件可以是一次性的,也可以是固定举办的,但应该是非经常发生的,如一次盛大的庆典、一场特别的演出等都属于特殊事件。

二、节事活动及其分类

节事活动是指举办地组织的系列节庆活动或有特色的非经常发生的特殊事件。节事活动形式多样,因此可以根据不同的标准将节事活动划分为不同的类型。一般而言,可以根据以下标准进行划分。

(一)按节事的性质分类

(1)文化庆典,包括节日、狂欢节、宗教事件、大型展演、历史纪念活动等。
(2)文艺娱乐事件,包括音乐会、表演、文艺展览、授奖仪式等。
(3)商贸及会展事件,包括展览会、博览会、会议、广告促销、募捐等。
(4)体育赛事,包括各种职业比赛和业余比赛等。
(5)教育科学活动,包括各种研讨会、学术会议、教科发布会等。
(6)休闲活动,包括趣味游戏、娱乐事件等。
(7)政治/政府事件,包括就职典礼、授勋仪式、贵宾观礼、群众集会等事件。
(8)私人事件,包括个人典礼、周年纪念、家庭假日、宗教礼拜、社交实践、舞会节庆、同学亲友联欢会等事件。

(二)按节事的规模分类

对于节事规模的界定,国际上有很多不同的观点,但是从现代意义上节事旅游的角度出发,综合节事的规模、目标群体及市场、媒体的覆盖面等标准,节事大致可划分为:重大节事、特殊节事、标志性节事和中小型节事。

1. 重大节事

重大节事是指规模庞大以至于影响整个社会经济,同时拥有众多参与者和观众,对媒体有着强烈吸引力的节事活动。国际会展专家盖茨提出,重大节事至少应有两项定量标准:一是参观人次大于 100 万人次,二是投资成本大于 5 亿美元。同时还提出了目的多元化、节日精神、满足基本需求、独特性、质量、真实性、传统、适应性、殷勤好客、确定性、主题、象征性、供给能力和便利性 14 项定性指标。通常情况下,重大节事往往是全球性的活动,如号称世界三大盛事的"奥林匹克运动会""世界博览会""世界杯足球赛"。

2. 特殊节事

特殊节事是指借助一定的主题,能够吸引大量参与者或观众,引起国际和国内媒体报道,并带来可观经济效益的节事活动。如北京国际旅游文化节、世界体操锦标赛、慕尼黑啤酒节等都是备受瞩目的特殊节事活动。

3. 标志性节事

标志性节事是指某些大型节事活动在一个地区长期举办,并逐渐与举办地融为一体,成为最能够展示举办地特征的活动。如青岛国际啤酒节、大连国际服装界等都属于标志性节事活动。

4. 中小型节事

中小型节事是指规模较小,影响局限在某个地区范围之内的节事活动。如乡镇、社区等开展的节事活动大多数都属于中小型节事活动。中小型节事活动虽然没有受到社会的广泛关注,但是它们数量庞大,其整体效益不容忽视。以上四种规模的节事活动,具体如表 5-1 举例所示。

表 5-1 节事的规模分类

节事类型	实例	目标群体/市场	媒体类型覆盖面
重大节事	奥林匹克运动会 世界博览会 世界杯足球赛	全球	全球电视媒体
特殊节事	区域性体育赛事 国家级旅游文化节事	世界 国内	国际 国内电视媒体
标志性节事	青岛啤酒节 西班牙奔牛节	区域	国家电视台媒体 本地电视媒体
中小型节事	乡镇节事 地方社区节事	区域/地方 地方	本地电视/报刊媒体 本地报刊媒体

(三)按节事活动选取的主题分类

按节事活动选取的主题来划分,节事活动可分为商贸、文化、宗教、民俗、体育、自然景观和综合七大类型。

1. 以商贸为主题的节事活动

商贸节事活动一般均以举办地最具有代表性的风物物产为主打品牌,如青岛国际啤酒节以著名的青岛啤酒为节日主题,类似的还有洛阳的牡丹节、景德镇国际陶瓷节等。

2. 以文化为主题的节事活动

文化节事活动是指依托举办地著名的文化渊源或现存的典型的、具有当地特色的文化类型而开展的节事活动。如中国淄博国际聊斋文化节,就以人人耳熟能详的聊斋文化为主题举办各种与聊斋相关的活动,以此来活化人们心中的聊斋故事,深受游客喜爱。除此以外,还有福建的湄洲妈祖节、山西运城的关帝节等。

3．以宗教为主题的节事活动

宗教是我国传统文化的重要组成部分,内容十分丰富。宗教节事活动一般是以举办地著名的宗教资源为依托,开展的各种吸引游客的宗教活动。如沙特麦加的"朝觐"活动,就是以其著名的克尔伯神庙为依托,成为全世界穆斯林心中的圣地。类似的还有五台山国际旅游月、陕西法门寺佛祖文化节、西藏地区的晒佛节等。

4．以民俗为主题的节事活动

民俗节事活动一般是以民族独特的民俗风情为主题,涉及书法、民歌、风情、杂技等内容的活动。我国是一个多民族国家,可作为节事活动的民俗题材非常广泛,如吴桥杂技节、傣族泼水节、潍坊风筝节等。

5．以体育为主题的节事活动

体育节事活动主要以举办地举行各种体育赛事为主题。如我国每年举办的全国运动会、北京国际马拉松赛、香港赛马会等。

6．以自然景观为主题的节事活动

自然景观节事活动主要围绕举办地的著名自然景观开展相关活动。如中国国际钱江观潮节、中国吉林雾凇冰雪节、北京香山红叶节等。

7．以综合为主题的节事活动

综合节事活动主要依托一个以上的主题进行综合展示。目前,我国许多城市举办的节庆活动都是多个会或展的组合,形成节会并举的节事文化现象,即"文化搭台,经贸唱戏"。

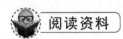

最具经济价值的世界三大体育盛事

奥林匹克运动会是世界上规模最大、水平最高、印象最广的国际性综合运动会。它不仅以自身特有的文化魅力愉悦人们的身心,更以其强烈的人文精神激励人们努力奋斗,同时也堪称全球最具经济价值的体育盛会之一。奥运会能够完美的带动一个城市、一个地区甚至一个国家的经济繁荣,历次奥运会举办城市都能通过奥运会带来巨大的直接经济效益和间接经济效益。

世界杯足球赛(FIFA)是世界上最大规模的单向体育赛事。作为全球最受欢迎的体育项目——足球的"群英会",世界杯足球赛具有无法抵抗的魅力,而它创造出的巨大财富更令世人瞩目。在2011—2014年的巴西世界杯周期中,FIFA共计实现营业收入约54.08亿美元,同比增长33%。2013—2018年,世界杯足球赛为俄罗斯带来的经济效益总额约为150亿美元,相当于俄罗斯单年GDP的1%。

与奥运会、世界杯足球赛并称世界三大赛事的F1(一级方程式赛车世界锦标赛),是世界公认的商业运作最成功的赛事之一。尽管这项运动本身难以普及,但它却可以带动举办地相关产业尤其是旅游业的发展。根据F1官方在2018年12月21日发布的数据,上赛季

F1 的现场观众累计人数达到 4 093 305 人,分摊到 21 站比赛,平均每站的现场观众接近 20 万人。

(资料来源:中国产业信息网.http://www.chyxx.com/2018)

三、节事旅游

(一)节事旅游的概念

关于节事旅游的概念,会展旅游业发达的西方主要有两种提法,一是 Event Tourism,中文译为"事件旅游";二是 Festival & Special Event Tourism,中文译为"节事旅游"。前者是广义上的概念,泛指所有由事件引发的旅游活动,后者是狭义上的概念,更加强调节日和特殊事件分别引发的旅游活动,即节日旅游和特殊事件旅游两个类型。

本书将节事旅游定义为:人们由于受到节事活动的吸引而进行的旅游活动。这个概念体现了节事旅游的两层内涵。

1. 节事旅游是一种旅游活动

旅游活动是指旅游者离开常住地进行的旅行和暂时逗留活动。节事旅游作为旅游的一种特定形式,也具备旅游活动的基本特征。因此,节事活动举办地的非定居者,即来自异地的旅游者在节事期间的各种活动才属于节事旅游。反之,如果节事活动完全由举办地居民参与,没有来自异地的旅游者参加,那它就与旅游活动无关,也不存在节事旅游。

2. 节事旅游发生的原因是旅游者受到节事活动的吸引

节事旅游是以节事活动为吸引力因素的特殊旅游形式。节事旅游的发生在于节事旅游目的地具有节事旅游者在其居住地无法体验的各种节事活动,这些节事活动构成了激发节事旅游者动机的吸引力因素,从而强烈地吸引着人们前往旅游目的地开展与之相关的旅游活动。

(二)节事旅游的特点

1. 文化性

节事旅游往往渗透着举办地有特色的文化,将文化和旅游促销结合起来。通常情况下,节事旅游是以文化,特别是民族文化、地域文化、节日文化等作为主导的旅游活动,具有浓郁的文化气息和文化色彩。随着旅游业的不断发展,文化在旅游活动中的作用不断加强,各地通过文化搭台,达到经济唱戏的目的,如洛阳牡丹节、上海国际服装文化节等,这些节事活动都有一定影响力,对当地经济发展、丰富市民文化生活和提升市民文化素质都起到了积极的作用。

2. 地方性

节事活动一般都带有较明显的地方气息,甚至有些已成为反映旅游目的地形象的指定物。一些节事活动的举办地,为广大公众所熟悉,如巴西里约热内卢的狂欢节、慕尼黑的啤酒节、伦敦泰晤士河艺术节等。这些节事活动都以"节事活动品牌代言城市"的形象来定义这些举办地。

另外,一些节事活动历史悠久,已经成为当地居民生活所需。如傣族泼水节已成为该民族的形象,那达慕大会也总是与蒙古族联系在一起。

3. 参与性

旅游业的不断发展使得旅游者与休闲者越来越重视旅游活动的参与性,而节事活动恰恰是一种参与性极强的旅游活动。节事活动的参与者一般都对节事活动举办地和内容具有较强的好奇心,希望像举办地居民一样,能够深入参与此项活动,了解举办地的生活方式等。而节事活动的举办方则想方设法拉近与参与者的距离,使其参与进来。

4. 多样性

从节事活动的概念可以得知,任何能够对旅游者产生吸引力的因素,经过开发都可称为节事活动。

(三)节事旅游的产品

从节事活动与旅游的相关程度来看,节事旅游产品可分为三个层次。

1. 内层

内层主要是指纯粹以增强旅游目的地吸引力、塑造鲜明旅游形象为目标的节事类旅游产品。例如,上海旅游节、中国哈尔滨国际冰雪节、北京国际艺术旅游节等。

2. 中层

中层是指以丰富人民的文化生活、促进区域的经济发展、树立地区良好形象等为主要目标,并且自身带有较强的旅游功能的节事活动构成的旅游产品。例如,奥运会、世界博览会、上海国际艺术节等。

3. 外层

外层是指以本身不具备明显的旅游功能,但是经过开发后能够形成特定的旅游吸引力的事件为主构成的旅游产品。例如,借助各种专业会展、APEC 会议、"神舟五号"航天飞船升空等事件开发的旅游产品。

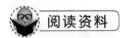 阅读资料

2019 年中国北京世界园艺博览会

2019 年中国北京世界园艺博览会是经国际园艺生产者协会批准、国际展览局认可,由中国政府主办、北京市承办的最高级别的世界园艺博览会,是继云南昆明后第二个获得国际园艺生产者协会批准及国际展览局认证授权举办的 A1 级国际园艺博览会。

2019 年 4 月 29 日至 10 月 7 日,2019 年中国北京世界园艺博览会在中国北京市延庆区举行,展期 162 天。园区规划总面积 960 公顷,主题为"绿色生活,美丽家园"。2019 年"五一"小长假期间,北京世园会迎来首个客流高峰。据统计,5 月 1 日,世园会首个假日接待日截至下午 14 时已经有 4 万人次游客入园,销售收入 550 万元。截至闭园时,世园会全天 6.4 万人入园,是前一天入园人数的近两倍,高峰期等候时间超过 30 分钟,仅中国馆下午 5 点入馆游客近 3 万人。五一期间,北京世园会累计销售门票 21.4 万余张。中国馆、国际馆、生活体验馆、植物馆、妫汭剧场这"四馆一剧场"是最受游客欢迎的主要游览目的地。截至 5 月 4 日 11 时,"四馆一剧场"累计接待游客 73.4 万余人次。

10 月 8 日上午,2019 年中国北京世界园艺博览会组委会在国新办新闻发布厅召开新闻发布会,面向境内外媒体发布北京世园会会期的总体运行情况。北京世园会开园期间接待

各类入园参观人数达 934 万人次,共举办 3284 场中西交融、精彩纷呈的文化活动,吸引观众 310 多万人次,吸引国际友人 20 万余人次。

(资料来源:中国旅游新闻网.http://www.cntour2.com/2019)

(四)节事旅游的作用

作为一种新兴的旅游形式,节事旅游不仅吸引了大量的旅游者,而且对于城市和地区的发展起到了巨大的作用。世界各国和各个旅游目的地对于节事旅游的浓厚兴趣和高度重视来源于节事旅游广泛而深入的影响。具体来讲,节事旅游的作用体现在以下几个方面。

1. 弥补旅游淡季旅游供给的不平衡

旅游行业是个淡旺季十分明显的产业,旺季时游客如潮,淡季时资源闲置。多样化的节事旅游恰恰能够提供给旅游者更多的选择机会和需求,使得在当地旅游资源不超过承载力的前提下获得最大限度的发挥。

2. 调整当地旅游资源结构

通过对当地旅游资源、民俗风情、特殊事件等因素的优化融合,可以有效地调整当地旅游资源,举办别出心裁、丰富多彩的节事活动,对于改变举办地旅游活动的单一性也有着极大的推动作用。

3. 提高举办地知名度和美誉度

节事旅游活动的开展往往对举办地主题形象起到很重要的宣传作用。旅游者通过节事旅游活动中的各项内容,全面了解城市的自然景观、历史遗迹、建设成就等内容,从而提高了对城市形象的认识和理解。当前,成功的节事活动已经成为城市形象的代名词,如提到啤酒节,马上会想到青岛,提到风筝节,就会想到潍坊。这些都说明,节事旅游活动已经与举办城市之间形成很强的对应关系,能够很快提升城市知名度和美誉度。

4. 促进相关产业的发展

节事旅游活动一般都有相应的主题配合,配合这一主题的生产厂家或者整个产业都可以在节事旅游活动中获得经济收益。比如每一届的大连国际服装节,都迎来了大量的海内外服装厂家、商家、设计师和模特,各类表演活动、发布会、展览会、洽谈会,为本地服装及其相关产业、生产厂商提供了巨大的商机。

教学视频

哈尔滨国际冰雪节

哈尔滨国际冰雪节是中国第一个以冰雪为载体的地方性节庆活动,也是世界规模最大的冰雪节,与日本札幌雪节、加拿大魁北克冬季狂欢节和挪威奥斯陆滑雪节并称世界四大冰雪节,位列"全国十大最具影响力节庆活动"之一。哈尔滨国际冰雪节以采冰节、冰雪大世界、太阳岛雪雕博览会、兆麟公园冰灯游园会、融创乐园花灯大世界为精品,同时举办各类冰雪旅游、冰雪文化、冰雪体育、冰雪时尚、冰雪经贸等活动。据测算,近三年冬季游客量年均增幅 12.38%;收入年均增幅 16.49%。

2020 年 1 月 4 日,第 36 届中国·哈尔滨国际冰雪节盛大开幕。国际冰雪节开幕式与"世界冰雪城市之约"一并举行,通过"两会合一",实现高度聚焦,集中打造一场规模宏大、国际性强、内容丰富的冰雪文化旅游盛事。开幕式期间还组织了交响乐演出、景区参观考察、2020中国冰雪旅游发展论坛、国际冰雪城市合作与发展研讨会、外国企业和商协会与哈尔滨新区对接会、勋菲尔德弦乐比赛永久落户哈尔滨新闻发布会、菲律宾华商活动日、第三届哈尔滨乌克兰日、新加坡活动日等活动。

从2019年11月中旬至2020年4月初,哈尔滨打造历时5个月的城市冰雪季,推出三大篇章、七大冰雪主题游线路、四百余项冬季文化旅游体育活动。突出打造融创乐园花灯大世界、亚布力滑雪节、哈尔滨采冰节、长岭湖冬捕冰钓旅游节、"百万青少年上冰雪"活动启动仪式、第32届太阳岛雪博会、呼兰河口湿地公园欢乐冰雪世界、伏尔加城堡滑雪节、中国·哈尔滨松花江冰雪嘉年华等开园、开幕活动,全面拉开哈尔滨市冬季冰雪季序幕,向国内外发出哈尔滨冰雪之约。冰雪季期间同时推出五大板块活动和"沸腾的城市"六大举措。在冰雪旅游活动板块,依托各冰雪园区、雪场,打造差异化冰雪观赏互动园区和滑雪体验基地,开展以冰雪大世界等为代表的冰雪特色旅游项目;在冰雪文化活动板块,突出有国际影响力的冰雪雕赛事,全面提升赛事规模和层次,进一步树立哈尔滨在国际冰雪雕赛事中的标杆地位。

同时,推出第36届冰雪节"冬季演出季"活动,推出71台131场国内外经典系列演出;在冰雪时尚活动板块,深入发掘城市时尚传统和文化特色,举办各类冰雪时尚活动,不断扩大哈尔滨"时尚之都"的知名度和影响力;在冰雪体育活动板块,发挥"冰雪体育之城"优势,举办国际冬泳公开赛、滑雪马拉松赛、冬季铁人三项赛等百余项体育赛事活动;在冰雪经贸活动板块,充分借助冰雪节平台,加强国内外贸易洽谈和招商引资项目考察推介,扩大对俄合作领域,举办好各类经贸、洽谈、展会、年会活动,扩大城市开放度。举办世界冰雪城市之约、哈尔滨寒地博览会暨首届哈尔滨冰雪服饰器材博览会、第二届哈尔滨名优精品年货博览会、哈尔滨新区旅游产业发展研讨会等活动。

(资料来源:凤凰网黑龙江.http://hlj.ifeng.com/2020)

【分析】
(1)试分析哈尔滨国际冰雪节对城市旅游业发展起到哪些推动作用?
(2)哈尔滨国际冰雪节对我国其他城市发展节事旅游有哪些启示?

第二节 节事旅游运作与管理

一、节事旅游形成的条件

(一)节事举办地能否成为旅游吸引物

节事旅游能否形成需要借助一定的平台,脱离了这个平台节事旅游便不会产生足够的旅游吸引力,也就无所谓节事旅游了。一般而言,一个城市要开展节事旅游,需具备以下条件。

1. 城市品牌化

旅游目的地要想举办节事活动,就必须不断提升自己的地位,提高城市的知名度和美誉度,进而创造品牌效应。著名节事旅游学者盖茨认为:"节事的强大号召力可以在短时间内使得举办地的口碑获得爆发性的提升"。

2. 节事活动内容要丰富多彩

为了给前来节事举办地的观光旅游者留下深刻的印象,举办地在开展节事旅游活动时应尽可能地多样化,特别是一些能够突出地方特色的活动,往往会受到旅游者热烈的欢迎,同时也可以提高旅游附加值。

3. 节事活动要有广泛的媒体覆盖率

当前,很多节事举办地没有意识到媒体对宣传节事活动的重要性,导致很多节事旅游活动鲜有关注,节事旅游举办地也没有获得应有的经济和社会效益。为了扭转这种局面,一定要转变观念,即重视媒体的重要性。以上海狂欢节为例,除了当地媒体主动介入外,举办地还邀请了国内主要媒体前来报道,甚至还邀请到海外很多知名媒体前来,如英国 BBC、新加坡电视台、法国国家电视台等。这样就构成了以当地媒体为主,国内其他地方媒体为辅,海外媒体为窗口的立体媒体报道网络,为节事活动的举办创建了一个极佳的媒体平台。

4. 节事活动要有较好的"大众文化"基础

节事旅游活动不仅是一种高雅的文化,其更需要社会大众参与进来,最终形成一种具有亲和力和认同感极强的大众行为。我国目前很多节事活动无法为继,很重要的一个原因就是社会公众参与性不高。

（二）全面的城市形象

城市形象,即城市在人们心目中的形象。一般而言,城市形象往往由很多因素共同构成,如公民好客度、城市总体景观、旅游基础设施等。以上城市形象构成因素缺一不可,只有那些具备全面形象的城市才有可能举办具有一定影响的节事旅游活动。

（三）优质的区域环境

1. 经济环境

经济环境主要包括服务业环境以及是否有强大的经济实力。节事旅游必须依靠一定的经济基础,否则很难维持下去。衡量经济环境的一个重要指标就是服务业发展水平,同时节事旅游的开展也依靠发展水平较高的服务业的支撑。

2. 文化环境

成功的节事旅游活动往往有其共同的特点,就是依托于当地文化。只有依托当地文化开展的节事旅游活动才是风格独特的、才是个性十足的、才是魅力十足的,这种文化关系上的关联性也影响着节事活动主题的选择。

3. 交通条件

节事活动要想成功,一个先决条件就是城市交通的便利性,这对城市举办旅游会展影响极大,同时,便捷的城市交通也是标志性会展的标准之一。我国的香港和东南亚的新加坡之所以成为世界级的会展之都,原因之一就是这两座城市都拥有高效、便捷的城市交通。

4. 客源市场距离的远近

会展旅游企业举办节事旅游活动时,必须考虑的一个因素就是距主要客源市场的距离。根据旅游理论,举办地吸引客源市场距离的远近将直接关系到节事旅游活动的影响度,举办地离客源市场越远,影响度越小,反之,影响度越大。这种距离既包括空间距离,也包括时间距离。

二、节事旅游的运作模式

1. 政府包办模式

目前,我国很多城市和地区较多采用这种模式,政府在节事活动举办过程中包揽一切事务,扮演多种角色,不仅活动由政府主办,而且节事旅游活动的内容、场地、时间等都由政府决定,参赛单位也由政府指派。政府包办模式虽然能最大限度统筹规划,可也给地方政府带来很大的财政负担,限制了参赛企业的积极性和主动性,经济效益和社会效益也会大打折扣。

2. 市场运作模式

市场运作模式是节事旅游活动走向市场化的终极模式。在这种模式下,节事旅游活动完全由节事旅游企业按照市场经济规律运作,其优势不言自喻。首先,节事旅游活动的时间、地点、运作方式、参赛资格等各方面均由市场需要决定,可大大节约成本,同时也避免了行政力量介入导致的不必要的浪费;其次,有利于实现旅游效益的最大化。

3. 政府主导、社会参与、市场运作相结合模式

该模式是当前比较符合我国国情的一种节事旅游运作模式。在这种模式下,节事旅游活动的主办方仍旧是政府,但其作用发生了变化,由过去的主导活动变为主要确定节事旅游活动的主题和名称,并以政府名义进行召集和对外宣传。社会力量的作用体现在为节事旅游活动的主题献计献策,营造良好的节事旅游环境氛围,以及积极参与各项节事旅游活动方面。真正的市场运作则具体委托给企业,采用激励的方式让更多的企业参与到节事旅游中。目前来说,由于我国市场经济制度尚未完善,此种模式往往会带来较好的经济效益和社会效益,各地在开展节事旅游活动时也经常采用这种模式,如哈尔滨国际冰雪节、潍坊风筝节、广州国际美食节等。

三、节事旅游的运作过程

节事旅游的运作过程主要包括四个阶段,分别是节事旅游决策、节事旅游规划、节事旅游实施和节事旅游评估。

(一)节事旅游决策阶段

决策阶段主要是节事旅游活动组织者根据各方面自身情况,决定是否举行节事旅游活动的阶段。一般而言,有以下两种情况需要节事活动组织者进行有效决策。

1. 原有节事旅游活动的延续

本次节事旅游活动是上一次活动的延续,这种情况下对于组织者来说,决策就显得比较简单了,组织者只需要借鉴以往举办类似旅游活动的经验就可以做出决定了。

2. 举办新的节事旅游活动

组织者决定是否举办一个新的节事旅游活动,这样就比较复杂了,一般应包括:发起人发起、确定节事旅游活动目标、成立节事旅游活动的管理委员会(或组织委员会)、进行可行性分析(包括市场分析、财务分析等)以及最后的决策。

（二）节事旅游规划阶段

在组织者做出举办节事旅游活动的决策以后，就进入节事旅游规划阶段，这个阶段是节事旅游活动运作的关键。主要包括以下内容。

1. 确定节事活动产品

所谓节事活动产品是节事旅游活动独特的产物，有助于实现节事旅游活动的目标和满足旅游者需求。同时，节事旅游活动的规划需以旅游者为中心，最大限度满足潜在旅游者的需求。根据节事旅游活动的内在特征以及全面预算来安排反映节事旅游活动主题的主要内容，并安排一些次要的吸引人的辅助活动来补充节事旅游活动的整体形象。节事旅游活动要经过长时间的组织，工作量很庞大，越早对节事旅游活动产品进行确定越好。

2. 财务分析

在节事旅游规划阶段，一个很重要的工作就是进行有效的财务分析，财务分析主要涉及三个方面：预期收入和花费、预算、现金流。不同的节事旅游活动，运作模式也不尽相同，因此其收入来源也有所区别，主要有拨款、补助、捐款、基金、赞助等。节事旅游活动的收入可以在举办的不同时间段获得。预算是指关于各种计划安排的财务控制工具，节事旅游活动应当广泛地参与预算的制定以了解各部门的工作情况。做财务分析时，笼统的利润表述是不够的，需要精确地计划各种收入和花费，以确保明确的现金流。

3. 制定相关策略

为了保障节事旅游活动顺利开展，还必须制定一系列相关策略，既包括有效的营销策略，也包括在节事旅游活动中发挥重要作用的人力资源管理策略，同时还应当包括节事活动各种安排的策略等。

（三）节事旅游实施阶段

节事旅游的实施就是将旅游方案付诸实现的过程。对节事旅游者而言，就是参加节事旅游活动的过程；对节事旅游组织者而言，就是在节事旅游活动期间为旅游者提供服务的过程。实施阶段主要包括以下三个环节。

1. 活动项目组织与管理

为了满足节事旅游者参加丰富多彩的节事旅游活动项目的需求，节事旅游活动主办方应全力组织和管理好每个活动项目，使其按预定计划运作，这是节事旅游的一项基本服务。由于节事旅游活动参与人数众多，且事务繁杂，因此需要众多专业化的组织和人员服务，这也是保证节事旅游活动顺利开展的保障。

2. 节事旅游接待服务

为了高质量完成节事旅游活动，必须提供高质量的旅游接待服务。旅游接待服务主要包括：导游服务、交通服务、住宿及餐饮服务、娱乐服务、购物服务等。节事旅游接待者无论是接待贵宾，还是接待数量众多的节事旅游者，都应当作好细致的接待任务，这将直接关系到节事旅游活动的举办质量。

3. 后勤保障服务

后勤保障工作是指节事旅游活动所需的各种具有公共性质的服务，主要有安全服务、医疗服务、公共交通服务、通信服务、金融服务等。这些服务基本都是由政府部门或公共机构提供的,往往需要当地政府进行统一的安排,以保障节事旅游活动更顺畅地举办。

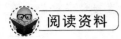 阅读资料

青岛国际啤酒节

在百年青岛啤酒历史上发展起来的亚洲最大的啤酒盛会——青岛国际啤酒节在2000年后实现收支平衡,略有盈余。青岛西海岸啤酒节办公室有关负责人在2019年元旦过后接受21世纪经济报道记者采访时说:"去年举办的青岛国际啤酒节,首次实现了600多万人次的游客量,已经比肩世界最大的啤酒节慕尼黑啤酒节,但后者办节的直接和间接收益加起来达10亿欧元。这是青岛啤酒节的目标。"

据官方统计,青岛国际啤酒节2018年接待游客创纪录达620万人次,除了青岛本地多个分会场外,同时在全国30个城市举办。青啤股份作为最重要的参与方,在海、陆、空、高铁和飞机上均举办过青岛啤酒节。这场亚洲最大的啤酒节盛会规模已仅次于慕尼黑啤酒节。

青岛国际啤酒节始于1991年,实际上早在20世纪80年代后期就开始筹办。但第一届办下来,政府发现,作为大型国企,面对多个政府职能部门,很难协调。从第二届开始,青岛市政府决定啤酒节由青岛市旅游局牵头,各相关职能部门组成组委会来协调,青岛啤酒参与,体制上理顺了很多。

1994年,由青岛市政府出面,在崂山区引资兴建了青岛国际啤酒城,一改啤酒节在中山公园临时搭建场所的尴尬境地。第5届啤酒节由青岛市旅游局和崂山区政府共同主办。从第6届啤酒节开始,崂山区政府作为具体承办单位成立指挥部,青岛市旅游局作为组委会成员,分管副市长作为组委会主任,啤酒节的组织机构逐渐清晰明确,一直延续至今。啤酒节要办下去,场地是第二大难题。

1997年,位于石老人度假区的青岛国际啤酒城因投资方经营不善,造成了场地资源的闲置。因为该啤酒城唯一的功能是从每年8月的第二个周末开始,连续16天办啤酒节。后来,上实发展集团对青岛国际啤酒城进行重新开发改造,啤酒城不再是啤酒节专属的公共场地。到2012年,啤酒节往东移到了世纪广场啤酒城,这才有了固定场所。和组织结构、场所相比,连续大规模的啤酒节举办,最难的还是内容创新。

从2013年开始,青岛市政府发动全市各区县举办多个啤酒节分会场,从崂山主会场扩展到西海岸、平度、即墨等地,便于市民狂欢。结果啤酒节越做越大,参与人数越来越多。到2000年,每届啤酒节的旅游人数相当于两个五一和十一黄金周的总和。2018年,青岛啤酒节成为史上规模最大,持续时间最长,参与人数最多的一届,共有30多个国家,400多款啤酒参展,长达38天,欢聚的游客多达620万人次,其中有一半是外地游客。

在啤酒节定下"青岛与世界干杯"的统一口号下,青岛西海岸新区开始创新,意欲分下更大的啤酒节庆蛋糕,提出了"一样的啤酒节,不一样的啤酒文化。"该啤酒节分会场的文化包括国际化、多元化和大众化。啤酒节要回归大众,消费价格不能太高。在内容和形式上,西海岸的啤酒节增加了开放式体验项目,比如引进精酿啤酒厂,游客参观时可以看到麦芽进入工厂,然后从龙头里流出黑啤、黄啤。同时在啤酒城边上修建剧院,啤酒节举办时音乐节也同时开幕,配套服务方面则引入智慧停车、可视化游客限流系统等,游客可以在网上购买电子门票,刷脸入场等。主会场、分会场竞相PK,众多啤酒节分会场把啤酒节的内涵推向了高

峰。青岛市市长轮流在不同会场上开启第一桶啤酒。开启的啤酒不仅流淌酒香泡沫，还开启了财富之门。以西海岸新区为例，2015年办第一届啤酒节分会场，拉动直接经济效益8亿元。2017年啤酒节期间，游客数量同比增长219%。

（资料来源：新浪财经. https://finance.sina.cn/2019）

（四）节事旅游评估

节事旅游评估是指节事旅游活动结束以后，对节事旅游服务工作和节事旅游活动效果进行评价和总结的过程。其目的在于通过分析举办节事旅游活动的经验，使得下一次活动举办得更成功。

从评估的内容来看，节事旅游评估可分为工作评估和效果评估。工作评估主要包括活动方案评估、筹备工作评估、营销工作评估以及实施工作评估等。这些评估应建立在收集旅游者的反馈信息的基础上，即以旅游者的评价作为最根本的评价标准。效果评估主要包括经济效益评估、社会效益评估和环境效益评估等。一项成功的节事旅游活动应同时获得良好的经济效益、社会效益和环境效益，并应有广泛的受益面。同时，在进行效益评估时，不能只看节事旅游的正面效应评估，也应关注负面效应评估，这样才会得出客观准确的结论。

四、节事旅游的管理

（一）节事旅游的品牌管理

节事旅游的形成需要一张温床，脱离了这张温床便不会产生足够的旅游吸引。根据城市品牌的建设理论，旅游目的地要想进一步提升自己的地位，首先要做的就是使自己品牌化。节事旅游品牌就是一种用于识别某项节事旅游产品和服务，并使之与竞争者形成差异的名字、规则、标志、符号、样式等要素的综合体。现代市场经济的一个重要趋势是市场份额越来越向最有价值的品牌集中，因此，拥有自己的品牌是节事旅游经营者确保竞争优势，赖以生存和发展的根本。

由此可见，加强节事旅游品牌管理，精心打造和维护节事旅游品牌，是节事旅游发展的重要因素。节事旅游品牌管理内容主要包含以下几个方面。

1. 节事旅游品牌定位

节事旅游品牌是通过文字、符号等要素告诉旅游者关于节事旅游产品的特点，给旅游者提供一个识别产品和判断产品的根据。当今主题相似、内容雷同的节事旅游品牌不胜枚举，利用节事活动打造的旅游品牌更加形象、更易识别，可以使旅游者在极短的时间里挑选出自己需要的旅游产品。一个成功的旅游品牌离不开正确的品牌定位，科学合理的旅游品牌定位是一切旅游活动得以维系、壮大发展的基石。品牌定位是一个确立目标市场的过程，也是在潜在旅游者心目中创造一个目的地形象和地位的过程，要使其在旅游者头脑中独树一帜，让旅游者了解目的地如何能够满足他们的需求。

2. 节事旅游品牌个性化塑造

节事活动旅游品牌的首要作用是让旅游品牌在市场竞争中树立差异性，将节事旅游与其他旅游区别开来。目前，市场上的旅游品牌主题、内容重复严重。利用节事活动，突出节事旅游特点，这样品牌个性的打造就成功了一半。

3. 加强媒体宣传

品牌形象的确立,需要有强大的媒体宣传为基础。特别是信息高度发达的今天,许多品牌营销的成功,都是从消费者的需求出发,满足消费心理并借助强大的信息传播展开营销的。据不完全统计,目前我国各类大小节事活动每年有五千多个,而且大多数应该说是办得成功的,不仅有着丰富的文化内涵,成为旅游经济发展的催化剂,还具有民族性、国际性和市场性等特点。

4. 强化品牌营销

利用节事的吸引力和影响力可以说是品牌销售的一种新颖的推销形式。成功的节事品牌是旅游营销主体参与市场竞争的一种重要手段。它不但可以帮助旅游者从纷繁复杂的旅游市场中挑选出自己所需要的节事旅游产品,而且可以向旅游者传递一定的信息,从而使旅游者对其建立起良好的印象和信誉。从某种角度上讲,妈祖文化节就是一个成功的节事旅游品牌。

5. 保证服务质量

保证服务质量是培育和维护品牌的基础。会展旅游经营者应通过建立产品服务质量标准和质量控制体系,确保旅游者在旅游活动中获得满意的经历,使其成为节事旅游产品的忠实消费者,从而提升产品的品牌忠诚度和影响力,稳固和扩大节事旅游市场。

6. 进行品牌创新

在激烈的市场竞争环境下,节事旅游经营者要获得可持续发展的动力,就必须进行品牌创新,以保持和增强品牌竞争力。应当根据旅游市场需求的变化,运用各种资源,创造品牌新的价值,给予品牌新的内涵和意义,从而提高品牌的吸引力和号召力。任何品牌都不可能在一夜之间培育起来,却可能在顷刻间化为乌有。因此,节事旅游品牌管理要有长远眼光和战略思维,并且需持续不断地去经营节事旅游品牌。

案例分析

乌镇戏剧节:从江南古镇到世界品牌

乌镇曾以小桥流水、白墙青瓦而名声大噪,自2013年首届乌镇戏剧节举办至今,戏剧节让乌镇更加蜚声国内外。乌镇戏剧节给乌镇增添了丰富文化内涵和难以复制的艺术气质,以其为载体,越来越多的文化活动和项目走进乌镇,让这个江南小镇日益成为文化小镇。从初创到羽翼渐丰,乌镇戏剧节只用了五年,就成为国内少有的可以比肩阿维尼翁和爱丁堡戏剧节的戏剧盛宴。其实,中国并不缺少戏剧节,那么,乌镇戏剧节与其他戏剧节相比有何独特之处呢?

1. "艺术家主导"和"纯粹"

作为一个民间自发组织的戏剧节,乌镇戏剧节是一个完全由企业支撑,没有任何政府背景,完全由一群专业的艺术家操作的戏剧节。在这里"艺术家说了算",坚持专业的人做专业的事,让艺术家专注艺术本身,对于戏剧节,乌镇景区主要任务就是做好服务接待和配合工作。没有资金困扰和行政干预,艺术家主导,最大限度地保证了乌镇戏剧节的专业性和权威性,艺术的纯粹性和自由度。

2. 高水准的节目设计

乌镇戏剧节的成功运作首先得益于它优秀的节目设计。戏剧节主要由"特邀剧目""古镇嘉年华"和"青年竞演"三大节目类别,以及"小镇对话"一大主题活动组成。

3. 沉浸式用户体验,让"戏剧节小镇"成为一种生活方式。

注重"用户体验"是乌镇有别于大多数国内其他文化节庆的优势所在。第一届乌镇戏剧节的宣传词就是"如幻如戏",让观众仿佛置身戏剧当中,乌镇戏剧节在戏剧的呈现上进行了体验的延伸打造,将戏剧融入人的生活场景。戏剧节期间,沿街的戏剧演出在西栅随处可见。戏剧本身就是表现生活的一种形式,戏剧节将戏剧空间和生活空间相融合,可以给观众带来更好的沉浸式的体验,将静态的自然景观和建筑转化为动态的意境,让游客带走属于这个地方独特的文化记忆,也使乌镇与单一的旅游观光有了差别,成为它持续发展的不竭动力。

乌镇戏剧节不仅为乌镇带来了庞大的客流,更使乌镇在全国众多的旅游小镇中脱颖而出,形成自己的独特品牌。现在每年乌镇的旅游人数都保持着两位数的增长态势,特别是西栅景区,很大程度上是源于它与众不同的文化形象。

(资料来源:搜狐网.http://www.sohu.com/2019)

【分析】

结合案例,讨论分析乌镇戏剧节成功的原因及启示。

(二)节事旅游现场管理

节事旅游现场管理是指在具体的实施期间,对各项节事旅游活动现场进行管理。现场管理不仅可以有效地保障节事旅游按计划实施,而且可以纠正在实施期间的偏差,保证节事旅游服务与管理的质量。对于节事旅游管理者来说,控制好现场各种工作,保证节事旅游顺利进行是一项非常重要的工作。可以说,现场管理决定节事旅游的成败。现场管理主要包括以下内容。

1. 场地管理

场地管理主要包括以下内容。

(1)场地功能区域划分。如舞台和表演区域、观众和参演者区域、设施设备区管理区域和服务区域等。

(2)场地布置和装饰。场地布置和装饰必须围绕整个节事旅游活动的主题来开展,如灯光、音像、布景和各种特殊效果,都应是为了烘托主题活动的气氛而设计的。

(3)活动开始前的场地检查。在活动开始之前,必须要对场地进行认真检查,如场地的安全性、观众的舒适度、观众对活动项目的可视性、出入区、舞台区等情况,尽可能减少意外事件发生的概率。

2. 后勤服务管理

后勤服务管理主要涉及活动现场的各种后勤保障和接待服务。主要包括以下内容。

(1)交通方面。交通方面包括确认旅游者的接送、停车需求,向有关方面发放通行证和停车证,同时应做好现场交通调度等工作。

(2)安全管理方面。现场管理者应加强现场安保力量,维护现场秩序,防止伤亡事故的发生。应在活动现场设立紧急医疗设施和医护人员,接受消防部门的安全检查,物品存放、装饰性搭建设施需遵循消防部门的规定。同时,应加强人员出入管理及重点区域的安保,建立紧急疏散系统。对有可能发生危险的活动应在现场设置防护设施,并提醒参与者注意安全。

(3) 接待服务管理。主办方应安排迎宾员、引座员接待宾客,尽快使宾客融入活动的欢乐气氛中,适当地为宾客提供饮料和点心,向其赠送有保留价值的纪念品,营造积极的、值得回忆的印象。同时,还要做好宾客的入场和退场安排,快捷高效地疏导人流等。现场接待服务工作不仅要程序化、规范化,而且要尽量提供宾客所需要的个性化服务。

3. 现场人员管理

现场管理的执行和落实必须依靠具体的工作人员,因而人的管理就非常重要了。对工作人员的管理主要有以下内容。

(1) 教育培训。应在节事旅游活动举办前对员工进行教育培训,提高员工对活动重要性的认识,使其熟悉整个现场管理的内容和流程。

(2) 落实岗位职责。要做到分工明确、责任到人,明确每个人员的工作职责以及每项工作的具体负责人。

(3) 加强沟通和协调。应使现场工作人员保持及时、顺畅的联系和沟通,加强分散在各处员工之间的工作协调与协作,从而提高现场管理的效率和效果。

4. 突发事件的处理

开展节事旅游活动,特别是人流量特别大的时候,就必须要事先制定各种突发事件的预防措施和应急预案。应将各种可能发生的问题和危险想在前面,切实加强各种防范措施,并进行突发事件模拟演练,强化工作人员应付突发事件的能力。如此的话,一旦发生突发事件发生,就不会手足无措,而是按照预定方案冷静处理,从而最大限度减少损失。

五、节事旅游的规律分析

节事活动往往规模不一,在特定空间范围内定期或不定期举行,一般延续几天到十几天的时间。由于节事活动打破了人们常规的生活模式,并伴随节事有不同程度的项目活动,所以能以其独特的形象吸引游客,聚集大量的人气,并产生效果不等的轰动效应,能在较短的时间内达到宣传促销的作用,从而提高举办地的知名度,促进旅游目的地社会经济的全面发展。研究节事活动的运作规律,对于搞好节事管理,提高节事活动质量具有重要意义。

(一) 影响范围规律

任何节事活动对举办地都有一定的影响力,但影响范围由节事活动的性质、规模、知名度等多种因素共同决定,其营销影响范围受其举办历史长短和举办地与受众在地理上距离远近因素的影响较大,其影响规律如下:节事活动的地域影响符合距离递减规律,即随着距举办地距离的增加,其影响力逐渐变小;节事活动的档次、规模对其影响力有决定性作用,国际性节事活动影响力明显大于地区性节事活动的影响力;综合性节事活动的影响力呈面状延展,专项节事活动的影响力呈点状分散。

(二) 时间效果规律

这里的时间是指节事活动的举办年度。一般而言,节事活动举办的历史越长,其知名度越大。1991 年首届中国青岛国际啤酒节,仅有 30 多万游客参加饮酒和各种娱乐活动。随着

每年一次的节事活动,青岛啤酒节的知名度和影响力越来越大,2018年接待游客达620万人次。但是节事活动的影响效果不是随举办历史的延长均匀增加的,而是符合指数函数规律,即前几届效果增长速度较快,后来呈缓慢增长趋势。

(三) 内容吸引力规律

节事活动项目及内容的妥善安排是获得持久注意力的保证和源泉。节事活动项目如果总是年复一年的陈俗老套,就会渐渐失去光泽和魅力,逐渐走向枯萎和灭亡。一般来说,一项活动的吸引效应随时间递减。根据调查,同一项目在第二次上演时比第一次上演的吸引效应递减20%,第三次上演时又比第二次上演的吸引效应递减20%,依此类推,到第五次上演时已没有多大意义了,这就是吸引力的边际效用递减规律。一般情况下,同一项目上演三次后就必须有所突破和创新。节事活动在围绕活动主题的前提下,各种活动项目应稳中有变,既要有保持其特色的传统项目,还要有紧跟时代潮流、追随人们意识观念转变轨迹的焦点项目。

(四) 经济效益规律

节事活动的经济效益不能一概而论,资金投入与产出的比较,随节事活动的生命周期不同而不同。处于成长期的节事活动,可能需要的投入更多一些,尤其是新创办的节事活动,从无到有往往要经历经济投入大于经济产出的阶段;成熟期的节事活动是经济效益较为可观的阶段,这个阶段的市场基础已经奠定,经济产出远远大于经济投入,并且往往会持续一段时间;随着衰退期的到来,经济产出与经济投入的差额越来越小,又会出现产出不及投入的局面。

六、当前我国节事活动存在的主要问题

举办"以节招商,文化搭台、经济唱戏"的城市节事活动,来推介具有地方特色的旅游资源和产品,塑造城市整体形象,促进城市经济和社会事业的加速发展,已在全国形成了热潮,并渐渐形成了一种政府展示政绩的"时尚"。在我国城市节事活动层出不穷、愈演愈烈的时候,不难看到其中泥沙俱下以及鱼龙混杂的状况,综合分析,我国的节事活动中存在的问题主要有以下方面。

(一) 节事活动数量众多,但品牌知名度高的节事活动较少

目前在我国,大到北京、上海这样的直辖市,小到较小的行政区县,几乎都有节事活动,而且举办的数量和次数还有继续增加的趋势。这说明城市都已认识到举办节事活动能够带来的诸多积极效益。但是纵观我国目前举办的名目繁多的城市节事活动,尤其是与国外比较成功的节事活动相比,不难看到我们的节事活动品牌知名度低,举办届数短,能持续举办并发展成为国际节事活动的则更是凤毛麟角。目前,我国高规格、大规模、高品位、高档次,并已经成为城市的形象工程和著名品牌的节事活动,仅有为数不多的几个,如大连服装节、青岛啤酒节等。

(二) 地域分布不均衡,东部多,西部少

城市节事活动的举办与城市社会经济的发展有着密不可分的关系。我国社会经济的发展在地域上存在着较大的差异,使得城市的节事活动在空间分布上并不均衡,呈现出东部

多,西部少的格局。

(三)主题选择上撞车现象比较多,特色节庆活动较少

特色原则遵循得不够,是导致很多城市节事活动寿命短浅或效益不好的首要原因。对于城市节事活动的参加者来说,活动的主题是否具有特色是产生吸引力的根本所在。城市节事活动要做响,市场要做大,靠的就是独特的主题。然而现在我国的节事活动在主题选择上大多雷同,比如光是以茶文化为主题的节事活动,就有:日照茶博会暨茶文化节、中国重庆国际茶文化节、中国安溪茶文化节、蒙顶山茶文化节、思茅地区茶文化旅游节、湖北国际茶文化节等几十个。地理相邻的地域由于自然条件、地理环境、历史文脉等方面的共通性,从而导致了在资源方面的相似性。在选择节事活动的主题上本身就存在着一定的困难。但这也不能成为主题选择过于雷同的借口。例如一个桃花节,上海在举办,常德在举办,湖南桃源也在举办。

(四)一些节事活动政府干预过多,市场作用尚未发挥,节事绩效不显著

从根本上来说,城市节事活动是一种经济现象,在实行市场化运作上,应当遵循"资金筹措多元化、业务操作社会化、经营管理专业化、活动承办契约化、成本平衡效益化、管节办节规范化"等市场经济的基本规律和原则,否则,真正的市场化运行机制,以及以此为基础而取得的节事活动绩效就无从谈起。

目前,我国城市节事活动的运作与市场经济的要求有许多不相符合的地方。政府在其中所起的作用过于重要,管辖的范围过于宽泛。节事活动往往由政府部门牵头主办,上指下派,按行政方式运作,较少考虑由企业承办。这样就造成节事活动成本过高,政府财政负担过重。而且一牵扯到政府指派,节事活动就容易变味,商家企业对于遵旨办事难免会有抵触情绪,从而极大地限制了商家企业主动性和积极性的有效发挥。在目前的城市节事活动举办中,企业能够参加的筹资方面大多集中在广告宣传、捐赠和赞助上,由于投资回报机制尚未建立,企业的投资回报率往往较低。此外,由于政府办节往往更注重政治影响,经济意识不足,同时在活动的开幕式与闭幕式上耗资过大,也导致政府财政压力过大,节事活动华而不实,绩效不显著。

(五)节事活动经济文化结合力度不够,文化内涵尚待挖掘

城市节事活动与社会经济发展相结合是其生命力所在。现在的节事活动几乎无一例外的以"文化搭台,经济唱戏"为宗旨。但是,在追求经济效益的同时往往忽略了文化内涵的挖掘。如传统的节事活动中加入了过多的商业炒作成分,中秋仅仅是月饼大战,重阳节忘记了登高和赏菊。不管什么主题的节事活动,大多有一些模特大赛、演唱会、健美赛等与主题相关性不大的活动。这样的活动虽然热闹,能够吸引人,但是几乎缺乏深厚的文化内涵。城市节事活动里过多的包含相关性不大的活动,短期之内可能会增加亮点,但长远来看会有损节事活动的主题。

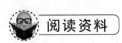阅读资料

2019 连云港文化旅游节

由江苏省文化和旅游厅、连云港市人民政府共同举办的,融合了连云港之夏、西游记文化节和"一带一路"国际音乐节在内的 2019 连云港文化旅游节将于 7 月 6 日拉开帷幕。本

届连云港文化旅游节有三大亮点。

(1) 聚焦文旅融合,落实节俭办会。2019连云港文化旅游节由江苏省文化和旅游厅、连云港市人民政府共同主办,中共连云港市委宣传部、连云港市文化广电和旅游局、连云港市文学艺术界联合会、连云港市广播电视台联合承办。活动以"乐享西游文化 畅游山海港城"为主题,突出国际性、时尚性、大众性,立足文旅融合、全域旅游发展,精心策划系列活动,全面展示连云港城市形象。今年,根据中央、省、市关于节俭办会和"过紧日子"的有关要求,将连云港之夏旅游节、西游记文化节、"一带一路"国际音乐节三节合办,进一步推动文旅融合。

(2) 内容丰富多彩,文旅相得益彰。本次节庆活动期间,全市推出文化旅游活动30余项。既有连云港之夏旅游节开幕式暨群星演唱会、连云港西游记文化节暨第十一届连云港文化产品博览会和连云港"一带一路"国际音乐节等主体板块活动,也有连云港国际公开水域游泳挑战赛、"逐梦起航"庆祝建国70周年民族音乐会、大型民族器乐剧《梦西游》、第四届农民艺术节、连岛狂欢节、山海100公里越野赛、"连云港之夏"演出季、连岛荧光夜跑活动、第三届连云港孔子文化节、连云港市第四届荷花节、山海连云民国风情啤酒美食节、第二届渔湾景区"嘻"水寻龙节、赣榆猕猴桃采摘节等县区板块活动。

全市各部门、各县区充分挖掘港城山海资源和文化内涵,突出地域性、大众性、时尚性,活动特色鲜明,内容形式新颖多样,参与性和体验性强,为广大市民和游客送上丰盛的文旅大餐。

(3) 突出活动成效,打造提升城市形象。本届连云港文化旅游节坚持政府引导、市场运作、社会参与,更加注重活动成效,在活动策划、组织、筹备等方面,以游客需求为中心,努力为广大游客提供优质、满意的文化和旅游服务。同时,连云港市以节庆活动举办为契机,通过开展旅游质量提升行动,推动全市旅游行业管理、旅游市场环境和城市公共服务的全面提升,让游客高兴而来,满意而归。

据悉,2019连云港之夏旅游节开幕式暨群星演唱会将于7月6日晚在市体育中心举办。除了精彩纷呈的文艺演出,本届连云港文化旅游节还将举办陆桥沿线、长三角、环渤海地区等客源地主要组团社来连踩线、国内主流媒体采风、"西游圣境 山海福地"摄影大展等活动,通过打造连云港乃至江苏省标志性文化旅游节庆品牌,全面提升港城文化旅游的影响力和美誉度,助力建设"一带一路"强支点城市。

(资料来源:扬子晚报网.http://www.yangtse.com/2019)

复习思考题

1. 什么是节事?节事活动包含哪些内容?
2. 节事旅游的特点表现在哪些方面?
3. 联系实际阐述节事旅游的作用。
4. 结合本地区节事旅游活动特征,分析节事旅游活动的运作与管理。
5. 节事旅游活动存在的主要问题有哪些?

案例分析

清明节恩施州迎客超100万人次 旅游收入逾4.6亿元

湖北恩施州文旅局数据显示,2019年清明节期间,恩施州共接待游客1 014 275人次,较去年同期增长27%,实现旅游综合收入46 715.477万元,较去年同期增长25%。纳入全省旅游监测重点景区名单的恩施大峡谷景区接待游客33 610人次,实现旅游直接收入395.16万元,较去年同期分别减少4%、13%;巴东神农溪景区接待游客22 279人次,实现旅游直接收入355万元,较去年同期分别增长69%、74%。

咸丰坪坝营景区接待游客10 259人次,实现旅游直接收入220.43万元,较去年同期增长近5倍;建始石门河景区接待游客12 700人次,实现旅游直接收入391.06万元,较去年同期分别增长35%、21%;土司城景区接待游客12 700人次,实现旅游直接收入41.63万元,与去年同期基本持平;腾龙洞景区接待游客11 936人次,实现旅游直接收入150.08万元,较去年同期分别减少14%、33%。土司城景区、恩施大峡谷景区、腾龙洞景区等传统景区继续火爆,大批恩施州新兴景区更受青睐。

据恩施女儿城大数据报告,来自美国、法国、丹麦、意大利、荷兰、奥地利等20个国家和地区的游客到访恩施,国内客源中,远程游客大幅上升,浙江游客最多,外省游客超过本省游客数量。

提前预热,引爆假日市场

4月4日,恩施州2019百媒千红文旅户外视频直播秀活动在女儿城盛大启幕。启动仪式上,恩施州首个文旅IP"恩施王老虎"卡通形象正式发布,来自全国各地的五组人气主播、百位媒体达人在清明节期间带领网友粉丝玩转恩施州精品旅游线路,此活动一经发布便登上微博热搜,吸引500多万网友关注,通过线下实地游览和线上直播秀互动,提前引爆清明假日旅游市场。

丰富供给,增强旅游魅力

清明节期间,全州各大景区纷纷举行丰富多彩的营销活动:恩施大峡谷景区举办了"壮美恩施大峡谷"摄影采风活动;"长江一号"游轮4月4日首发巴东神农溪纤夫文化走廊景区;利川腾龙洞景区推出了"热气球嘉年华"活动;巴东巴人河景区举行首届网红文化艺术节,新建成华中落差第一滑索;利川佛宝山景区推出着汉服、着民族服装免费游景区的活动;恩施梭布垭景区举办了汉服秀活动;女儿城景区安排了土家民俗节目表演及赶场相亲大型情景剧;宣恩县举办"浪漫宣恩 茶贡天下"2019千车万人自驾游宣恩活动首发式等,形式多样的各类文旅活动既丰富了假日旅游产品供给,又满足了游客全方位多层次旅游需求。

乡村旅游,展现当地特色

近年以来,随着恩施州大力实施乡村振兴战略,强力推进旅游扶贫工程,乡村旅游呈现快速发展的良好态势。假日期间,各大乡村旅游景点吸引大量市民前往踏青赏花、休闲采摘、旅游观光,建始县罗家坝桃花游、巴东牛洞坪油菜花游、宣恩伍家台贡茶游、咸丰坪坝营村千亩月季游、来凤县杨梅古寨油菜花游、利川丽森休闲度假村推出"利川首届桃花节暨桃林欢乐跑"活动等吸引了大量本地及周边游客前往,来自比利时孔多塞大学的教授和学子们假日期间也到来凤农园农庄观光学习。

红色旅游,正在逐步升温

作为传统节日,清明承载着人们对故人的缅怀追思,也是传承红色文化、红色精神的好时机。假日期间,大量游客前往红色旅游景区祭奠和旅游。鹤峰满山红烈士陵园、巴东邓玉麟将军故里等祭奠游客不断。

科学应对,确保市场秩序

为确保节日期间旅游秩序良好,全州文化旅游系统联合消防、市场监管局等单位对重点景区、星级饭店、旅行社等旅游企业组织开展了节前安全生产联合大检查,现场巡查及时排查整改安全隐患。假日期间,严格执行领导带班、专人 24 小时值班制度,及时解答游客咨询,有效处置假日旅游投诉,收集上报旅游市场情况及旅游统计数据信息,实现了假日值班值守与信息统计高效有序运行。清明假日期间,全州文化旅游市场运行稳定有序,无安全事故和重大旅游投诉。

(资料来源:新浪湖北.http://hb.sina.com.cn/2019)

【分析】
(1) 恩施清明节旅游开发对当地旅游业发展有何作用?
(2) 探讨当地清明节节事旅游开发的思路和对策。

实战演练

背景资料:北京市某郊区种植草莓比较盛行,每年春季,会吸引大批市区游客前来观赏品尝草莓。于是,该地区政府决定举办草莓盛宴节事活动。

可是,不久就暴露出一些问题。

首先,一些当地居民担心游客破坏自家草莓园,在其周边设置了带刺的树枝,使游人看不到里面的景观,令游客非常扫兴。

其次,草莓盛宴活动单调,除了观赏和品尝草莓,只有一些主题公园的活动,除此以外再无可玩之处,另游人难以长久驻足。

此外,在活动期间,还有很多问题让游人难堪不已,如停车位少、没有洗手间、垃圾桶等。

根据以上背景资料,请你制定一份草莓盛宴旅游节事方案,以帮助该地区解决这些棘手问题。

第六章
奖励旅游

【知识目标】
- 了解国内外奖励旅游发展现状；
- 掌握奖励旅游的概念、类型和作用；
- 掌握奖励旅游的运作模式。

【能力目标】
- 学会利用所学知识策划奖励旅游项目；
- 学会利用所学知识分析我国奖励旅游发展中存在的问题。

引导案例

奖励旅游经典案例：30名葡萄酒行家沉醉意大利酒乡

美国Harris Teeter公司（以下简称HT公司）是一家拥有155家大型零售商店、18 000名员工的、美国东部最大的高端食品连锁集团。公司每年的葡萄酒业务都超过了16亿美元。为褒奖葡萄酒部门最优秀的雇员，HT公司在今年安排了一次特殊的奖励旅游——意大利葡萄酒之旅，同时也为葡萄酒部门寻找新的合作伙伴。

HT公司原本准备的奖励旅行是500人，但如此大规模的团队很难真正体验葡萄酒之旅的美妙，难以针对受奖励员工做到量身设计的特殊旅行，不能让每一位团员的体验终生难忘。酒庄体验、城堡入住和私人晚宴等活动的安排，都必须要求是小规模团体，才能让参与者感到尊贵感。梦幻意大利旅游公司在接到客户意向后，进行估量商议，最后拒绝了大团队订单，劝说HT老板从原有的500人团队中精选出30名最优秀者，参加这次深度的醉酒之旅。此次活动的整个行程，是旅游公司在对HT公司的了解下，根据HT公司性质和奖励旅游目的而设计的，真正做到了量身定制。

10天的行程中，旅游公司为团员精心挑选了城堡酒庄，每个酒庄都以不同的葡萄酒、酿造工艺和建筑特色闻名。此外，还安排了两晚市中心的酒店间插其中，为的是让团员对于城堡的住宿更加印象深刻。每餐的菜式与葡萄酒都是精心搭配。除了大型酒庄，还安排了小村庄里的特色餐厅，他们都有自家酿造的葡萄酒，别有风味。

为了给所有团员一次铭记一生的旅游体验，旅游公司安排了一场属于HT的私人城堡酒会,并用直升机将所有的团员运送至酒会举办地:Castello Banfi(班菲城堡)。

奖励团成员从美国费城出发到达米兰国际机场,令所有人吃惊的是,在机场迎接他们的不是导游,而是旅游公司的 CEO。作为葡萄酒领域的资深专家,他一路为成员解释意大利的葡萄酒文化,豪华奔驰大巴车身上是葡萄、水晶杯、城堡酒庄的图案和 HT 公司的标志,在所有人的注视中开往 Verona(维罗纳)——罗密欧与朱丽叶的故乡以及意大利最重要规模最大的国际葡萄酒与烈酒展 Vinitaly 的举办地。两者加在一起造就了 Verona 醉人而浪漫的魅力。奖励团成员受到 Andrea Sardori——Sardori 酒庄庄园主的热情拥抱,Parmigiano 工厂主人的热情款待,还有 Gabbiano 城堡、里奥那多达·芬奇酒窖、Monterutoli 酒庄……组织方为团员安排了浪漫的 Verona 之旅,在朱丽叶的窗下品尝葡萄酒;充满艺术气息的佛罗伦萨之旅,在米开朗琪罗的大卫雕像前驻足惊叹;感受历史沉淀的罗马之旅,卡拉卡拉浴场、古罗马竞技场、数之不尽的古迹,做客美国大使馆;以及托斯卡纳静谧安详的美丽小镇,尝试最传统的托斯卡纳美食,品尝家酿的葡萄酒。

团员体验

意大利这个国家,从北到南,从丘陵到山区,甚至在那些特别小的海岛上,葡萄树就是特有的一道风景,葡萄酒是意大利每处阳光和土壤赐予他们的琼浆,让我们艳羡不已。在整个行程中,组织者的安排无可挑剔。出发前我们每人收到来自梦幻意大利旅游公司的 CEO Giorgio Dell'Artino 的邮件,告诉我们应该准备的衣服,并注明男士带上一套西服,女士需要一套晚礼服,告知我们每个住宿城堡和酒店的设施,并附上一份无比精美详尽的 10 天行程,里面甚至有所有地点的联系方式。在米兰机场,一个高大英俊的意大利男人展开双臂迎接我们,诧异半天,才知道是 Giorgio 本人。

10 天的葡萄酒之旅,让所有人都沉浸在醉人的气息中,而最让我们难忘的便是班菲城堡的特殊安排。清晨我们在托斯卡纳醉人的空气中醒来,一杯卡布吉诺和美味的牛角面包后我们开往 Montalcino 镇。在专业品酒师的陪同下,我们步行参观了班菲独特的酒杯、酒瓶博物馆、酒窖、品酒屋,然后,私人直升机将我们送上天空,以最为完美的方式俯瞰班菲近 3000 公顷的葡萄庄园。灰品乐(Pinot Grigio)、霞多丽(Chardonnay)、常相思(Sauvignon Blanc)、赤霞珠(Cabernet Sauvignon)、美乐(Merlot)、西拉(Syrah),这些国际知名的葡萄品种在这儿应有尽有。天空暗淡成琥珀色,行程在我们的惊呼中结束。螺旋桨产生的风让所有女士裙脚飞扬,缓缓走下直升机,沿着红地毯走向班菲城堡,我们的私人晚宴正式开始。历史古堡,微微清风,美酒醇香,音乐奏响,所有人都沉醉在这场迷人的晚宴中忘乎了自我。旅程结束后,我们的订单中除了有对 Banfi、Gallo、Palm Bay 的维续,还增加了新的进口品牌 Fosters。

评价

HT 公司 HR 经理评价说:"此次行程设计非常独特,每位团员都有着深切的体验,而且整个过程没有任何担忧和劳累,组织方已经为我们做好了所有详尽的安排。从行程结束的那天,我们就开始期待着下次旅行。"梦幻意大利旅游公司的 CEO Giorgio 也说道:"行程的每个细节我们都经过深思熟虑,力求带给客人最完美的尊贵感。当客人告诉我,这是他们此生体验过的最难忘的旅行,尤其是古堡晚宴和直升机酒庄体验,我们觉得一切努力都是值得的。"

(资料来源:葡萄酒网. https://m.putaojiu.com/2019)

第一节　奖励旅游的概念及本质分析

奖励旅游(incentive travel)作为 MICE 的重要组成部分,起源于 20 世纪二三十年代的美国,如今已有近 100 年的历史,其后在欧美地区得到广泛的发展,并成为旅游市场中一个重要的细分市场,其中,美国是世界上最大的奖励旅游市场。据统计,美国约有 50% 的公司采取奖励旅游的方法来奖励员工;英国商业组织的奖励资金中,约有 2/5 是以奖励旅游方式支付给员工的;在法国和德国,公司奖金有一半以上是通过奖励旅游支付给职员的。近几年,随着经济全球化和企业国际化,在欧美地区发展成熟的奖励旅游已逐渐向世界其他地区扩展,特别是亚洲地区,虽然起步很晚,但已表现出巨大的潜力和强劲的发展势头。

一、奖励旅游的概念

奖励旅游是现代旅游的一个重要组成部分,是为了对有优良工作业绩的员工进行奖励,增强员工的荣誉感,加强单位的团队建设,而用公费组织员工进行的旅游。由于奖励旅游是一种特殊的会展旅游形式,因此,其功能、档次和内容都有其自身的特点。不同的机构、不同的研究人员根据对奖励旅游的不同认识和理解,从不同的角度都可以对奖励旅游做出解释。目前在业界有代表性的定义有以下几种。

(一)国际奖励旅游协会的定义

奖励旅游是现代管理的法宝,目的是协助企业达到特定的目标,并对达到该目标的参与人士,给予一个尽情享受、难以忘怀的旅游假期作为奖励。其种类包括:商务会议旅游、海外教育训练。奖励对公司运营及业绩增长有功人员。需要指出的是,奖励旅游并非一般的员工旅游,而是企业业主提供一定的经费,委托专业旅游业者精心设计的非比寻常的旅游活动。用旅游这一形式作为对员工的奖励,会进一步调动员工的积极性,增强企业的凝聚力。

(二)旅游服务基础术语(GB/T 16766—1997)的定义

奖励旅游是相对观光旅游(Sightseeing Tour)、度假旅游(Vacation Tour)、专项旅游(Specific Tour)、会议旅游(Convention Tour)、特种旅游(Special Interest Tour)等旅游服务产品而提出的,具体是指由企业或社会团体提供费用,以奖励为目的的一种旅游活动。

综合以上几种定义,我们可以对奖励旅游重新界定:奖励旅游是基于工作绩效而对优秀职员及利益相关者进行奖励的管理办法和以旅游方式进行的商务活动。

从以上定义我们可以看出:首先,奖励旅游的本质是现代企业的一种管理手段和激励措施。其次,奖励旅游的形式既表现为一项特殊的旅游活动,又具有会展活动的显著特征,是旅游与会展的综合体。最后,奖励旅游的参与主体是奖励旅游者、奖励旅游主办者和奖励旅游服务商。

二、奖励旅游的内涵

我们可以通过以下几个角度来理解奖励旅游的含义。

1. 管理方式

在国际奖励协会给出的定义中,明确将奖励旅游作为现代管理的法宝,除此以外,奖励旅游也是企业达到管理目标,增强自身实力的重要手段。通过奖励旅游这种方式,企业可以有效地加强团队建设、塑造企业文化、促进企业与经销商、客户的关系、树立企业形象等。

2. 精神奖励

奖励旅游的出现是企业激励方式转化的一种表现,在物质激励边际效用递减的情况下,企业为了保持和提高职员的工作效率和积极性,转而依靠精神手段满足职员的社会需求和人性需求。与传统的奖励形式相比,奖励旅游是一种长效激励。在参加奖励旅游的过程中所产生的令人愉悦的精神享受和难以忘怀的经历,对员工和其他奖励旅游者的内在激励将是长久的。

3. 绩效标准

奖励旅游是基于工作目标的实现而对工作业绩表现优异的职员进行物质与精神双重的奖励。这种标准来源于职员个人所承担的工作目标、部门目标和企业目标的完成情况,其评估结果来源于人力资源部门的年度考核和业绩评价,其方式来源于企业的奖励政策和对奖励方式的认可程度以及企业对实行奖励旅游所进行的预算。

4. 福利政策

奖励旅游属于带薪的、免费的奖励方式,整个活动的费用由企业全额支付。企业为了达到奖励优秀职员和宣传企业形象的目的,在活动组织方面不惜花费巨资,以期使奖励旅游者满意。可以说,奖励旅游是企业给予优秀员工和对企业做出重大贡献的供应商、经销商、客户等利益相关人员的一项福利。

5. 旅行游览

奖励旅游的目的是激发职员的进取精神,而这一目的往往也是通过旅行游览的方式实现的。当旅游成为一种奖励手段时,其旅游过程中的食、住、行、游、购、娱等各个方面都需认真考虑,且在游览过程中一般都会安排一些企业会议、公司展览、员工培训、主题晚会、颁奖典礼等活动内容,行程非常丰富。由此可见,奖励旅游与常规的休闲旅游在旅行时间、旅行准备、旅行目的地、旅行费用承担等方面是有差别的,具体如表6-1所示。

表6-1 奖励旅游与休闲旅游的差别

项 目	奖 励 旅 游	休 闲 旅 游
付费人员	雇主或机构,而并非旅游者	旅游者
目的地决定者	奖励旅游的组织者	旅游者
旅游时间安排	全年的任何时间	通常是节假日或周末
旅行前期准备	一些奖励旅游的准备十分仓促	长假通常提前几个月预订,而短假则仅提前几天
旅行人员旅游目的地	工作中需要旅行的人以及各协会会员主要在经济较发达国家的大中型城市	任何有闲暇和有经济能力的人任何地方

三、奖励旅游的类型

(一) 按奖励旅游的目的划分

1. 慰劳型

奖励旅游作为一种纯粹的奖励,其目的主要是慰劳和感谢对公司业绩成长有功的职员,缓解紧张的工作压力。奖励旅游的特点是旅游活动安排主要以高档次的休闲、娱乐等消遣性活动项目为主。

2. 团队建设型

奖励旅游的目的主要是促进企业员工之间,企业与供应商、经销商、客户等的感情交流,增强团队氛围和协作能力,提高员工和相关利益人员对企业的认同度和忠诚度,旅游过程中注重安排参与性强的集体活动项目。

3. 商务型

奖励旅游的目的与实现企业特定的业务或管理目标紧密联系,如推介新产品、增加产品销售量、支持经销商促销、改善服务质量、增强士气、提高员工工作效率等,这类奖励旅游活动几乎与企业业务融为一体,公司会议、展销会、业务考察等项目在旅游过程占据主导地位。

(二) 按奖励旅游的活动模式划分

1. 传统型

这类奖励旅游有一整套程式化和有组织的活动项目,如在旅游中安排颁奖典礼、主题晚宴或晚会,赠送赋予象征意义的礼物,企业首脑出面作陪,请名人参加奖励旅游团的某项活动等。通过豪华、高档和大规模来体现奖励旅游参加者的身价;通过制造惊喜,使参加者产生终生难忘的美好回忆。

2. 参与型

越来越多的奖励旅游者要求在他们的旅游日程中加入一些参与性的活动,而不再仅仅满足于一个"有特色的 party"。如参加旅游目的地当地的传统节日、民族文化活动和品尝风味餐,安排参与性强和富于竞争性、趣味性的体育、娱乐项目,甚至要求加入一些冒险性活动。参与型奖励旅游使奖励旅游者通过与社会和自然界的接触,感受人与社会、人与自然的和谐,有助于唤起他们的责任感。

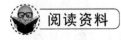

北京国际商务及会奖旅游展览会

经过2019年8月28—29日整整两天的展览展示、邀约洽谈和社交沟通,第十四届北京国际商务及会奖旅游展览会(IBTM China)顺利落下帷幕,亮眼成绩单再创新纪录。

根据主办方的最新统计,来自全球30个国家和地区的350位展商与到场的332位特邀买家完成了7792场商务洽谈,现场实现意向成交额近24.4亿美元,同比去年增长8.4%,实现商务合作共计565个,同比去年增长6.4%。此外,两天的展会共吸引了近4000人次参观,全新观展机构占总量的62.3%,其中26.7%为企业和协会类观众。

2019年的332位特邀买家来自全球21个国家和地区,其中89%为国内买家。全新买家占整体的 50%,其中二、三线占比 56%。此外,62% 的特邀买家持有年度预算超过 50 万美元,其中 85% 年度预算超过 100 万美元。在邀请国内特邀买家时,主办方今年在注重邀请一线城市买家的同时,发力开拓了二、三线城市的全新买家资源,为展商的参展体验带来了实实在在的效果。

Sodexo & Prestige Events 销售总监 Cecilia Lavin 表示:"这是我第一次作为参展商参加 IBTM China。我获得了 30 多个成功预约的洽谈会议,而且必须承认我很惊喜地看到有来自成都的买家而且质量非常高。也有很多人在展会上积极寻找洽谈机会,这在类似国际的展会上并不常见,所以这是个好消息。此次展会对我们开展在英国的 MICE 业务特别有利,展会安排其他的相关活动也很好地满足了更多买家的需求,所以我强烈推荐任何瞄准中国市场的行业人士参加 IBTM China。""我们协会拥有 109 个会员单位,他们来自于亚太的 39 个国家和地区。每年我们都会组织论坛和年会等活动,因此我们尤其对目的地接待服务公司和景区资源有着很大的采购需求。IBTM China 是非常符合我们需求的专业性展会,帮助我们拓展新的资源并结交新的朋友。"亚太发展筹资机构协会(ADFIAP)业务发展总监 MARIA CRISTINA T. AQUINO 女士表示。

今年的会议活动更是广受好评。在短短两天的时间内,主办方组织了超过 66 场主题演讲、小组讨论和目的地资源专场介绍,吸引了 1733 人前往聆听,这一数值同比去年增长 70.7%,再创新高。无论是展会第一天的 MICE 趋势分享、直销话题探讨抑或是后续的玩转目的地专场会议,都受到追捧和积极参与。展会次日的亚太商旅数字创新峰会(APTS)座无虚席,且有 15.5% 的参会代表来自外省地区,火热程度可见一斑。此外,全新设立的技术互动体验区和"欢乐时光"也给现场观众带来了别样体验。IBTM China 项目经理慈雪表示:"我为我们的团队以及我们在今年的活动中取得的成就感到无比自豪。我们的首个商务旅行数字创新峰会受到了热烈的欢迎,在整个活动过程中,我们都能感受到展会现场的热烈气氛。到目前为止,就商务会议的积极成果而言,反馈非常好,我们已经期待着明年的活动在此基础上取得更大的成功。"

作为该地区会展行业的一大盛事,IBTM China 高效且具有针对性地安排了一对一的商务会议。该活动使用 IBTM 定制的"配对"软件,为每位买家提供事先安排好的会议安排,以确保买家更具针对性地会见那些极有可能达成合作意向的展商。

(资料来源:IBTM 中国. https://www.ibtmchina.com/2019)

四、奖励旅游的特征

奖励旅游是一种特殊的会展旅游形式,与传统的旅游形式相比,有其独特的市场特征,主要表现在以下几个方面。

(一)高端性

1. 档次高、规格高

参与奖励旅游的旅游者不同于一般的旅游者,是企业中最出色的职员、对企业有贡献的人,其整体素质高。因此,企业为了达到奖励的目的,一般都会在组织奖励旅游时,在企业承受范围内"不惜血本"。所以,奖励旅游无论在交通、住宿、餐饮、接待、游览、娱乐等各方面的需求均体现出档次高、规格高的特点,如专人接送、豪华邮轮、头等机舱、五星级酒店、盛大宴会、特色活动、与众不同的旅游线路等。对于实施奖励旅游的企业来说,价格不是重要的考虑因素,质量和创意才是衡量奖励旅游是否成功的关键。奖励旅游过程中的每一个环节都要求提供最优质的服务,最终在活动内容、组织安排以及接待服务上达到尽善尽美。

2. 经济效益高

奖励旅游需求的高端性,加之奖励旅游团队规模大,使得奖励旅游接待地可以获得很高的经济效益。据国际奖励旅游协会的研究报告显示,一个奖励旅游团的平均规模是110人,而每一个客人的平均消费是3000美元。一个奖励旅游活动结束后客户在未来12个月的时间里回头咨询反馈的比率是80%,其中有效比率为15%~20%。

(二)创造性

奖励旅游是一种创造性的旅游活动,它必须创造与众不同的体验才能给奖励旅游者留下难忘的经历。奖励旅游并非简单的提高接待标准的豪华旅游,而是融入了企业管理目标的具有创意的旅游形式。奖励旅游必须为整个活动设计一个具有一定创意的主题,通过各种主题活动的巧妙策划和精心安排,并在这一主题下,把各个旅游要素有机的组合在一起,从而满足奖励旅游者的需求和实现企业的奖励目的。

(三)文化性

奖励旅游要求为企业提供适合企业自身特点的专业化产品,将企业文化与理念尽可能融合到奖励旅游活动的计划与内容中,并随着奖励旅游的开展,逐渐体现出来,比如在奖励旅游包机、观光景点、下榻酒店和宴会大厅都可以巧妙的布置公司企业形象识别系统 CIS (Corporate Identy System),这些都是显示企业文化和传播企业形象的绝佳机会。奖励旅游活动的安排是与公司的企业文化相适应的,奖励旅游是充满着富有浓厚人情味和深寓文化气息的活动项目,具有鲜明的企业文化特征。

(四)季节性

与传统旅游相比,奖励旅游的一个突出特点就是季节性不强。国内旅游市场目前还不如欧美地区成熟,每年黄金周期间,大规模的旅游流就会给全国的旅游、交通、住宿、餐饮等方面带来巨大的压力。奖励旅游则恰恰相反,一些奖励旅游团在季节上一般都会错开旅游的旺季月份,这将会成为缓解旅游高峰和旅游市场压力的主要调控手段,同时也填补了旅游接待企业在旅游淡季的业务空白。

 案例分析

千亿房企春节放假福利刷爆朋友圈

刚刚突破千亿销售额大关的杭州滨江集团,因霸气年假及旅游津贴再次刷爆朋友圈。

2019年12月25日,网络热传一则滨江集团《关于2020年春节旅游休假的通知》。该通知显示,为了分享公司销售额突破千亿大关的成果,经董事会研究决定:滨江集团2020年春节放假时间为19天,从2020年1月22日至2月9日,且公司鼓励员工带家属旅游,并发放旅游津贴,最低2万元。当日上午,滨江集团相关人士向记者确认了上述通知的真实性,表示该通知是由滨江集团行政部于12月24日下发。

"我们往年也是这样,春节会放假14到15天。今年确实多了几天,是因为销售额破了

千亿,鼓励员工出游。"上述人士称。通知显示,2019 年滨江集团销售额突破千亿大关,为了分享千亿成果,经董事会研究决定,做出上述休假安排。

值得一提的是,地产行业的企业春节放假时间普遍比其他行业长,通常在 10 天左右。据统计,2019 年春节放假超过 10 天的房企达 17 家。上述滨江集团人士告诉记者,公司以往是直接组织员工出游,今年改由员工自行出游后再进行报销的方式,目前能享受到该津贴的员工约 900 余人。据通知,凡在 2020 年 1 月 21 日及之前成为滨江集团正式员工的,均可享受旅游津贴。该津贴按职级划分在 2 万元到 5 万元不等,且司龄每增加一年,增加 1000 元司龄津贴。

其实,早在 12 月 10 日召开的滨江集团破千亿媒体恳谈会上,董事长戚金兴就已经透露了这一信息,并笑称"鼓励员工旅游带家属,不带家属的不给报销"。据滨江集团一位司龄长达 15 年的员工表示,公司在员工福利方面一向比较大方:往年公司虽会组织员工分批出去旅游且由公司承担费用,但这次直接把自由选择权交给员工,且福利惠及家属,显得更人性化。

(资料来源:搜狐焦点.https://liuzhou.focus.cn/2019)

【分析】
(1) 滨江集团实施奖励旅游的条件是什么?
(2) 奖励旅游对滨江集团的发展有哪些积极的影响?

第二节 奖励旅游的策划与管理

奖励旅游是一个高端的旅游市场,利润率很高。奖励旅游发展的好与坏,关键是产品和服务。通常情况下,奖励旅游较一般的旅游团更为复杂,要融入企业的文化,要安排一些会议、主题活动等,需要花费更多的时间和精力。

一、奖励旅游的操作机构

奖励旅游的高端性决定了其对操作流程的高要求,并不是每个旅游企业都可以承接奖励旅游项目。在奖励旅游市场,通常有以下三类专业的奖励旅游公司。

(一)全面服务型奖励旅游公司

这类专业公司在奖励旅游活动的各个阶段向客户提供全方位的服务和帮助,从项目策划到具体实施,从绩效标准的制定、开展公司内部的沟通到鼓舞士气的销售动员会,直至整个奖励旅游活动的组织和指导。这类公司的报酬是按专业服务费支出再加上交通、旅馆等旅游服务销售的通常佣金来收取的。

(二)以安排旅游为主的奖励旅游公司

这类公司通常规模要小些,它们主要是完成公司客户自己设计好的奖励旅游项目,业务专门集中于整个奖励旅游活动的旅游部分的安排和销售上,而不提供需要付费的策划服务。这类公司的收益来自通常的旅游佣金。

(三)设有奖励旅游部的旅行社和航空公司

许多旅行社设有经营奖励旅游的专门业务部门。大多数旅行社的奖励旅游部主要负责旅游计划的实施,但有些也能为客户提供奖励旅游活动策划部分的专业性服务。由于越来越多的企业将旅游作为一种激励工具,因而许多航空公司亦把奖励旅游作为一项重要业务来抓,并设立专门的奖励旅游部门。

二、奖励旅游的运作过程

奖励旅游的运作过程和会议旅游、展览旅游类似,大体都包括前期策划、中期实施和后期跟踪总结三个阶段,具体步骤如下。

(一)了解奖励旅游市场需求,开展市场营销

在高度发展的信息时代,各种各样的信息充斥着人们的生活。奖励旅游作为会展旅游业的一个细分市场,了解这一市场的构成和需求,对于奖励旅游公司有针对性地推出受市场欢迎的产品至关重要。一般而言,有以下几种渠道可以获取有效信息。

1. 中介机构

大型公司要举办奖励旅游活动时一般都不直接和奖励旅游中心或旅游企业联系,而是委托给相应的中介机构,中介机构再根据需求寻找符合要求的专业奖励旅游公司承接项目。

2. 直接客户

一些客户直接找到专业奖励旅游公司,而不经过中介机构。

3. 互联网

互联网信息具有丰富、及时、广泛的特点,奖励旅游市场开发人员可以通过网络查找世界各地资料,获取有用的信息,从而有针对性的去争取或开发该市场。

4. 其他

除了以上几种渠道,还可以通过政府指定、客户介绍、行业协会委托等其他形式获取有用信息。

奖励旅游市场的构成和需求情况因地而异,因此奖励旅游公司需要仔细地对不同地区的客源市场进行调查研究和分析,以便有效的开展市场营销工作。

(二)确定实现奖励旅游的工作目标

由于奖励旅游已经成为世界很多公司重要的管理手段之一,因而受到越来越多的重视,奖励旅游市场也随之得到了前所未有的扩展。在奖励旅游的具体运作过程中,首当其冲的就是奖励旅游活动的策划,完整而详细的策划是奖励旅游成功的基础和保障。

奖励旅游策划的第一步便是帮助开展奖励旅游的企业制定实现奖励旅游的工作目标,要根据客户提出的要求和其实际的经营情况来拟订一个合适的目标,这一目标将是今后选择奖励旅游参加对象的基础,而且需要奖励旅游对象为之努力奋斗。目标的制定应该既富有挑战性,又具有可行性,目标要量化,还要明确达到的时间限制,这一期限不宜过长。

(三)制定绩效标准

绩效标准是用来确定奖励旅游对象是否具备参加奖励旅游活动资格的指标,是根据企业目标的预定完成情况和奖励旅游对象为实现这一目标应做的贡献来拟订的,在企业中最常见的是制定生产和销售定额。在制定绩效标准时,应注意标准不宜过高,并保证公平性,尽量使奖励旅游的激励面和受益面更宽更广。

(四）进行内部沟通与宣传

专业性的内部沟通与宣传对于奖励旅游活动的成功实施十分必要。因此,应该选择恰当的时机以隆重的形式(如召开动员大会)宣布奖励旅游计划,并鼓励企业全体成员积极投入到争取奖励旅游资格的活动中。奖励旅游策划者还要与奖励旅游对象保持经常性的沟通,随时把奖励旅游计划的最新进展告诉他们,并与其进行充分、热烈的商讨,从而赢得他们的热情支持与配合。

(五）精心选择旅游时间

奖励旅游活动的旅游时间安排不应使客户的正常经营活动感到过分的紧张。另外,时间的选择既要利用淡季价格,又要顾及奖励旅游参加者的愿望。当然,这样的要求有时会有冲突,所以奖励旅游公司必须有足够的灵活性并善于做出妥协。

(六）严格选择旅游目的地

奖励旅游活动所选择的目的地必须令人兴奋,要有广泛的吸引力和某种自我促销性。当然,不同奖励旅游市场在选择目的地时考虑的主要因素有所差别。目的地的选择必须迎合奖励旅游参加者的兴趣。奖励旅游策划者不能凭自身好恶决定旅游目的地,而应首先尊重奖励旅游者的意见。此外,为了保持奖励旅游对象的兴趣,奖励旅游目的地还必须不时地更换,具体如表 6-2 所示。

表 6-2　美国奖励旅游策划者选择目的地的重要考虑因素

非常重要的考虑因素	占策划者百分比/%
娱乐设施如高尔夫、游泳池、网球场等	72
气候	67
观光游览文化和其他娱乐消遣景点	62
位置的魅力和大众形象	60
适合举行会议的酒店或其他设施	49
交通费用	47
往返目的地交通难易程度	44
奖励旅游者到目的地的距离	22

因考虑多种因素,总数大于 100%

(七）提出奖励旅游活动方案及具体日程安排

活动方案和日程的设计应该考虑以下因素。

(1) 客户开展奖励旅游活动的目的。

(2) 客户的特性和背景,特别是企业文化特征。

(3) 客户和奖励旅游参加者对活动行程及内容的特殊要求。

(4) 依据绩效标准确定的每次奖励旅游活动的团队人数。

(5) 客户的奖励旅游预算。

方案和日程设计必须周密,应该制定一个明确的准备工作进度表。此外,奖励旅游方案设计和活动安排还应该让奖励旅游者充分参与进来。

（八）奖励旅游方案和日程的审核与批准

通过与客户的反复讨论和协商，并完成奖励旅游方案的预算审核和可行性论证，最终达成共识，奖励旅游活动方案和日程安排获得客户的批准。奖励旅游公司和客户双方还应根据实际情况的变化，及时对原方案进行调整。

（九）奖励旅游活动计划方案的实施

奖励旅游执行阶段的成功关键取决于周密、细致的旅游接待服务工作，搞好各方面协调也很重要。奖励旅游公司在整个旅游活动期间，应派专业代理人员随团工作，负责指导当地接待企业搞好服务，并充当接待企业与奖励旅游团的联络人。

（十）提供完善的奖励旅游后续服务

奖励旅游公司在奖励旅游活动结束后，要进一步做好后续服务工作。后续服务主要分为外部后续服务和内部后续服务两部分。

1. 外部工作

外部工作包括企业物品回收、礼品的运送、场地整理、器材归位，按客户要求提交评估报告等，并请客户填写客人反馈表，具体如表 6-3 所示，及时收集客户和奖励旅游者的反馈信息，改进产品和服务质量，争取下一次合作机会。

表 6-3 客人反馈表

客人反馈意见表示样			
尊敬的宾客： 　　您参加我社的旅游团已多日，这几天的旅程您已领略到桂林如画的风光和诱人的风土人情……为了确保您的合法权益，同时也为了确保本公司旅游团的质量和声誉，麻烦您填写次反馈意见表。对于您的要求和建议我们会迅速给予答复，对于您的投诉，我们会以最快的速度调查并给予您满意的处理。 编号：			
（请您在认可出打√）			
游览活动	1. 游览活动的安排 很好（ ）好（ ）一般（ ）差（ ） 2. 此行最喜欢的景点	司机服务	1. 司机的驾驶水平 很好（ ）好（ ）一般（ ）差（ ） 2. 服务态度 很好（ ）好（ ）一般（ ）差（ ） 3. 车辆状况 很好（ ）好（ ）一般（ ）差（ ）
导游服务	1. 讲解水平 很好（ ）好（ ）一般（ ）差（ ） 2. 服务态度 很好（ ）好（ ）一般（ ）差（ ） 3. 处理问题的能力 很好（ ）好（ ）一般（ ）差（ ） 4. 普通话标准程度 很好（ ）好（ ）一般（ ）差（ ）	宾馆餐厅	1. 下榻宾馆与计划标准 相符（ ）不相符（ ） 2. 餐馆菜品哪家最好？哪家最差？ 3. 餐饮的总体质量 很好（ ）好（ ）一般（ ）差（ ）
要求建议			
客人签名		欢迎您再次光临！	

（资料来源：桂林国际旅行社会议奖励旅游中心，2010）

2. 内部工作

内部工作包括公司职员应该在 3 天内制作出此次奖励旅游活动的成本表,以供单位进行利润评估;进行内部总结,对在此次活动中表现出色的部门和个人进行表扬;分析此次活动的不足之处,不断提高策划的操作水平。

三、奖励旅游的管理

奖励旅游活动取得成功,管理在其中扮演了很重要的角色。旅游管理有很多的内容,鉴于奖励旅游的特点和目前我国奖励旅游发展的状况,我们主要从人力资源的管理、服务质量的管理、奖励旅游的顾客管理和奖励旅游活动中的保健管理四个方面来阐述奖励旅游管理。

(一) 奖励旅游的人力资源管理

奖励旅游是高级旅游市场的重要组成部分,对奖励旅游从业人员的素质要求要高于常规旅游的从业人员,他们必须具有很高的团队合作能力及统筹运作能力,能真正、深入地考虑到客户的需求。但我国这方面的专业人才非常缺乏,这成为制约我国奖励旅游发展的一大问题。因此,在人力资源管理中对奖励旅游人才的培训和发展尤为迫切。培训活动的具体组织与企业的规模和结构关系很大,一般说来,培训活动的实施可采用以下方式。

1. 企业自己培训

大型企业往往设置专门的教育与培训职能机构与人员,从个别或少数负责培训工作的职员或经理,到专门的科、处,有的还建有专门的培训中心或培训学院乃至职工大学,配有整套专职教师与教学行政管理人员。当然,目前这一种培训活动的实施在奖励旅游领域中还比较少。

2. 企校合作

这种培训活动是旅游领域中普遍采用的方式,特别是在我国旅游人员大部分都是由各种旅游院校培训的。根据国家有关资料显示,我国设有专业培养旅游人才的旅游院校、系和专业的大学近百所,旅游中等职业学校约几十所,每年旅游专业大、中专毕业生近 20 万人。奖励旅游企业可以与相关旅游院校合作,对职工进行培训。

3. 专业培训机构

近年来,我国各地出现了大量的专业培训机构,以满足企业日益增长和日新月异的培训需要。这些机构常常注册为××培训中心或××管理顾问公司,通常只有固定的办公地点,但没有正规学校所常具备的教学场所和教学设施。它们通常只有少数固定的工作人员,并无专职的教学培训人员,仅以合同方式聘请为数不少的兼职专业培训师。

(二) 奖励旅游的服务质量管理

旅游属于服务业,其服务质量直接关系到旅游企业的生存和发展。在旅游服务人员对旅游者面对面的服务过程中,旅游者不仅会关心他们所得到的服务,还会关心他们是怎样获得这些服务的,尤其是同档次的旅游企业提供的服务大同小异的时候,怎样提供服务将成为顾客选择旅游企业的重要标准。

因此,作为奖励旅游而言,服务质量管理就显得特别重要了。具体来说,奖励旅游主办者从以下几方面开展工作。

1. 旅游者参与服务过程

旅游者高度参与服务过程极大地影响着他们对服务质量的感知。旅游者在旅游服务的生产、消费及评价中起到了十分重要的作用。一些著名的营销学家通过大量的研究提出"消费者认为质量是什么就是什么"。我们常常会发现这样的情况,游客在酒店用餐时,一桌美味佳肴很可能会因为纯属游客个人的原因而被全盘否定。

从某种程度上说,旅游服务质量的优劣与否,与旅游者的个性特点、知识水平、对旅行社的期望、当时的心理状态、身体状况、行为方式等高度相关。

2. 其他旅游者参与服务过程

旅游服务过程中,旅游者之间的相互影响也是影响服务质量的一个不容忽视的重要因素。我们可以把旅游过程中的旅游者暂且分为"中心游客"与"背景游客"。例如,到同一景点旅游的可能有多个旅游团,对某一个旅游团的导游来说,本旅游团的游客是"中心游客",其他旅游团的游客则为"背景游客"。

在服务过程的某一时刻,相对于其他任何游客而言,某一游客既可以是中心游客也可以是背景游客。显然,在旅游中,背景游客的行为方式以及他们对服务质量的评价等,对中心游客感觉中的服务质量产生很大的影响。反之亦然。

3. 旅游服务人员

旅游服务人员是服务的"生产者",对服务过程的质量乃至旅游者感觉中的整体服务质量影响极大。在旅游过程中,由于服务人员与游客的接触度高,使得来自服务人员方面的影响服务质量的因素变得十分复杂。服务过程的质量不仅与服务人员的行业意识、行业知识、行业技术等有关,而且与服务人员当时的仪表仪态、心理状态、身体状况,甚至交际能力等都高度相关。

4. 旅游企业

旅游者高度参与服务过程扩大了他们与旅游企业的接触面,涉及的服务环节越多,游客与企业接触的面越广,服务的失败点就越多。因此,在旅游企业中,服务环境、设施设备、服务信息的可靠性、服务体系设计的合理性等因素,都将不可避免地对服务过程的质量乃至游客感觉中的整体服务质量产生极大的影响。

(三)奖励旅游的顾客管理

在多变的市场环境中,企业要长期保持竞争优势,不断提高经济效益,必须强调整体观点、协作精神、不断改进、顾客导向等原则。顾客导向已被许多服务企业提到最重要的位置,通常人们认为顾客导向即是企业尽力提供满足顾客需要的产品和服务。特别是对于奖励旅游而言,顾客是一个长期的、持续的、稳定的奖励旅游需求者,企业更应该把握好与顾客之间长期相互依存的关系。这就要求企业与顾客直接接触,向顾客收集信息,深入了解顾客的需要,并使用顾客提供的信息,设计、提供顾客需要的产品和服务。此外,企业还应采取一系列措施,充分发挥顾客的作用,与顾客一起创造竞争优势。

(四)奖励旅游活动中的保健管理

旅游活动中不可忽视的一点是游客的健康安全,举办奖励旅游的目的是嘉奖这些参与者,参与者不管是企业的员工,还是企业长久合作客户,都应该处理好健康安全问题。不要把奖励变为对参与者的惩罚。旅游保健服务管理是根据过程管理和预防管理的思想,从旅游产品的设计、销售到提供全程接待服务的全过程中,围绕着旅游活动的三个阶段把保健因素贯穿于其中,对旅游活动实施的全过程进行综合保障,实现全过程的游客保健服务管理。

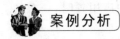
案例分析

惠聚狮城

2019年9月,新加坡"惠聚狮城"奖励计划面向全球市场重磅推出。"惠聚狮城"的全球发布,得益于新加坡商务会奖旅游市场的强劲表现。2018年全年,新加坡迎来了超过290万商务会奖游客,较2017年同比增长12.1%。同期旅游收益达到46.8亿新币(约合人民币241.5亿元),同比增长7.2%。

"惠聚狮城"奖励计划全球上线,旨在为丰富商务会奖旅游体验提供助力。根据美国运通发布的《2019全球会议及活动预测》报告,实现最佳会议效果的关键在于参会者互动。在保证会议顺利推进之余,策划方还在寻求方法,通过独特场地、互动及网络、内容和技术等种种因素,更好地调动参会者热情。

此外,报告指出,鉴于活动被视为促进面对面交流、沟通、讨论及建立联系的关键渠道之一,全球会奖需求有望增长5~10个百分点。基于这一良好发展态势及"惠聚狮城"政策一直以来在中国及其他市场的积极反馈,新加坡旅游局对政策进行全方位升级,面向全球客人推出新版"惠聚狮城"奖励计划,期待协助更多商旅会奖团队体验新加坡独特的休闲景观和生活化体验。

全新推出的"惠聚狮城"奖励政策针对会奖团队推出大量定制化行程,以顺应来自全球各地中小型团队的不同需求。这些体验由来自不同领域的专家及业内人士设计创造而成,旨在为到访新加坡的旅客带来愉悦享受。"惠聚狮城"奖励政策所提供的63种独特体验覆盖了四大种类,即:新加坡美食,娱乐及夜生活,主题游览及学习体验,从景点展开的定制体验及独特团建活动。新加坡的商务会奖旅游市场不断壮大,锐不可当,众多举世瞩目的活动及会议都将在此处上演,其中包括首次亮相亚洲的全球最大在线内容创作者大会VidCon Asia,以及Home Delivery亚洲、德勤全体大会、宾利纵览基础设施2019大会等。展望未来几年,新加坡持续规划并确保重要活动不断在此举办。2022年,新加坡及东南亚地区将会首次主办国际医学图像计算和计算机辅助干预会议(MICCAI),这项会议一直被认定是该领域中最大规模的国际专家会议,预计将有2000位代表列席。近期,第25届世界皮肤病大会(WCD)也宣布将于2023年在新加坡举办,预计有15 000名与会者参与。

新加坡地理位置优越,位于东南亚,具备富有活力而创新的商业环境。长期以来举办高品质会议及活动,奠定了新加坡作为重要商务会议目的地的地位。在这里,访客可以与各种可能性相遇——无论是工作方面、还是休闲方面。这里充满活力、亲商的环境,赋予商务会奖活动极大的连通性、安全性,以及丰富且触动人心的场地和体验选择。

(资料来源:中国企业会议. http://www.micechina.com/2019)

【分析】
(1) 新加坡奖励旅游有哪些主要特点?
(2) 结合案例,新加坡奖励旅游的措施对我们有哪些启示?

第三节　奖励旅游的发展趋势和国内奖励旅游的发展

一、奖励旅游的发展趋势

（一）文化气息渐强

作为一种层次较高的会展旅游项目,今后的奖励旅游活动将比以往更加注重人文关怀,强调个性彰显,关注人的内心需要和人性的充分满足。奖励旅游作为满足员工高层次精神需求的特殊形式,其文化性、人性化、个性化发展趋势将体现得更为明显。

21世纪以来,奖励旅游目的地的选择更多地考虑了当地的文化因素。在旅游项目的选择方面更倾向于具有文化品位的活动,能够突显企业的文化与经营理念,并与体育运动、户外活动和其他娱乐项目相结合。

（二）奖励旅游与商务活动结合紧密

当前,奖励旅游已不再是一种纯旅游方式,奖励旅游与会议、培训和企业业务活动相结合的趋势越来越明显。奖励旅游与会议、展览、大型活动、公司业务等商务活动由过去的泾渭分明转向了现在的相互交融与结合。企业员工对奖励旅游的观念也从原来单纯的以参加纯旅游活动为荣,转为追求参加专业会议或培训为自己所带来的成就感和充实感。

（三）参与性奖励旅游崛起

过去的旅游者常常满足于观赏,而今天新一代的旅游者则强调亲身体验。常规的观光、购物等包价旅游项目已无法满足奖励旅游者的需求,他们要求在日程安排中加进更多的参与性活动项目,使他们的奖励旅游活动变得更加丰富多彩。参与性奖励旅游符合当今人们追求更充实、更完美、更有价值的生活愿望,为奖励旅游的发展开辟了更为广阔的空间。

（四）旅游形式多样化

随着奖励旅游者个性化需求的增强,以及团队出游经常发生团员时间上的冲突,越来越多的企业开始采用多样化的奖励旅游活动形式。采用个体旅游形式使奖励旅游的实行具有充分的灵活性和选择余地。让受奖人员携带家属出游,也越来越受到企业的青睐。奖励旅游将通过发掘家庭价值和所蕴涵的人情味,进一步发挥其激励作用。

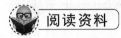
阅读资料

2018全球奖励旅游行业调查——54%的受访买家增加了投入预算

国际奖励旅游协会(SITE)、奖励机制研究基金会(IRF)、金融保险会议组织(FICP)对80多个国家的1000多名受访者进行了联合调查,并于近日发布了一份针对全球奖励旅游领域的泛行业研究报告,对影响全球奖励旅游和活动行业的现状和未来走势进行了深入分析。该调查报告平衡了奖励旅游买家及供应商在受访人群中的比例,买家主要都是奖励机构和企业用户,超过半数的服务商是目的地管理公司(DMC)。大多数受访者是资深业界人士,平均拥有17年的相关从业经验。美国受访者占比接近一半,其他则分别来自不同国家。

FICP执行董事Steve Bova表示,"2018年,我们将企业用户受访者的数量提升了80%。

近四成受访者都来自金融和保险行业,是传统奖励旅游活动的主要用户群。"调查结果显示,奖励旅游正在不断发展,但逐步攀升的奖励旅游计划运营成本也对其增长模式产生了影响。

IRF总裁Melissa Van Dyke补充到,"尽管奖励旅游规模正在增长,但运营成本升高等不利因素也可能会抑制其发展速度。超过三分之二的奖励旅游策划方都在控制旅游成本,比如选择花销较少的旅游目的地(占比30%),或者费用适中的服务设施。奖励旅游具有极大的灵活性,企业可以在预设的成本范围内选择相应的旅游服务。"调查报告主要亮点如下。

1. 预算增加

调查发现,54%受访买家的预算支出呈现年度同比增长,人均预算中位数稳定在4000美元左右。企业用户预算中位数(4550美元)高于奖励机构(3500美元)。酒店消费方面的人均预算增幅最大,达到33%。

2. 要求更高

受企业增长和经济乐观驱动因素影响,65%的奖励旅游买家对奖励旅游项目的要求越来越高。

3. 企业文化建设

销售和盈利仍然是推动企业执行奖励机制的首要原因,但目前企业则更看中管理层与员工之间的良性关系的建立,从而提高员工的工作效率和参与度。

近70%的买家认为奖励旅游计划能够促进公司业绩目标的实现。只有四分之一的受访者一直以投资回报率/目标回报率为衡量标准,超过一半的受访买家认为这两点可以不予考虑。

4. 全方位服务目的地项目

包含全方位服务的目的地旅游产品备受青睐,旅游买家近四年来一直在缩减预算支出,26%的奖励机构将全方位项目作为重要的活动选项。服务商希望通过提供富有创造力、创新性的产品,与客户加强合作来增加活动价值。北美、加勒比和西欧仍然是最受欢迎的奖励旅游目的地,旅游特色、整体安全性以及是否物有所值是用户选择目的地的三大标准。体验游和买家会议是奖励旅游买家得以了解目的地旅游活动的主要途径。

5. 健康项目成新秀

企业社会责任预算(CSR)受欢迎程度略有下滑,瑜伽等健康项目成了奖励旅游策划方的热门选项。三分之二的企业用户将会议融入了奖励计划(主要集中于金融企业),但采用这项举措的奖励机构占比不到三分之一。

(资料来源:环球旅讯. https://www.traveldaily.cn/2018)

二、我国奖励旅游的发展现状

奖励旅游在国内发展时间尚短,专门从事奖励旅游业务的公司和旅行社数量还较少。我国最先开展奖励旅游的企业多是外资公司和合资公司。在外资、合资公司的带动下,许多国有企业和规模较大的民营企业也开始接受奖励旅游这一有效管理方式,如中国旅行社总社国际会议奖励旅游部是我国第一家从事奖励旅游的专门机构,中青旅也于2001年9月成立了会议与奖励旅游部,应该说国内奖励旅游总体上还处于发展的起步阶段。

随着旅游业的发展,人们对于奖励旅游的认识也在不断深入,经过不断培育和推广,奖励旅游作为一个新兴的旅游项目,收到了国内很多企业和员工的青睐。当前,国内奖励旅游发展较快的是经济发达的东部沿海地区,北京、上海和广州表现最为突出。

(一)北京奖励旅游的发展现状

北京是个有着三千多年历史的古都,无论是其历史文化,还是旅游资源,都特别适合作为奖励旅游目的地。北京于 2000 年接待了第一个国际奖励旅游团,2000 年 9 月 9 日—14 日中国和平国际旅游公司成功组织了美国大都会保险公司(METIJFE)在北京举行的总裁会议。此次活动的成功举办,有利于迅速打开美国奖励旅游市场,并开始积极拓展奖励旅游这一高端市场,使北京成为世界奖励旅游的中心城市之一。

近年来,奖励旅游受到北京市政府相关部门及业界的重视。2011 年 12 月成立高端旅游与会议产业联盟,这是北京市成立的第一个会奖旅游业的行业性组织。经过近几年的努力,奖励旅游人数规模不断壮大,旅游收入持续增加,北京奖励旅游已经走在了全国的前列。

(二)上海奖励旅游的发展现状

经外交部批准,上海市旅游局于 2001 年正式加入国际大会及会议协会(ICCA),成为国内首位 ICCA 组织的地区代表。加入 ICCA 以来,上海市旅游局致力于提高上海会展奖励旅游业的发展,加强从业人员的培训,努力提高会奖旅游接待水平,吸引更多国际会议、展览和奖励旅游到上海举办。对外整体推销上海形象,打造上海会展之都平台。2013 年,ICCA 年会首次在中国内地(上海)举办,来自全球的近千名会议旅游行业专家与会。会议期间举行了各领域的业务交流和培训、边际会议以及场外教育活动,着眼于未来行业动向,传达最领先的思想,全新的商业理念,以及最前沿的市场开拓方法。

(三)广州奖励旅游的发展现状

广州经济发展十分迅速、商业发达,在珠三角地区一直是龙头城市。近年来,奖励旅游在广州悄然兴起,已给各旅行社带来显著的效益。经过多年的培育,广州已成为中国内地仅次于北京、上海的最受欢迎的奖励旅游目的地之一。广之旅是广州地区最具规模的综合性大型旅游企业,全国百强国际旅行社之一,其中奖励旅游的接待人数占旅行社业务总量的5%以上。

三、国内奖励旅游的发展措施

(一)加快奖励旅游市场的培育

国内发展奖励旅游首先应转变观念,深化对奖励旅游的认识,加快国内奖励旅游市场的培育。奖励旅游经营企业需要加大宣传力度,采用各种宣传手段,比如邀请企业高层管理人士参加供需双方见面会,向其介绍奖励旅游知识;通过各种媒体加大对奖励旅游宣传;介绍国外采用奖励旅游的成功案例及流程;向企业发放宣传材料等,让更多的人、更多的企业了解奖励旅游,提高奖励旅游在国内的普及率。

(二)提高奖励旅游产品的质量

奖励旅游属于高级旅游市场的重要组成部分,高质量的奖励旅游产品是开发奖励旅游市场的基础和前提。奖励旅游目的地须充分了解客户企业和奖励旅游者两方面的需求,并设计出让双方都满意的高档次、高质量的奖励旅游产品。产品的设计一定要围绕奖励旅游客户的企业文化和企业目标来量身定做,应注重以人为本和体现创造性,同时必须关注和完善奖励旅游服务流程的每一个细节，努力做到将一个完美的经历奉献给奖励旅游者。

（三）加大国际市场促销力度

目前，全球奖励旅游业务主要来自北美、欧洲和亚太地区的国际奖励旅游市场。许多跨国性的国际公司每年都举行管理层和营销人员的大型年会、业绩总结会，并相应为员工、经销商和客户组织奖励旅游活动，国际性的著名旅游胜地通常就是举办奖励旅游的首选地。据世界旅游组织预测，到2020年中国将成为世界第一大旅游接待国，所以，加大我国奖励旅游产品的对外促销力度，积极开拓国际奖励旅游市场，为入境奖励旅游创造条件，是推动我国奖励旅游发展十分必要和有效的措施。

（四）提升奖励旅游企业的实力

国内开展奖励旅游业务的企业基本都是在传统旅行社基础上发展起来的，突出的问题是比较缺乏奖励旅游活动操作和管理的经验，在国际专业化的奖励旅游公司竞争中处于弱势地位。因此，我们必须尽快提升奖励旅游企业的专业化素质，通过调整整体业界结构、整合内部资源，培养一批素质高、技术强的奖励旅游专业人才，以增强奖励旅游企业经营能力和国际竞争力。要在行业资源优化整合的基础上，成立一批专门经营奖励旅游业务的专业奖励旅游公司，并打造出具有国际知名度的企业品牌。奖励旅游企业还要具有与客户建立长期合作关系的能力。

（五）政府给予一定的政策扶持

我国奖励旅游市场和奖励旅游业尚处于摇篮时期，在现阶段，政府的支持对于我国奖励旅游的发展是非常重要的。政府应该尽快出台规范和鼓励奖励旅游发展的法律法规，同时实施相应的扶持政策，如简化奖励旅游团的签证手续、对奖励旅游设施建设和产品开发给予资金支持、减免企业开展奖励旅游活动的税收、成立专门的奖励旅游管理和服务机构等。

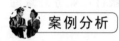

泰国会展局持续推动中国奖励旅游的发展

泰国会展局（TCEB）持续推动中国奖励旅游市场的发展，其创新之举——"泰国重新定义你的商务活动"品牌推广计划将在2019财年结束之前再创佳绩。作为中国企业奖励旅游首选的目的地，泰国有望将利好的势头延续到2020年，不断保持较高的人气。

泰国会展局高级商务副总裁Nichapa Yoswee女士表示："泰国会展局迄今为止所取得的成绩以及对未来几年的规划，让泰国成为中国奖励旅游首选的人气目的地，同时也彰显出了泰国会展局在'泰国重新定义你的商务活动'品牌推广计划中起到的重要作用，正是这一推广计划促进了泰国会展局的出色表现。在接下来的2020财年，我们会考虑开展更多的奖励旅游活动。"2018年10月至2019年7月，泰国被中国70多个奖励旅游团体选为东道国，共计接待访客16.9215万人次，单次旅游人均支出7.2297万泰铢，为泰国带来了123.3亿泰铢的收入。在70个旅游团中，有37个旅游团参加了备受瞩目的"汇聚一堂（Meet Mega）"奖励旅游活动，这次活动共计接待了1000余名访客。这意味着此次赴泰旅游的99 967名访客可带来72亿泰铢的收入，而这一佳绩在一定程度上要归功于泰国会展局举办的"汇聚一堂"活动,为大型旅游团提供物质奖励。

中国企业的总部遍布全国各地,其中大多数来自北京、上海、广州和深圳,也有一些在中国其他主要城市设立办事处。中国奖励旅游团体赴泰的主要目的地包括曼谷和芭堤雅。Nichapa女士表示:"泰国吸引中国游客的优势卖点包括:免入境签证费计划(有效期至2019年10月1日)、现代化的会展基础设施、便利的交通、久负盛名的泰国酒店和文化、名扬海外的美食以及物超所值的性价比。"

(资料来源:中国企业会议.http://www.micechina.com/2019)

【分析】
(1) 结合案例,试分析泰国为什么成为中国奖励旅游首选目的地?
(2) 泰国的做法给我们哪些启示?

复习思考题

1. 试举例说明"奖励旅游是现代管理的法宝"。
2. 奖励旅游的高端性表现在哪些方面?
3. 试述奖励旅游在目的地选择上与会议和展览的不同之处。
4. 试分析企业开始采用多样化的奖励旅游活动形式的原因。
5. 就某一城市或地区给出你的奖励旅游发展建议。
6. 调查一个企业的奖励旅游活动并写出分析报告。

首届探险旅游世界领袖论坛

2018年6月12日,由中国旅游协会、国家发改委合作中心主办的"首届(2018)探险旅游世界领袖论坛"在北京召开。本次论坛以旅游产业大发展为依托,旨在与行业领袖互通有无,交流探讨,通过整合世界范围内的相关资源,为游客提供更多娱乐休闲方式,并为旅游产业提供新的经济增长点。论坛的主旨与极之美一直提倡的"轻探险"理念不谋而合。极之美是中国极地探险第一品牌,也是中国"轻探险"旅行的开创者。"轻探险"以对未知世界的探索、发现为目标,以自然和人文线索为导向,以安全舒适和"行万里路、读万卷书"的方式来实现所有人探险梦想的旅行体验,兼具认识世界和休闲娱乐的特性。

随着文旅产业"由扩量到提质、由点线面到多维立体"创新驱动发展的持续深入,探险旅游产业必将成为旅游业黄金发展期的闪光点。探险旅游作为一种新兴的户外旅游活动,因其独特的体验性、新奇性和刺激性,受到越来越多人的喜爱。根据世界探险旅游贸易协会统计数据,全球探险旅游产业总值2016年达到4440亿美元,预计到2023年将达1.34万亿美元。在全球探险旅游经济中,中国游客的角色也越来越重要。

数据显示,新西兰皇后镇主要跳伞服务商的业务中,中国游客占了三分之二。2016年至2017年南极旅游季中,中国超过澳大利亚成为南极的第二大客源国,约占4.6万总游客的12%。中国人已成为赴俄罗斯北极地区旅游的最大群体,在芬兰拉普兰地区过夜的中国游客增幅创下92%的新高。2017年,中国探险旅游市场规模已达2000亿元人民币,同比2016年增长30%,探险旅游通过与文化传播、体育运动、生态环境等领域跨界融合,正以全新的业态成为最具活力和成长性的旅游经济力量之一。

在这样的时代大背景下,本次论坛的召开,可谓正式开启"中国探险旅游元年",对中国乃至全球探险旅游产业的发展都具有深远、里程碑式的意义。

(资料来源:搜狐网.https://www.sohu.com/2018)

【分析】

(1) 试分析探险旅游具有哪些特点?

(2) 探险旅游兴起对我国奖励旅游会产生哪些影响?

实战演练

请根据以下资料,为北京某汽车企业集团出境策划奖励旅游计划。

1. 背景资料

(1) 奖励旅游企业:北京某合资汽车集团。

(2) 公司行业:汽车制造行业。

(3) 主营产品:汽车。

(4) 获得奖励旅游参与资格的对象如下。

① 集团优秀职员:100人。

② 分公司优秀职员:80人。

③ 全国各省总代理商:150人。

④ 全国一、二级城市优秀经销商:120人。

⑤ 集团主要领导和各分公司领导30人。

(5) 企业宗旨:精美、可靠、耐用。

2. 企业要求

(1) 出境奖励旅游,去企业诞生地。

(2) 奖励旅游产品必须与企业悠久的历史相结合,举办创意主题活动。

(3) 要展现该公司"精益求精、永远领先"和"追求卓越"企业信条。

(4) 要展现该公司"瞰思未来"的雄心壮志。

(5) 奖励旅游要做好旅游前、中、后的各项服务细节。

(6) 必须让所有参与者在旅游过程中或参与活动时了解企业的人性化管理和与员工、代理商、经销商"一同发展"的决心。

(7) 要表现该集团的实力。

(8) 奖励旅游计划在5月1日前完成,要避开旅游旺季。

(9) 交通工具应尽可能的结合观光、休闲、度假的方式。

(10) 其他。

第七章

会展旅游营销

【知识目标】
- 了解会展旅游营销的主要内容;
- 掌握会展旅游经济涉及领域与会展的关系;
- 掌握会展旅游营销中广告宣传的内容和营销策略的运作。

【能力目标】
- 学会运用所学知识策划会展旅游营销方案;
- 学会利用新技术、新手段进行会展旅游广告营销。

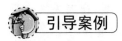 引导案例

西安市旅发委与抖音战略合作全面启动

2018年4月19日上午,西安市旅发委与抖音短视频战略合作全面启动,双方计划将基于抖音的全系产品宣传推广西安文化旅游资源,进一步扩大在世界范围的知名度和影响力。

抖音方面将联合西安推出"四个一计划",通过文化城市助推、定制城市主题挑战、抖音达人深度体验、抖音版城市短片来对西安进行全方位的包装推广,用短视频来向全球传播优秀传统文化和城市文化。

抖音助力西安打造城市新名片

西安市旅发委统计数据显示,今年春节假日期间西安共接待游客1269.49万人次,同比增长66.56%,实现旅游收入103.15亿元,同比增长137.08%。清明假期,西安市共接待游客380.49万人次,同比增长38.76%,旅游业总收入14.82亿元,同比增长49.28%。

伴随游客数量的增加,钟鼓楼、肉夹馍等陕西美食在网络火热异常。在抖音上,一条拍摄肉夹馍制作过程的视频获得点赞超过10万。

截至三月,抖音上关于西安的视频量超过61万条,播放总量超过36亿次,点赞总量超过1亿。抖音让这种具有西安本地特色的传统文化产品走进公众视线,吸引更多的人前来体验的做法,是对文化传统的传承和弘扬。

目前抖音系的海外产品已经覆盖150个国家,月活用户过亿。相比图文和长视频,抖音为代表的短视频,让用户能够轻松简便地对传统文化进行重新演绎,在对外传播传统文化时

更具优势。

此次双方合作,抖音还将借助 Tik Tok 和 Musical.ly 等海外视频产品上线了西安相关挑战,并定制了兵马俑、肉夹馍的特效贴纸,帮助传播西安的美食、美景、民俗、文化。挑战和贴纸上线三天,贴纸使用量超过 6 万。

"四个一"计划创新西安旅游传播新模式

今年 3 月,抖音方面对外宣布品牌升级,宣布美好生活计划,将在衣、食、住、行等能体现美好生活的垂直领域投入更多的资源,旅游正是抖音中重要的一部分,本次合作是抖音美好生活计划中出行部分的首个落地项目。

抖音将与西安一道推出"四个一"合作方案,帮助西安重新演绎传统文化。

第一个"一"是一个计划,是文化城市助推计划。抖音希望以西安为试点打造样板城市,通过优先加蓝 V 认证、专人运营指导、全方位流量扶持等快速通道,助力文化城市打造具有全球化视野的新名片。

第二个"一"是一组挑战,挑战赛是抖音最热门的入口,抖音会发起一系列的城市主题挑战赛,通过挑战赛让用户真正的走进西安、感受西安,同时发掘更多的西安元素并将其传播出去。

第三个"一"是一条路,抖音将邀请抖音达人体验团来西安深度体验,呈现一条抖音特色旅行线路,对外发布路线攻略,将西安传统、有趣、有特色的精品文化景观,通过抖音的方式去演绎传递给世界,助力西安旅游业新增长点的开发。

第四个"一"是一支片,抖音计划为西安量身打造一支"抖音版"西安旅行纪录片,通过抖音的渠道优势,在中国和全世界范围进行推广西安旅游资源与文化。

这次合作一方面能够带动西安旅游宣传模式的创新,助推旅游业的发展,让西安文化得到更好的传播;另一方面让用户记录自身独特的旅行经历,感受到旅行过程中与各个城市文化所交融的美好,在不断发掘每座城市的独特魅力基础上产生内容,通过内容在平台的分享让更多的人能够感受并参与到这份美好。

(资料来源:西部网.http://news.cnwest.com/2018)

会展旅游业是会展业和旅游业的总称,会展旅游市场从理论上来说也涵盖了会展和旅游两方面的市场份额。现今,会展旅游业已形成一种经济形态——会展旅游经济,即以会展业为支撑,通过举办各种形式的展览会、博览会和国际会议,提供信息交流的平台,促进贸易的达成,并利用会展业的连带效应促进交通运输业、餐饮业、旅游业、酒店业、广告业、印刷业等其他行业发展的一种经济,形成了以开放化、多样性、年度性和依存性为主要特征的会展旅游市场。

第一节 会展市场

加入世界贸易组织以来,随着国内经济管理体制改革的深化和服务业对外开放的扩大,我国会展行业的管理政策和体制进行了一些调整,开始了一些会展市场对外开放的尝试。

2002 年 11 月国务院取消了非涉外经济贸易展览会审批制;出国展览审批交由中国贸促会负责,从国务院政府部门转移到非政府中介机构;中国内地与香港签订的 CEPA 首开先河,允许香港企业在中国大陆组办展览会。

2004年2月国务院颁布实施的《设立外商投资会议展览公司暂行规定》,放开了外商进入内地会议展览市场的限制,我国会展行业发展迅速,受到各方面的高度重视。

2010年7月国务院颁布实施的《国务院关于第五批取消和下放管理层级行政审批项目的决定》,取消了工商局对商品展销会的审批。

2016年2月国务院颁布实施的《国务院关于第二批取消152项中央指定地方实施行政审批事项的决定》,取消了省级商务主管部门进行审批的"地方负责的境内对外经济技术展览会办展项目审批"。

同时,国家出台了一系列鼓励政策推动我国会展业发展,包括《国务院关于加快发展服务业的若干意见》(2007年)《文化产业振兴规划》(2009年)《关于"十二五"期间促进会展业发展的指导意见》(2011年)等。2015年国务院公布《关于进一步促进展览业改革发展的若干意见》,第一次从国家层面明确提出要全面深化展览业管理体制改革,加快展览业发展。国家对展览行业的管制逐步放开,并积极推动展览业的发展。展览行业发展迅速,民营展览公司迅速发展,市场地位逐步增强。

一、会展与城市发展

我国的会展业起步较晚,从20世纪80年代至今只有一二十年的时间,但发展速度很快,年均增长达到20%。到2018年,中国境内共举办经贸类展览3547个,展览总面积为13 048万平方米,国内展览馆数量达到173个。通过举办会展,推动城市完善配套设施建设,并向所有参展和观展人员展示城市的经济水平、文化特色和城市形象,提高城市的影响力和国际地位。

(一)宣传城市

城市形象是城市的品牌,良好的城市形象是当今都市重要的潜在的无形资源,会展业被誉为城市的窗口,是人们了解城市的一个最佳途径,也是向外推广城市形象的一个主要手段。衡量城市的一个重要标志就是看这个城市召开国际会议和举办国际展览的数量和规模,一次国际会议或展览不仅可以给举办城市带来可观的经济效益,更能带来无法估量的社会效益。

国际展会是最大、最有特色、最有意义的城市广告,它能向世界各地的参展商、贸易商和观展人员宣传一个国家或地区的科学技术水平、经济发展实力,展示城市的风采和形象,扩大城市影响,提高城市在国际、国内的知名度和美誉度,从而提升城市竞争力。会展成为提升城市整体形象和知名度的有效推动器,国际上的许多城市,像德国的汉诺威、莱比锡,法国的戛纳,瑞士的日内瓦等,都依托会展提高了城市的国际知名度。

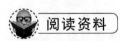
阅读资料

汉诺威工博会推动德国经济走向世界前列

汉诺威工业博览会始创于1947年,每年举办一届,已经成功举办了72届。第一届汉诺威工业博览会观众超过了73万人次,1300名展商共签订单及商业合约达1934份,合计金额3160万美元左右。该博览会的举办直接促进了汉诺威的城市重建,重塑了当地的出口贸易,更让汉诺威牢牢把握住世界经济发展脉络并在第一时间体会到市场新动向,从而不断调整自身经济结构。

据了解,目前汉诺威会展业每年仅展览创利就以数百亿美元计。汉诺威会展业的发展离不开汉诺威展览公司多年的成功经营,也离不开政府的高度重视和支持。目前汉诺威展览中心每年平均承办的国际展会20多个,其中最著名的当为每年春季举办的工业博览会,已成为当今规模最大的国际工业盛会,被认为是联系全世界技术领域和商业领域的重要国际活动,推动德国经济走向世界前列。

(资料来源:搜狐网.https://www.sohu.com/2018)

(二) 经济效益

会展经济通过其强大的带动效应,促进城市多种相关产业的发展。会展经济不仅可以培育新兴产业群,还给交通、旅游、餐饮、广告、金融等带来巨大商机,并牵动第一、第二产业发展。

据有关资料显示,国际上展览业的产业带动系数大约为1∶9(许多发达国家已经达到1∶10)。1∶9,即展览场馆的收入如果是1,相关的社会收入为9。虽然我国会展业起步较晚,但国内这一比例目前也达到了1∶6。会展经济不仅是一个带动旅游、商业、物流、通信、餐饮、住宿等多方受益的产业,而且能够发展成为带动区域产业聚集的"动力引擎",提升区域产业的品牌价值。

(三) 创造就业机会

作为一种新兴的第三产业,由于其具有很强的行业相关性,会展业可以为社会提供大量的就业机会。从会展行业自身需要的策划、设计、建造、服务人员,直至接待大量国内外客商所需要的酒店、交通、翻译等从业人员。

据英联邦展览业联合会计算得知,每增加1000平方米的展览面积,就可以创造100个就业机会。在我国,专家预计会展业的带动效应相对弱一些,但无论如何,对于人口密集的中国大城市而言,会展经济的发展无疑为增加城市就业提供了一条有效的渠道。

大力发展会展业,也有利于提高举办地的知名度。像瑞士的日内瓦、德国的汉诺威、慕尼黑、美国的芝加哥、法国的巴黎、英国的伦敦,以及新加坡、中国香港等都是著名的"展览城"。会展业的兴盛不仅为这些城市带来了巨额利润,也带来了城市的繁荣,提高了这些城市在国际上的地位。

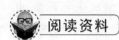
阅读资料

成都:会展经济成撬动城市发展"新杠杆"

2017年9月15日,第二届中国西部国际博览会进出口商品展暨中国西部(四川)国际投资大会在成都府新区中国西部国际博览城举行,此次展会签约112个项目,协议总金额达到1988.65亿元。越来越多的大型展会在成都召开,这让这座城市深刻地感受到会展经济的脉动。成都作为活动举办地,积极宣传成都的投资环境和投资机遇,项目推介、项目洽谈、项目签约以及营商环境说明、投资机遇推介等一系列活动密集开启。

1. 机遇当前 助推开放型经济建设

本届活动,75个国家和地区参展参会,其中有36个"一带一路"沿线国家和地区。"国际资源注入成都会展业,将这一经济发展平台的国际吸引力不断放大,以'国际'为名,会展业极强的联动性也愈发成为成都对外交往的重要平台。"市博览局主要负责人如是说。"紧抓发展机遇,大型国际会议、展览活动的举办能够迅速提升城市经济实力,增强经贸合作与交流,促进城市经济、科技、文化的发展,能够向来自世界各地的与会人员展示城市的精神风貌,扩大城市影响,提高城市在国际上的知名度和美誉度,也将助力开放型经济建设。"该主要负责人进一步强调。城市知名度和美誉度的提高反过来又会吸引投资、促进旅游发展,从而推动城市经济的发展,提高城市的综合竞争力。因此,会展业不仅成为城市经济发展的催化剂,而且成为衡量一个城市开放度、城市活力和发展潜力的重要标志之一,是打造国际化都市的"必备软件"。

2. 筑巢引凤 吸引会展成都成"强磁石"

对于正在建设全面体现新发展理念的国家中心城市的成都而言,会展业已经不仅仅局限于其1∶9的经济带动效应,而是已经演变为一种强大的渗透力,渗透到这座城市的经济社会发展进程,在一定程度上影响了民生面貌和产业格局,使这个城市持续发展和造富能力被无限激发。

全面开放的成都,上演了一出又一出"会展好戏":今年成都先后举办联合国世界旅游组织第22届全体大会、2017中国•成都全球创新创业交易会、第96届全国糖酒商品交易会等重大会展活动459个,同比增长6%,其中国际性会展活动96个,同比增长5.5%;展览面积290万平方米,同比增长8.7%;会展业总收入717.7亿元,同比增长12.4%,其中直接收入69.5亿元,同比增长13.4%,拉动收入648.2亿元,同比增长12.3%;参展参会参节人数7546.7万人次,同比增长5.8%,带动临时性就业岗位(按年均工作日折算长期岗位)3673个,同比增长12.2%;促成各类商品成交1647亿元,同比增长6.5%。"一系列数字,既是成都会展招大引强的直接展示,更是成都'全域开放'的最佳印证。"市博览局主要负责人表示,成都会展业通过多形态、多元化、多领域的会展活动,有力增强了成都"五中心一枢纽"支撑功能,全市会展部门以"品牌国际化、服务国际化、环境国际化、企业国际化、营销国际化"为核心,力争大幅增加国际会展活动数量,大力提升重大会展活动举办水平和全链条国际化服务水平,加强国际交流合作,打造具有国际竞争力的会展经济,构建对外开放和产业发展的最佳平台。

"取得的投资促进成果是企业和市场对成都优质卓越的投资和营商环境的认可,也为加快建设全面体现新发展理念的国家中心城市的成都提供了坚强的产业支撑。"市博览局主要负责人表示,会展业正在越来越深刻地影响着城市发展,促使经贸交流持续升温,会展经济也已演变为撬动城市发展的"新杠杆"。

(资料来源:中国经济网.http://www.ce.cn/2017)

二、中国会展行业发展特点

(一) 会展业成为构建现代市场体系和开放型经济体系的重要平台

近年来,我国展览业快速发展,已经成为构建现代市场体系和开放型经济体系的重要平台,在我国经济社会发展中的作用日益凸显。2015年国务院印发《关于进一步促进展览业改革发展的若干意见》(国发〔2015〕15号),这是国务院首次全面系统地提出展览业发展的战略目标和主要任务。

会展业的发展对所在产业和地区经济、社会发展有较强的推动作用。会展业不仅可以有效促消费、扩内需,还有利于促进城市服务水平以及基础设施建设水平的提升,提高一个城市的管理水平、文明程度和知名度、美誉度。同时,会展业有助于实体产业技术的更新和结构的提升。随着经济全球化水平的不断提升,会展行业在促进贸易往来、技术交流、信息沟通、经济合作及增加就业等方面发挥着日益重要的作用。

(二)会展产业已成为国内一线城市重要支柱产业

会展业作为投资与贸易的重要平台,不仅能够有效推动产业和消费增长,而且作为现代高端服务业的重要组成部分,对举办城市的住宿餐饮、交通物流、广告传播以及旅游购物等行业均具有明显的拉动效应。目前,越来越多的城市开始重视展览业的发展,为展览业稳定发展注入了更多的增长动力。

会展业对于促进供给侧结构性改革有着非常大的引领作用。展览会为生产者和消费者打造了一个平台,对于生产有较强的引领和带动作用,为社会经济的发展注入新的活力,从而为展览业的持续增长带来新的机遇。国内一线城市如北京、上海、广州、深圳等均出台文件,促进会展业的改革发展。会展产业已成为国内一线城市重要支柱产业。

(三)会展业规模持续增长,会展经济产值不断扩大

2011—2016年,我国举办各类展览数量从6830场上升到10 519场。展览面积从8120万平方米上升到13 264万平方米。单位项目规模扩大,展览行业效益向好。随着会展业办展数量和办展面积的快速增长,相应会展经济产值也实现大幅增长。2011年会展经济直接产值为3016亿元,到2016年增加到5612亿元,预计2018年我国会展业直接产值突破6000亿元。

(四)会展业由数量扩张型向质量提升型内涵转变

我国会展业除了总体保持增长趋势之外,单个展会展出规模扩大,规模经济效应明显增强。会展业发展方式发生质的飞跃,由数量扩张型向质量提升型发展转变。据不完全统计,2019年,中国境内共举办经贸类展览3547个,同比下降6.5%;展览总面积为13 048万平方米,同比增长0.8%。展览经济的产业结构发生重大变化,重工业展览数量超过服务业展览,跃升至第二位,展览面积实现快速增长。5万平方米以上大型规模展览合计占所有规模展览的57.6%,中国展览行业正逐步向规模化和集中化办展方向转变。

(五)组展单位趋向市场化,行业集中度相对较低

从会展组展单位性质来看,国内组展单位可划分为党政机关、行业协会、外资企业和国内企业四大类型。国内企业和行业协会型组展单位数量不断增长,而党政机关和外资企业型的组展单位数量增长较小或有所下降。国内会展市场集中度相对较低,大部分组展企业规模实力相对较弱,举办的会展数量及会展面积有限。

三、中国会展与国际水平存在的差距

中国会展业起步较晚,作为一个新的经济产业,中国会展业从小到大,行业经济效益逐步攀升,成为国民经济新的增长点。近十年来,中国通过展览实现外贸出口成交额达340多

亿美元，内贸交易达120多亿元人民币，创造了良好的经济和社会效益。在发展的同时，仍与国际会展强国存在着一定差距，这也是我们要面对和注重的。

（一）我国的会展业存在着严重的不足

主要是展会规模小，重复办展严重，缺乏明确的主题和定位，具有影响力的会展品牌少，管理无序，服务质量差，展览业市场化水平不高，缺乏营销观念，具有综合实力的展览公司少，会展市场巨大的潜力还有待挖掘。

（二）形成独立产业为时尚早

尽管近些年来我国会展行业发展迅速，受到各方面的高度重视，但行业在国民经济中的比重不大，产业化程度很低，尚不足以构成一个国民经济的独立产业。国际上即使一些会展行业比较发达的国家，也大多没有将会展作为国民经济的重要产业对待。

（三）会展市场开放与否对整个市场的开放影响程度有限

中国会展市场已经进行了一些对外开放的尝试，上海浦东的展览场馆建设引进了外资参与，中国内地与香港特别行政区签署的更紧密经济合作安排中，明确规定允许香港公司以独资形式在内地提供会展服务，拉开了内地会展市场开放的序幕。

四、中国会展的发展趋势

我国会展业要发展壮大必须实现产业化经营，使之成为一个真正意义上的产业。提高我国会展业国际竞争力必须实现专业化、规模化和国际化经营，必须具有专业化运作主体、市场化运作方式和专业化运作手段，开放是会展业发展和提高竞争力的必由之路。

（一）会展业呼吁开放的理由

从会展业目前发展的现状来看，我们专业化运作队伍尚处于形成过程之中，队伍很不稳定，专业化程度不高；会展运作主体的专业化运作水平参差不齐，多数会议和展览的运作主体属于临时机构，如商会协会秘书处，没有实行企业化运作。还有一些会展运作主体虽然采取企业法人形式，但其经营管理模式远没有脱离家族或行会的性质，离现代企业制度相去甚远，中国会展还缺乏具有国际影响的跨国龙头企业；市场化运作的体制还没有形成，市场竞争机制还有待于完善，市场行为还不够规范，政府、市场、企业三者之间的关系还没有理顺，规范市场的法制建设还有相当长一段路要走；与会展产业发达国家和地区相比，我们专业化运作的技巧和水平都存在很大的差距。

（二）会展业开放的意义

开放有利于国际竞争力的培育，开放有利于促进积极意义上的保护。开放国内会展市场，引进国际竞争、国际会展运作主体、运作机制和运作技巧，有利于中国会展整体水平的提高和市场体制的建设，加快市场化、产业化、国际化进程，促进中国会展经济的发展。会展市场开放，对中国会展行业发展带来的好处不言而喻，将会促进整个行业的发展和规范，进而促进中国会展业竞争力的提高。

（三）会展开放营销的方法

国内市场开放，国际会展旅游企业和会展品牌进来，势必导致会展市场竞争加剧，进而对我国会展业的发展产生重大影响。境内会展旅游企业不得不在家门口迎接挑战，关键在于把握机遇,选择制订正确的发展战略,采取恰当的合作方式,找准自己的市场定位,把自己的事情做好。

1. 合作方式

从合作方式选择方面来看,与境外会展合作,无非可以采取请进来、走出去,把国外品牌引进来,走出去参加国际品牌展览和会议;合作经营品牌会议或展览,或建设、经营会展基础设施,或提供会展服务;互为代理,在自己享有影响的地区为对方品牌会展招商。

2. 进入方式

在进入方式上,可以采取"绿茵投资"方式,新增投资设立全新企业,包括外商独资企业、中外合资企业和合资经营企业;可以通过兼并与收购,形成新的会展品牌,或强化原有的品牌;可以加强品牌合作,实现强强联合,扩大品牌影响;后两种合作可以组建股份制企业,也可以通过合同明确合作各方的权限、责任和利益,实行合作经营。

3. 企业合作

从企业层面上来看,根据当代国际经济竞争的规律,竞争并不排斥合作,竞争当中有合作,合作之中有竞争已经成为不争的事实,制造业对外开放已经证实了这一点。我们的会展旅游企业现在应尽快找准自己的市场定位,积极营造和形成自己的核心竞争力,在残酷的国际竞争中生存下来、发展自己,任何市场都是多层面的,展览市场也不例外。各类企业同样具有自己的相对竞争优势,具有较强国际竞争优势的强势企业或品牌,可以加强与国际企业和品牌的合作,在合作中扩大自己的品牌效应,形成自己独家优势;具有一般竞争优势的企业和品牌,也可以在合作中学习人家的经验,积累优势,待机而发,形成自己的独家品牌,或形成新的、更高层次的竞争局面;不具备竞争优势,或具有很小竞争优势的弱势企业,也可以在竞争中找到自己的定位,通过与强势企业和国际企业的合作,将自己纳入国际展览体系,承担国际会展某些层面或某些环节的工作,不断积累经验,蓄养后发优势。

第二节 会展旅游营销组合策略

会展旅游业作为绿色产业和朝阳产业,具有极强的产业带动效应。会展旅游经济通过其强大的带动效应,促进城市多种相关产业的发展。会展旅游经济不仅可以培育新兴产业群,还给交通、商业、餐饮、广告、金融等带来巨大商机,并牵动第一、二产业发展。营销定位与成本控制直接关系到会展的收益,以及会展的长期效应。在经营会展项目的时候,营销是大家普遍关注的问题。

一、营销组合要素

会展营销组合是会展旅游企业依据其营销战略对营销过程中与会展有关的各个要素变量进行优化配置和系统化管理的活动。营销组合要素主要包括以下 7 个方面。

(一) 产品(Product)

会展旅游产品是指会展旅游企业向会展参加者提供的用以满足其需求的会展旅游活动及全部服务。要打造成一流的会展旅游产品,必须考虑提升服务范围、服务质量和服务水准,同时还应注意品牌、保证及售后服务等。会展旅游企业的营销应该注重针对不同行业的特点,实行差异化策略。根据不同行业和企业的市场战略、不同产品的目标消费者和目标市场以及本企业所具备的资源、技术、设施、人员的具体情况制定各自不同的产品和服务差异化策略。

（二）定价（Price）

与有形产品相比,会展旅游服务特征对于服务定价可能具有更重要的影响。由于会展旅游服务的不可贮存性,对于其服务产品的需求波动较大的企业来说,当需求处于低谷时,会展旅游企业往往需要通过使用优惠价或降价的方式,以充分利用剩余的生产能力,因而边际定价策略在包括会展旅游企业在内的服务企业中得到了普遍的应用。例如航空业中就经常采用这种定价策略。就基本的定价策略而言,会展服务产品的定价也可以采用需求导向定价、竞争导向定价和成本导向定价。会展旅游企业除了要考虑在需求波动的不同时期采用不同的价格外,还需要考虑是否应该在不同的地理细分市场采用不同的价格策略。一般来说,在全球市场中执行统一的服务价格策略是不现实的。即使同样的服务项目和服务内容,为客户创造的服务价值相同,所支付的费用相同,但在不同的国家,收费可能需要做出巨大的调整。价格方面要考虑的因素包括价格水平、折扣、折让、佣金、付款方式和信用。在区别一项会展服务和另一项会展服务时,价格是一种识别方式。价格与质量间的相互关系,即性能价格比,在许多会展服务价格的细部组合中,是重要的考虑对象。

（三）渠道（Place）

提供会展服务者的所在地以及其地缘的可达性在会展营销中都是重要因素。地缘的可达性不仅是指实物上的,还包括传导和接触的其他方式。所以销售渠道的形式（直销与分销）以及会展服务涵盖的地区范围都与会展服务的可达性的问题有密切关系。针对目标市场对会展服务的特殊需求和偏好,会展旅游企业往往需要采用不同的渠道策略。当会展产品的消费者相对集中、量大且购买频率低时,会展旅游企业往往采取直销策略,因为消费者要图谋供求关系的相对稳定,取得更加优惠的条件;反之,就采取分销策略。

（四）促销（Promotion）

促销包括广告促销、人员促销,销售促进和公共关系等市场沟通方式。针对目前会展市场对会展服务的特殊需求和偏好,会展旅游企业应采取不同的促销组合策略。以上四项是传统的"组合"要素,但会展营销组合要素还要增添更多的要素,如人、有形展示和过程。

（五）人（People）

顾客满意和顾客忠诚取决于会展旅游企业为顾客创造的价值,而会展旅游企业为顾客创造的价值能否让顾客满意,又取决于员工的满意和忠诚。由于会展旅游服务的不可分离性,服务的生产与消费过程往往是紧密交织在一起的,会展旅游人员与顾客间在会展产品或服务的生产和递送过程中的互动关系,直接影响着顾客对会展服务过程质量的感知。因此,会展旅游企业的人员管理应是会展旅游营销的一个基本工具。

会展旅游企业人员管理的关键是不断改善内部服务,提高企业的内部服务质量。企业内部服务即会展旅游企业对内部员工的服务质量,包括一是外在服务质量,即有形的服务质量,如工资收入水平;二是内在服务质量。但员工对企业的满意度主要还是来自于员工对企业内在服务质量的满意度,它不仅包括员工对工作本身的态度,还包括他们对企业内部各个不同部门和同事之间合作的感受。

(六) 有形展示(Physical evidence)

一般的实体产品往往通过其产品本身来实现有形展示,但会展旅游产品不同,由于其产品无形,不能实现自我展示,它必须借助一系列有形要素如品牌载体、实体环境、员工形象等才能向客户传递相关信息,顾客才能据此对会展旅游产品的效用和质量做出评价和判断。

(七) 过程(Process)

会展旅游服务的产生和交付顾客的过程是会展旅游营销组合中的一个主要因素,会展旅游企业提供的所有活动都是服务实现过程。加强会展旅游服务过程控制是提高会展旅游服务质量,实现顾客满意的重要保障。因此,规范服务流程、完善服务过程、强化监督制约机制具有十分重要的意义。

二、营销策略

(一) 市场调查和定位策略

对于举办一个成功的会展,市场调查是必不可少的,在确定会展项目以前,必须进行深入的市场调查。调研主要针对有参展需求的参展商,还有要了解这些展会信息的人群,寻求买与卖的结合,并着眼于未满足且竞争对手较弱的市场。市场调查还要掌握地区经济、地理方面的优势,使之充分为会展服务。在掌握了市场信息的基础上,确定会展的定位,是走综合性的会展道路还是走专业性的会展道路。

综合性的会展是指将各个产业、行业与内外贸结合的交易会、博览会或大型国际会议;专业性会展是指以某一个产业或者行业为依托举办的交易会、博览会或大型会议。前者以"广交会"为例,其宣传口号为"来到'广交会'就可以找到中国大多数的出口商品",后者以"高交会"和宁波"中国国际男装展"为例,一个是高新技术产品的展会,而另一个的细分更加明确。

(二) 打造会展品牌

中国会展旅游业缺乏品牌意识,会展旅游企业鱼龙混杂,竞争无序性带来整个行业的效率低下与恶性循环,行业缺乏品牌企业和品牌会展,缺少领头羊。以上海为例,国际性会展每年高达800多场,曾经出现暑假期间,面向儿童推出三个卡通展的情况,展期接近,题材重复,各展会规模上不去,效益也打了折扣。参展商面对众多的招展函不知所措,不知道该信赖谁家。

在国外,多年的市场竞争已经实现了优胜劣汰,打造出不少品牌会展,如汉诺威工业博览会、科隆国际博览会、法兰克福国际博览会,等等,许多出色的品牌展览公司都有自己独家的领域,例如,美国的夏洛特展览公司专门举办针对妇女、家庭用品和草坪、农场用品的展会;Weathersfield展览公司主要从事鲜花、礼品和户外体育活动用品展。

(三) 注重服务营销

服务是会展旅游业的生命和根本所在,没有一流的服务就不可能有一流的会展,因此,从立项、招展、办展到会展结束,都必须贯穿良好的服务意识。

要做好展前的信息发布,帮助参展商做好展馆展台的布置工作和展场企业的广告宣传,设置展场的各类咨询服务。有的会展中参展商遇到了金融、法律、会计等方面的问题不知该如何解决,影响了参展效果。举办各种洽谈会、主题研讨会,交流信息,创造商机,"广交会"设立跨国定点采购专区的做法很值得借鉴。设立海关、商检的绿色通道,为参展商提供便利;提供运输、保险、翻译等各方面的服务。

最重要的然而也往往容易被忽略的一点是,会展结束后的后续服务问题,这需要我们建立参展商、观展商的资料库,保持会后的联络,了解他们的意见和建议,便于日后改进工作,现在要做到这一点对于我国一些会展经营者来说,有一定的难度,但对于有品牌意识和长远发展打算的公司来说是非常重要的。

(四) 制定网络营销策略

电子商务已经发展到相对成熟的阶段,网上展览也已经为众多的展会所采用。会展本身具有集中性和实物性,但这也决定了其时空的有限性,即它是在某段时间在某地集中举行。但是开辟网上会展则可以突破这些限制,除了在会展举办期间作为主场的有利补充之外,它还可以提供全天候、跨地域、跨国的会展环境,为各国贸易商提供一个丰富、开放、全息的信息交流场所。在网上会展中,只要输入自己想要的产品信息,就会有众多相关供应商的资料提供给你。当然,这也需要展会经营者从观念到技术都不断更新,并保证网上会展的时效性。

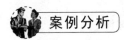 案例分析

"互联网+"会展促进传统会展业新发展

随着进入移动互联网经济时代之后,全球社会和经济经历着新的变革和发展,会展行业作为经济的连接体也同样处在传统与未来的转型重要时期。高质量信息、多维度的媒体呈现方式、社交社群化、简洁便捷的操作体验是这个时代对各行业提出新的标准,会展业的传统运营模式在这新时代的背景下就显得格格不入甚至是有些"反用户",传统会展营销的影响力和展商的参展意愿不断下降,观众参展热情度也在减弱。

促进消费是刺激经济增长的有效方式,互联网跨界式的爆发,将其跨地域、跨空间、跨行业、实时化、信息化、低成本、高效率的优势体现得淋漓尽致。这只由创新与资源整合打造出来的无形之手正在加速推动企业升级改革,正在转变行业间、业务间与生产间的构架。甚至创造出全新的经营模式,使原有的大批量生产点与市场上小批量的个性化需求快捷地对接,实现大规模柔性定制。同时,互联网显著拉近了生产者与消费者的距离,极大释放了市场的消费能力。

随着互联网的广泛运用,有效推动了制造业、影视业、流通业、旅游业、金融业、网络基础设施等产业的发展。互联网通过提供新的服务、开拓新的市场、形成新的经济组织方式,推动了传统经济的转型升级。在国家各项政策推动互联网发展的背景下,如何才能进入"新经济形态"成为各行业苦思冥想和激烈争夺的目标。掌上世博打造的国内第一个数字展会平台,通过线上的大数据与资源优势,将线下地理上分散的会展企业和组织连接在一起,从单纯的地理空间进入了线上互联网空间,通过线上+线下的深度融合,利用VR技术和ZR手法将现实与虚拟复合叠加。在这个新空间里,打破了地域、时间、空间、距离和成本限制,资

源流、信息流和资金流通过互联网充分交织,反哺到各个需求点,刺激再需求——再生产——再消费的循环互动,极大拓展了行业空间与商业空间,提高了信息化转化对接与交易效率。传统的邀请函,现场人工签到,展会现场标识混乱找不到展台等等现象,备展一个月,开展两三天这样的高成本投入确实让参展和观展各方感觉头疼。数字展会将应用最新的二维码签到、移动互联网 LBS、人脸识别方式给予筹办方和参展方的便捷管理和应用,同时也会应用 3D 技术、直播互动、VR、AR、MR 等再造展会现场(ZR)让用户全景感受展会氛围和认知展会品牌和企业,延伸会展展示销售经济效益。应用 H5 技术制作互动感强的宣传方案在展前、展中、展后进行精准化的推广,让用户与会展展览方、参展方在主动互动的同时加深熟悉,进一步提升用户对会展的黏性。

在互联网时代,价值的转型才是保证企业真正互联网化的关键,没有价值链支撑的商业模式,无法构建属于企业自身商业生态的转型是徒劳的。商业模式和生态的重构是当今企业获得竞争力的关键。纵观互联网从诞生至今,历经 PC 端到移动端的演变,其消费形态不再是单点实现,而是变为"场景化"的模式,线上+线下两个平面单线作战走向融合,商业的本质是价值实现,是为消费者的体验和价值服务。

(资料来源:搜狐网.http://www.sohu.com/2016)

【分析】

结合案例,分析互联网技术给会展旅游业带来了哪些机遇和挑战?

(五)会展营销要注意与旅游资源的联合开发

会展与旅游具有十分紧密的联系,会展参加者向来是旅游业的重要客源。

开发会展地旅游资源对会展的成功也举足轻重。汉诺威世博会旅游与票务处主任沃尔特·克罗姆贝奇先生在同上海旅业世博会考察团谈到汉诺威世博会的赤字原因时说:"汉诺威世博会一开始就只把精力集中在办展上,而没有考虑到如何同旅游结合起来,没有考虑如何吸引旅游者,没有把宣传促销和招揽旅游者放在一定的重要位置上,没有用大型的广告把周围景点结合起来向世界展示。"会展如何实现与旅游资源的结合,利用旅游资源促进会展成功举办是一个很值得思索和实践的问题。

案例分析

海南"会展+旅游"引领产业大发展

第八届中国国际会议产业周(2017 年 12 月 27 日)峰会公布了《2016 年中国会议指数报告》。该报告是通过调查、统计全国 6000 个流动会议数据,对全国会议目的地城市进行的精准排名,是一本极具专业性、权威性的业界教科书。其中,海南省是会展旅游业高速发展的典范。

2018 年以来,海南紧紧围绕"三年成形,五年成势"目标,全力推动会展业发展,会展业各项指标保持较快增长。今年前三季度会展业收入 119.1 亿元,同比增长 13.8%;实现税收 7483.91 万元,增长 157.4%。海南会展业,也呈现出办会数量多、市场主体成长快、会展品牌影响力逐步提升、会展与旅游结合愈发紧密等特点,会展经济已成为带动区域经济发展和旅游产业发展的新增长点。海南省会展局副局长李学锋表示,博鳌亚洲论坛是中国会展的金字招牌,也是海南的金字招牌。此外,海南省还成功地举办过澜湄国家领导人会晤、中非国际论坛等国际型的会议。海南省接下来将积极融入国际会展营销网络,对接国际一流的协会和企业资源,力图引进高端会议。按照"以会促展、以展促旅"原则,海南的各项会展活动越来越注重内容的创新,如2017年海南世界休闲旅游博览会、三亚目的地婚礼博览会、2017年海南国际咖啡大会等。随着海南酒店等基础设施的不断完善,海南的会展也从开始三亚、海口、博鳌逐渐向澄迈、陵水等地扩展,形成全岛开花的态势。

海南省会展局副局长李学锋还表示,政府搭台,企业唱戏,海南丰富的旅游资源和灵活多样、可根据需求进行排列组合的旅游产品也为海南的"会展+旅游"增添了强大的竞争力。

(资料来源:搜狐网.http://www.sohu.com/2018)

【分析】

结合案例,分析海南会展旅游业的发展模式给我们带来了哪些启示?

三、会展营销的一般手段和误区

(一) 会展一般营销手段

根据目前中国会展业的状况,如果组展机构对某个展览会的销售额不满意,一般会首先想到以下措施。

(1) 扩大有针对性的宣传。加大广告宣传力度,使更多的参展商对展览会产生兴趣,以扩大潜在市场的规模。

(2) 降低参展报价。通过严格控制成本和开展规模经营,降低展览会的报价,以增加有效市场购买者的数量。

(二) 会展营销的误区

会展为了吸引客户和盈利,会采用一些会展营销的手段,这些手段造成的后果是影响会展营销的良性发展的不利因素。

1. 增加广告

广告并不是多多益善,广告越多带来的费用预算也会增加,广告发布的渠道要根据不同行业的特殊情况区别对待,有的可以吸引学术界的关注,有的可以靠强大的行业协会推荐,有的则要靠政府的相关部门支持,把力度放在行业最具权威的机构上,必能起到更好的效果。

2. 改动展览会价格

严格控制成本和选择适当的经营模式是每个公司在每个时期都应注意的事情,但为了吸引更多的潜在客户而利用各种可能的方式降低展览会报价并不可取。

价格是应该在做好市场预测之后就已经决定的,决不能因为没有完成销售额而降低价格,这样会使主办者丧失信誉。合理的成本节约是有限度的,也应是一贯的,一味地追求低成本必将引起行业内价格战的恶性循环。价格的决定必须慎重,必须建立在详细的、真实的、审慎的市场分析基础之上,一经决定,应不再更改,否则,带来的后患将不仅是公司本身的,也将影响整个行业利益。

3. 降低参展商资格

降低参展商资格的方法在任何时候都断不可取,虽然这种方法可能会吸引到一些原不符合参展资格的客户,但会令绝大多数参展商有上当受骗的感觉,失掉的是更多的客户,影响展会的信誉。制订更有竞争力的营销组合方案是解决问题的最好方式,而且每个企业各有优势,利用优势横向或纵向强强联合,降低成本,改善服务,提高市场份额,才是解决会展营销的最有效的方式。

第三节 定位与控制

会展旅游业作为绿色产业和朝阳产业,具有极强的产业带动效应。会展经济通过其强大的带动效应,促进城市多种相关产业的发展。会展旅游经济不仅可以培育新兴产业群,还给交通、商业、餐饮、广告、金融等带来巨大商机,并牵动第一、二产业发展。营销定位与成本控制直接关系到会展的收益,以及会展的长期效应。

一、营销策略定位

社会经济产业一般分为竞争性产业、新兴产业、成熟产业和衰退产业四种典型的产业类型。会展旅游题材所在产业的环境对会展营销有着重大的影响,处于不同产业环境里的会展应该选择不同的营销策略。

(一) 典型的产业类型

1. 竞争性产业

竞争性产业是指中小企业数目众多并成为主体的行业。在这些竞争性产业中,没有任何一家或几家企业占有较大的市场份额,也没有任何一家企业能对整个产业的发展具有重大影响,行业里不存在具有左右整个产业活动能力的领袖型企业或垄断型企业。竞争性产业是一种很常见的产业结构形态,它存在于很多产业领域中,如目前国内的农产品行业、家具制造业和家用纺织品行业等。

2. 新兴产业

新兴产业是随着科学的进步和技术的创新不断涌现出来的,如信息技术、自动化控制、光纤通信、遗传工程、海洋技术等。新兴产业是一个相对的概念,并且还有地域性特点。一个产业初创时是新兴产业,但经过几年或数十年的发展以后,它就逐渐变成了成熟的老产业了,曾经的朝阳产业就变成了夕阳产业;同一个产业在此地为夕阳产业,而在另一个地方则为朝阳产业。

3. 成熟产业

成熟产业是指从高速增长的新兴产业逐步过渡到平稳增长并处于鼎盛发展时期的产业。在一国经济运行中,新兴产业总是少数,更多的是成熟产业或者是正在走向成熟的产业。在成熟产业里举办会展,办展机构必须根据其产业环境的变化及产业的特点来制定会展的营销策略。

4. 衰退产业

衰退产业是指在一段时间范围内产品的销售量或销售额持续绝对下降的产业。一般而言,在衰退产业里举办会展尽管是一个不明智的选择,但是,产业走向衰退都是渐进的,并非一个产业一夜之间就从朝阳产业变成了夕阳产业。何况很多会展旅游在举办之初其所依赖的产业本是新兴产业或成熟产业,但经过一段时间的发展后,该产业逐步变成了衰退产业。所以,在衰退产业里举办会展在现实中是经常存在的,我们不能熟视无睹,必须正视。

(二)四种典型的产业环境中的会展营销策略

根据不同产业环境的特点,需要对展会营销策略有不同的定位和控制,表 7-1 中列出了四种典型的产业环境中会展营销策略的比较。

表 7-1 四种典型的产业环境中的会展营销策略比较

	竞争性产业中的会展	新兴产业中的会展	成熟产业中的会展	衰退产业中的会展
产业特点	1. 市场准入门槛较低 2. 市场需求多样化 3. 缺少领袖型企业 4. 规模效益不明显	1. 市场发展潜力大 2. 成本下降快且附加值高 3. 新企业多且发展快 4. 目标顾客模糊	1. 产业增长趋缓,利润下降 2. 市场竞争日趋激烈 3. 竞争方式多种多样 4. 巩固老客户比吸引新客户更重要 5. 产业创新趋缓,产能过剩	1. 产品的市场销量绝对下降 2. 产品种类逐年萎缩 3. 企业的广告投入和研究开发费用逐步减少
营销策略	1. 与他人联合营销 2. 规范办展程序和服务标准 3. 广泛推行招展和招商代理制 4. 整合区域性会展 5. 集中与分散营销相结合	1. 推行关系营销 2. 注重个性化服务营销 3. 注意会展定位和主题选择 4. 加强整合营销传播	1. 广泛运用营销组合策略 2. 用足用好用活价格和服务策略 3. 重视客户关系管理 4. 关注龙头型企业	1. 打造行业唯一会展品牌策略 2. 打造局部会展品牌策略 3. 收割剩余策略 4. 全面撤出策略

二、培育品牌展会的定位与策略

(一)制定品牌战略

要培育品牌展会,首要的一点就是要经营者与管理者树立牢固的品牌观念,认识到品牌现代化的发展才是中国会展业持续健康发展的唯一途径,并从场馆的设计、主题的选择、展会的规划、展会的组织与管理等具体方面来实施会展业的品牌化发展。

(二)提升品牌质量

主要从展会的硬件和软件两个方面入手。会展的硬件设施是影响品牌质量的一个重要因素,国际上著名的品牌展览会中所使用的设备也往往是最先进的。因此,要实现展会品牌质的飞跃则要求会展公司加大投入,不失时机地更新展会的硬件设备。

会展的软件服务方面,会展旅游企业要加大专业人才的引进力度,积极加入国际性的会展组织,通过这些途径实现展会服务与国际接轨。

(三)拓展品牌空间

会展品牌的拓展空间具有三维性,即时间、空间和价值。

1. 时间

品牌的影响力随着时间的延续而不断发散和扩张。一般来说展会延续时间越长则参展商与参观商之间的交流就越充分,展会的效果就越显著。国外的展会延续时间大约有十天左右,而我国的展会往往只延续三五天时间,对于会展品牌的拓展远远不够。

2. 空间

空间是指品牌在地域上的扩张。德国汉诺威展览公司就通过在上海举办的汉诺威办公自动化展(CEBLL),成功地迈出了世界性扩张的第一步。

3. 价值

价值是指品牌作为会展旅游企业的无形资产,其经济价值的含量是可以增加的,品牌价值的提升实际上也是为会展业品牌在时间上和空间上的拓展创造条件。

(四)打造网络品牌

如今,网络已日益成为人们生活中的第二空间,我国会展业应该充分利用网络的信息资源优势,在现实世界之外打造出知名的中国会展网络品牌。网络品牌的建立主要从企业网络形象塑造、网络展会的建设以及开展网络营销等方面进行。借助网络优势开发出形象生动、交互性能良好、功能强大的网络展会平台。

网络品牌的缔造同样离不开对品牌的宣传和推广,在网络世界,品牌的推广可以通过几种渠道实现。比如,将网络资源登录到国内外知名的搜索引擎上,便于人们建立相关的链接,对于专业性比较强的行业来说,该方式可能是较为有效的;与网民展开互动型的公关活动,同样可以达到网络品牌推广的目的。

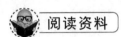

杭州为何能打造新经济会议目的地

在国际大会与会议协会(ICCA)2018年发布的全球会议城市排名中,杭州跃居全球第97,亚太第21,中国大陆第3,仅次于北京和上海。这个成果的背后,折射着杭州MICE的新一轮升级。那么,杭州凭什么打造新经济会议目的地?8月27日下午,杭州市文化广电旅游局在京举行"杭州PLUS——杭州新经济会议目的地推介活动",全面解析杭州新经济会议目的地的"七大升级"做法。

1. 优势产业新融合

杭州是创新活力之城,数字经济、金融科技、生物医药、文化创意、新零售、新能源等优势产业发展迅速。杭州提出打造"数字经济第一城"的城市发展目标,阿里巴巴、网易、海康威视、大华科技等数字经济龙头企业集聚,推动5G商用,聚焦城市大脑,杭州已经成为新技术和新商业模式的试验田。

在金融科技方面,杭州是七大全球金融科技中心城市之一,被誉为"全球移动支付之城",蚂蚁金服位居金融科技全球百强榜排第一。杭州致力打造具全球影响力生物医药创新城市,全球七大医药巨头集聚,医药港小镇被视为新一轮技术革命中"皇冠上的珍珠"。

杭州是"新零售策源地",率先建成在全国"新零售示范城市",湖滨新零售示范街集聚新零售业态,推进线上线下融合发展。同时,杭州正绘制新能源金名片,新能源产业集群蓄能绿色产业发展,吉利新能源多线发展成中国样本。在文化创意方面,杭州已经在数字内容、影视、动漫游戏、创意设计、现代演艺五大文创产业引领全国,华策影视、咪咕数媒等一大批国际化的文创企业孕育而生。

产业优势对于吸引产业会议落户杭州具有强大的号召力和内在需求。杭州的优势产业吸引了一大批相关领域重量级会议花落杭州。云栖大会、2050大会、Money 20/20全球金融科技创新大会、淘宝造物节、中国国际动漫节、世界工业设计大会等都成为行业标志性的品牌会议,对带动产业发展和会议业创新起到重要拉动作用。

2. 学术研究新高地

杭州正在着力打造长三角南翼"人才特区"、辐射全省的科技孵化器、人才高地和公共服务平台,通过支持浙江大学、西湖大学、之江实验室、阿里达摩院等名校名院名所建设,强化重大创新平台对人才的吸附效应。比如,成功引入了西湖大学校长施一公,聘任哈佛大学教授乔治丘奇、诺贝尔奖获得者阿龙·切哈诺沃等国际知名生命科学家。之江实验室、西湖大学是浙江省委、省政府着力重点打造的两大国家级科技创新平台,在集聚人才、创新研究、体制机制创新和对产业支撑引领发挥了重要的作用,也为杭州学术会议的举办提供了扎根的土壤。

杭州蓬勃的学术氛围,充沛的行业人才,雄厚的科研实力,让杭州成了学术研究的新高地,推动了学术会议的发展。

3. 办会场地新突破

杭州国际博览中心已经成了国内第六代场馆的领头雁。杭州酒店集群又添余杭万丽酒店、龙湖皇冠假日酒店、临安万豪酒店、开元森泊度假乐园、运河希尔顿欢朋酒店、远洋凯宾斯基酒店、杭州康莱德、杭州博地中心丽筠酒店、安朴酒店等新生力量。

杭州国际博览中心空中花园、城隍阁、钱江世纪城公园、钱塘江运河游船等社交场地以其特色为会议带来更多的惊喜。

此外,杭州特色小镇也建立了诸多专业的会场设施,并且依托于一些产业高端会议的永久落地,成为办会场馆黑马。如云栖大会、2050大会的举办地云栖小镇国际会展中心,2019全国双创周主会场未来科技城学术交流中心等。

4. 专业服务新体验

经历过G20杭州峰会的洗礼,杭州的办会管理水平得到大幅提升,会奖企业为重大国际会议提供解决方案的能力大大增强,会奖从业人员的国际化、专业化水平提升显著。2017年,杭州继上海之后第二个推出《会议服务机构管理和服务规范》地方标准,并开展达标机构的评定工作,至今已评选出会议达标机构17家,今年在此基础上,还将评定杭州第一批会议服务示范机构。在这些专业会议服务机构的支持下,大家来杭办会的会务服务将更具保障。

5. 政府支持新举措

杭州政府一直非常重视会议与奖励旅游市场的开拓与发展,为大家竞标会议、来杭办会提供大力支持。

6. 会奖产品新玩法

杭州拥有西湖、中国大运河(杭州段)和良渚古城遗址3处世界文化遗产,是中国第三座拥有三项以上世界遗产的城市;拥有"金石篆刻""浙派古琴"等4项人类非物质文化遗产代表作;"最忆是杭州""宋城千古情"等文艺演出享誉海内外,还刚刚引进了太阳马戏在亚洲地区的唯一驻场演出项目。此外,在文旅融合、全域旅游的大背景下,被刻上"杭州"印记的会奖产品应运而生。

目前,杭州共有"品文化、享生活、乐休闲、拼团建、筑梦想"5大类150余个奖励旅游产品,篆刻、制扇、雕版印刷等一批成熟的非遗技艺被纳入奖励旅游产品体系中,成为商务团队能够参与的体验项目。

7. 便捷交通新台阶

杭州是中国长三角地区核心城市之一,便捷交通通达全球。论航空,杭州有萧山国际机场位居世界百强,是华东地区第三大的国际机场;论高铁,火车东站是亚洲最大的铁路枢纽之一。论市内交通,杭州入选第二批"国家公交都市建设示范城市",覆盖城市的地铁网络将于 2022 年形成。

正是这七大优势,塑造了杭州生机蓬勃、飞速创新的"国际会议目的地"城市形象。

(资料来源:杭州会议与奖励旅游官网。http://www.micehangzhou.com/2019)

第四节 新型营销运用

21 世纪是一个创新的时代,任何事物都要接受新观念、新技术的洗礼。营销观念的创新和新型营销手段的运用是未来会展业发展过程中要面对的重大课题。广告长期以来一直是企业获得直线利益收入、品牌知名度、企业名誉等最直接的投放手段。随着信息时代的到来,广告投放的媒体也从传统的平面媒体衍生至今日的网络媒体、手机媒体,凡是人们生活所遍及的地方,大到机场,小到便利店,商家新兴的广告渲染方式无处不在。广告新技术的灵活应用,让受众眼前一亮,面对这些别出心裁的产品广告,从前看见广告产生的抵触心理早已被信息高科技带给我们的高质量便利生活消费的惊喜所替代。

一、切实更新营销观念

任何改革都来自观念的创新。市场营销学从 20 世纪初发展到今天,营销理论方法和技术手段都发生了巨大的变革,与此同时,会展市场竞争也愈加激烈。因此,从政府主管部门或行业协会到每一个会展旅游企业,中国会展界必须树立新的营销观。具体而言,主要表现在以下三个方面。

(一)营销主体

以前业界一提到营销就认为只是办展企业的事情,而事实上会展营销的主体包括政府、会展旅游企业、参展商和与会者甚至还有媒体。令人欣慰的是,这种落后的观念正在迅速发生改变。例如,目前国内政府部门和会展界已经达成共识,会展城市也应作为一个产品来经营和推广。显而易见,办展城市也需加强与 ICCA(国际大会和会议协会)等会议和展览组织的联系。

(二)营销对象

由于营销主体和营销目的不一样,营销对象及工作重点也应随之变化。举一个非常典型的例子,以前大多数国内展览公司都认为营销的重点是参展商,而现在正逐步倾向于专业观众或者说买家,这种观念的更新既反映了中国展览经理人经营水平的提高,也映射出国内展览市场的日益成熟。随着中国会展经济的进一步发展,城市营销、品牌营销、一对一营销等新的理念在会展业中将得到更广泛的认同和应用。

(三)营销手段

从 1894 年的德国莱比锡博览会开始,现代会展业已经走过了 100 多个春秋,所使用的营销手段早已不限于传统的报纸杂志和广播电视,大量的新技术被应用到会展营销活动中来,使得营销竞争更加五彩纷呈。其中,最耀眼的当属网络技术的发展,互联网在会展活动中被广泛运用使得会展经营中的定制化营销成为可能。此外,其他一些新的营销手段也不断涌现出来,如直接邮寄、电话销售、的士广告、地铁广告等。近几年,随着展览会之间竞争的加剧,国内展览公司在进一步拓展招商、招展渠道的同时,开始加倍重视最新营销理念及手段的运用。

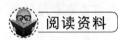

掌上世博

掌上世博成立于2014年12月,是官方全国唯一授权的"线上世博会"平台,2015年成功将米兰世博会同步举办在了平台上,半年展期内吸引了近750万人次浏览。

掌上世博2015年年底开始衍生开发了"双线会展"业务平台,主要服务功能是把线下的大型活动(会展、商业圈和商协会)以及大型场景(园区、景点、城镇)"再造"在互联网上举办、展示和宣传,开辟了"大型场景活动OAO"的双线发展模式,同时首创了在互联网上举办各种线下难以操作的"线上数字展会"模式,并成功地将"展会"和"广告"两个行业的优劣进行了互补融合,将"展会"演绎成了一种特殊的"广告"形式,将"广告"赋予了"展会"的体验,创新出了"广告式展会"模式。

平台目前已完成了PC端、移动端、APP、微博端和微信端全互联网覆盖,已取得了3项软件著作权和数字展览、双线会议展会等多项国家发明专利。官网被评选为"上海市优秀网站提名",浏览量已超过2380万人次(日均5000~10 000人次浏览);公众号被评为"上海市内容政务类TOP 10",拥有粉丝4.2万人(月均增加300人关注);微博号拥有粉丝近4.6万人;拥有线下签约资源互换宣传合作的会展主办公司近500家(月均增加200家签约),与其他行业或企业签订的战略合作协议大约50个,正在策划自主举办的大型线上展会3~5个。

掌上世博是目前国内第一个以"世博品牌"从事线上大场景"再造"和品牌推广服务的互联网服务平台。

平台发展目标:打造出中国第一个"数字展会"模式和供给云系统平台,进而建成中国第一个互联网上的"国际展览中心",同时发展成为中国中高端会展行业媒体平台,最终建设成为泛会展行业(B端)大数据应用和服务平台,并争取在未来一年内在全国首批发展100家招商加盟企业(掌上世博平台分中心)……

平台业务简介:掌上世博平台可衍生出很多服务,无论横向跨界还是纵向发展都空间无限,目前主要开发和聚焦以下六个市场方向。

1. 与各地政府招商局合作——"双线园区"模式

解决政府园区产业招商引资任务难题,洽谈线上园区专题招商展示和城市宣传的政府购买社会平台服务,创新互联网+政务应用服务。

2. 与政府会展办合作——"双线会展"模式

将政府主办的会展打造成"双线会展"模式,让线下展会永不落幕,方便人们足不出户,随时随地参展观展,扩大传统线下展会的效果和生命力,帮助各地政府实现互联网+会展创新,引领当地会展行业升级转型,构建"数字会展"新产业经济形态。

3. 与商会和协会等社团组织合作——"双线商协会"模式

创新商会和协会等社团组织的互联网应用与服务,借助第三方打造运营互联网＋商协会宣传平台和举办线上商协会企业专题展,创新商会和协会等社团组织对会员企业的服务内容和模式。

4. 与会展主办方合作——为其打造专属的线上展会

创新传统展会运营思路、扩展会展未来的发展空间,与会展主办方合作打造线下＋线上的双线会展模式,让主办方的"一场展会,两种举办",增加其线下展会的招商亮点和增值服务,助推线下展会做大做强,健康发展。

5. 与会议主办方合作——"双线会议展会"模式

将一场传统短暂的会议创新为"线上同时举办＋视频直播＋与会企业展览会"模式,给主办方、赞助方和与会嘉宾等参与各方双重惊喜,提升会议招商亮点和增值服务,创新传统会议活动的价值、服务和收益。

6. 举办独立的线上展会——"共享展会"模式

由于传统会展模式的场地地域、呈现方式的局限性和成本等原因,有些行业产业的展会或市场需求它并不能举办和满足,特别是当今互联网技术、VR/AR 技术和 3D 扫描技术的飞速发展应用,为"数字展会"模式的兴起和发展提供了无限的可能。

7. 个性化定制展会——"线上集团专题展会"

虽然说如果某个集团能够举办一场自己的大型展会专场,肯定高大上而且品牌宣传效应极佳！但是哪怕是个再大、再有实力的集团公司也很难或者说不值得这么做,因为操作复杂、成本太高并且难以招揽到观众。如今掌上世博推出的"线上集团专展"模式,可以方便且低成本地实现一些大型集团公司凸显"集团大家庭"形象的展示宣传需求,以展会的形式满足集团公司的独家冠名＋多元产业展示＋产品展销等多重广告需求。

总之,掌上世博的"双线会展"模式和服务功能在未来可能会或已经创新并改变了大家许多对传统会展的认知与期望,因此"双线会展"的内涵和未来趋势应该是以下几个方面。

(1)"会展"是指会议和展览两个行业的融合。

(2)"双线"包含三个方面的应用。

① 线下会展同步举办在线上。

② 直接举办线上独立展会(数字展会)。

③ 未来的一些中小型专业展会可能演变为:线上开展＋线下开会的运营模式。

(3)掌上世博平台发展成为"线上国际会展中心",数字场馆成为会展业第五代智慧场馆。

(4)"线上展会"模式有可能将会展和广告行业创新融合为一种新的"行业广告"模式。

(资料来源:北晚新视觉.https://www.takefoto.cn/2017)

二、争取相关组织支持

综观世界会展旅游业的发展历史,德国、美国、法国、新加坡等会展经济发达国家无一不积极争取国际专业组织的支持,有些国家本身就拥有全球性的行业协会。换句话说,大到一个国家或城市,小到一家会展旅游企业,拥有相关权威性组织的认可和支持是至关重要的,对于像世博会这样的全球性展览会尤其如此。

即使对于单个企业,所主办的会议或展览会若能得到国际性组织认可,对与会者和参展商及专业观众将具有更大的吸引力。从会展旅游营销的角度来讲,相关组织一般包括以下四种类型。

(一) 政府有关部门

从中国改革开放的经济发展过程来看,任何一项产业在发展初期都离不开政府的扶持,会展产业同样如此。会议或展览会主办者应该而且完全可以把政府当作一个重要的信息来源,通过政府有关部门获取国际专业买家信息,甚至将国际重要买家组织到展览会上来,或者协助在不同的国家或地区寻找销售代理商等。对国内展览公司来说,经常打交道的有外经贸系统、各级贸易促进委员会、文化和旅游局等。

(二) 各类驻外机构

从会展旅游企业可利用的资源角度看,这里的驻外机构主要指驻外使领馆、各种友好组织的国外联络处以及其他政府机构在国外设立的办事处等。例如,在举办国际旅游交易会时,承办单位(一般是各省、市文化和旅游局)就应该与国家文化和旅游部的驻外办事处合作,充分利用其熟悉当地社会经济情况的优势,选择适当的招展、招商渠道及手段。然而,从目前国内会展业的整体水平来看,会展旅游企业对驻外机构的这些优势开发得还远远不够。

(三) 行业协会或学会的海外组织

这里的行业组织主要包括以下两类。

(1) 国际性或区域性的专业协会,如国际大会和会议协会(ICCA)、国际博览联盟(UFI)、国际展览管理协会(IAEM)等。能够得到这些权威性组织的指导和推荐,无疑会有效提高国内会展旅游企业的美誉度,增强展览会的吸引力。

(2) 某一个行业的协会,如世界旅游组织(WTO)、中国纺织行业协会、中国汽车工业联合会、中国模具协会等,若能得到这些机构的认可,展会主办单位除了能够享受技术支持和行业资源优势外,还能够迅速增强展览会的可信度。

(四) 国际商业公司

对会展旅游企业尤其是会议或展览会的主办单位而言,这里的国际商业公司主要包括实力雄厚的管理咨询公司、公关公司、市场调查公司和营销咨询公司等。这些公司大都具备很强的获取市场信息的能力,并掌握有一批特定的客户资源,从而为会议或展览会营销甚至是整个城市的宣传推广提供强有力的支持。因此,国内会展旅游企业还应该熟悉国际惯例和法规,积极采取市场化的运作手段,充分发挥国际商业公司的作用。

三、积极开展联合促销

世界上许多国家的会议或展览业之所以能取得巨大成功,并在国际上享有盛誉,在很大程度上得益于整体促销活动的高效、有力。毕竟,开展联合促销既能塑造和推广地区会展业的整体形象,又可有效组织分散的资金、人力和物力,集中力量宣传本地区优良的办展(会)环境以及一批品牌会议或展览会。

(一) 与政府合作

在会议方面,可以通过精彩的策划达到共赢,争取由政府有关部门牵头,大力推进目的地整体营销。因为广阔的市场前景和良好的外部环境能够吸引更多的国际会议组织者和公司会议策划人,而这需要依靠精心策划的目的地营销活动完成。何况,一些国际性的会议一般较少固定在某个国家或城市召开,这必将使得国家与国家、城市与城市会议业之间的竞争越来越激烈。

(二)建立促销联合体

在展览方面,可借鉴法国专业展览会促进委员会(Promo Salons)的成功模式,本着平等自愿、投资多受益大的原则,成立全国范围内的促销联合体,使得面向全球开展联合促销成为可能。因为单个的展览公司,哪怕是实力雄厚的展览集团,都没有足够的实力在世界上几十个国家建立属于自己的办事机构网络,但是从属于不同展览公司的几十个展览会把各自的营销经费集中到一起,就能组成一个有效的国际促销网络。

(三)会展与旅游业合作

特别值得一提的是,国外在开展会展旅游活动尤其是全球性会议或世界博览会的整体促销时,会展部门和旅游业往往能精诚合作,而国内会展界(如行业协会和会展公司)在这方面做得还十分欠缺。可以尝试与旅游机构在联合促销方面进行一些大胆的尝试,因为,会展活动和旅游活动存在许多共性,这决定了城市在进行目的地整体促销时,会展部门完全可以和旅游部门协作。即使是会展旅游企业单独开展营销推广活动,也应将会议和展览会与城市及周边的旅游景点和旅游接待设施结合起来。

四、推进营销技术创新

(一)营销手段的创新

营销手段的创新是更新会展营销理念的重要内容之一。从营销主体的角度,可以将营销技术创新分为两类,即会展城市层面和会展旅游企业层面。

1. 会展城市层面

对于会展城市而言,行业主管机构可以与旅游、城建、媒体等部门联合,以积极建设目的地作为手段来加强各行业之间的协作,切实提高对大型会展活动的综合接待能力。

2. 会展旅游企业层面

对于行业协会或企业而言,可以建立先进的客户关系管理(CRM)系统,完善市场统计制度和客户数据库,对参展商或主要贸易观众开展一对一营销;利用互联网与参展商和专业观众进行互动式交流,以便及时改进产品和调整营销计划。

与营销技术创新相辅相成的是积极拓展营销渠道,后者既是直接销售展览会的有效补充,也是新的营销技术得以迅速推广的主要途径。在国内会展旅游企业的整体实力还比较弱的状况下,拓展营销渠道不失为一条发展的捷径。例如,出国展的传统目标市场和推广渠道是外贸进出口公司和贸促会系统(这主要是由我国过去的外贸体制和出展审批制所造成的),而这一情况在近几年发生了很大的变化。尽管渠道推广仍然占有举足轻重的地位,但现在大部分出国展组展单位都以直接的客户销售作为招展的主要手段。

(二) 无线营销

1. 基本概念

无线营销(wireless marketing)是一个既涉及无线通信,又与市场营销有关的跨领域交叉学科,虽然看似复杂高深和神秘,但我们可以从以下两个方面来了解和理解"无线营销"的概念。固定电话和移动电话是人们非常熟悉的两种常用的通信手段,它们的功能有一些不同,但最根本的区别在于固定电话是有线通信,而移动电话则是无线通信。从技术层面考虑,移动电话与固定电话的根本区别主要是接入方式的不同,而通信网络本身却没有本质上的不同。

"无线营销"也可以理解成是"网络营销"的一个技术性延伸,而"网络营销"已经是一个为大众所熟悉的领域,无论是利用因特网为平台的电子商务网站(B2B 或 B2C),还是通过电子邮件开展的邮件推广,或者是企业网站宣传,它们的理论基础都是市场营销。"无线营销"的第一个概念,即"无线营销"是"网络营销"的一个技术性延伸,但它们的基础都是市场营销。

2. "A 的立方(A^3)"的概念

正是由于"无线营销"对"网络营销"的"无线"延伸,从而带来了"无线营销"可以给市场营销创造"无限"应用的第二个概念,即所谓的"A 的立方(A^3)"的概念,具体而言就是"无线营销"使人们可以在任何时间(any time)、任何地点(any where)、做任何事情(any thing)。这也是未来"无线营销"将给人们的学习、生活和工作带来翻天覆地变化的关键之处。

"无线营销"是基于一定的网络平台实现的,这个网络平台既可以是移动通信网络,也可以是无线局域网络,而对应的接入手段或设备包括手机、个人数字助理、便携式电脑或其他专用接入设备等。

3. 4G 时代的"移动营销"

随着 4G 的普及,"无线营销"(移动营销)的定义有了新的诠释,"移动营销"更偏向于被理解为基于手机媒体的新的营销模式,互动性成为"移动营销"最突出的特点。

手机媒体化的趋势已经呼之欲出,被称作继互联网媒体之后的"第五媒体",那么利用手机媒体开展的营销活动都属于移动营销。"移动营销"在不同的地区有不同的侧重表现形式。中国作为移动用户最为庞大的国家和地区,手机用户习惯使用短信交流以及 4G 时代下的手机上网功能,同时会有更多形态被消费者使用,比如移动视频、移动邮件、移动多媒体等,这就为"移动营销"带来更多应用空间。

当公众越来越习惯这种快捷的随时随地获得信息的途径和方式时,势必会产生更多商业应用,比如定向传播的广告业务;又如大型手机网站的流量宣传;以及移动搜索引擎的开发和应用;当然还会有便利的移动支付等功用的开发等。未来的会展营销可以充分运用无线营销这一全新的互动形式,为参展商或专业观众发送展会的即时互动信息,收集反馈信息和进行客户跟踪。

(三) 电子邮件广告

1. 基本概念

电子邮件广告(E-mail Advertising)是指通过互联网将广告发到用户电子邮箱的网络广告形式,它针对性强,传播面广,信息量大,其形式类似于直邮广告。电子邮件广告可以直接发送,但有时也通过搭载发送的形式,比如通过用户订阅的电子刊物、新闻邮件和免费软件以及软件升级等其他资料一起附带发送。也有的网站使用注册会员制,收集忠实读者(网上浏览者)群,将客户广告连同网站提供的每日更新的信息一起,准确送到该网站注册会员的电子信箱中。这种形式的邮件广告容易被接受,具有直接的宣传效应。譬如当你向新浪网站申请一个免费信箱成功时,在你的信箱里,除了一封确认信外,还有一封,就是新浪自己的电子邮件广告。

随着电子邮件使用的越来越普及,电子邮件广告现在已成为使用最广的网络广告形式,越来越多的企业开始采用这种直接而方便的广告形式。

2. 电子邮件广告的特点

电子邮件广告具有针对性强、费用低廉的特点,且广告内容不受限制。其针对性强的特点,可以让企业针对具体某一用户或某一特定用户群发送特定的广告,为其他网上广告方式所不及。电子邮件是网民最经常使用的因特网工具,30%左右的网民每天上网浏览信息,有超过70%的网民每天使用电子邮件,企业管理人员尤其如此。

电子邮件广告分为直邮广告、邮件注脚广告。直邮广告一般采用文本格式或 HTML 格式。就是把一段广告性的文字或网页放在 E-mail 中,发送给用户,这是最常用的电子邮件广告形式。电子邮件广告可以作为未来新型营销策略中的一种推广形式,是互联网广告的一种延伸,也为定制化等个性服务提供了新的载体。

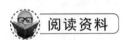

阅读资料

中国会展业大数据中心

中国会展业大数据中心于 2017 年 6 月 10 日在贵阳挂牌成立,并发布《中国智慧会展(贵阳)宣言》,以后每年发布的中国会展业大数据白皮书将以此为总纲。

2017 年 6 月 10 日,中国会展业大数据中心发布《中国智慧会展(贵阳)宣言》,召开中国会展业智慧会展 50 人峰会,与会代表就智慧会展建设、技术产品开发、会展大数据应用等进行深入研讨,会议选出了中国智慧会展 50 人联盟轮值主席。

作为我国目前唯一一个会展产业大数据中心,中国会展业大数据中心将致力于整合相关会展大数据资源,嫁接会展业大数据平台,在相关指导单位和落地城市的推动下,努力促进中国会展业大数据发展,进一步加快融入"一带一路"建设,着力与欧美国家会展行业开展交流合作,丰富会展内涵,扩大会展外延,推动中国会展业国际化、专业化和信息化、智慧化水平。

中国会展业大数据中心落户贵阳,是数博会后大数据产业与会展业融合发展的一项成果,是把中国会展业的各方面资源与中国国际大数据产业博览会相关资源结合起来的有效举措,与贵阳建设国家大数据综合试验区示范区相契合。

(资料来源:百度百科.https://baike.baidu.com)

复习思考题

1. 什么是会展旅游营销?
2. 会展旅游城市如何利用会展发展旅游业?
3. 简述会展与信息技术发展的关系。

4. 举例阐述会展旅游对城市宣传的影响。
5. 简述如何利用新技术开展会展旅游营销。

VR 如何融入中国会展行业

虚拟现实的概念来自英文 Virtual Reality，简称 VR 技术，又称灵境技术或人工环境。简单来说，虚拟现实技术就是人们利用计算机生成一个逼真的三维虚拟环境（virtual environment），提供使用者关于视觉、听觉、触觉等感官的模拟，让使用者如同身临其境一般，可以自由地观察虚拟空间内的事物，而且这种虚拟环境可以是客观存在的，也可以是理想中的环境。

2016 年可以说是 VR 产业元年，VR 成为当时最热门的前沿科技，暴风、小米、乐视等国内产商也涉猎其中，纷纷推出了自己的 VR 产品。VR 旅游、VR 体育、VR 房产等都在诠释着 VR 即将改变生活这一真谛，并带来新的商业契机。而在众多各类型的展会中，VR 技术的运用也为展会效果的呈现锦上添花，VR 技术正在作为一种艺术媒介被引进会展行业，并将对会展业产生深远的影响。由此可以判断，"VR＋会展"时代正在来临。下面就 VR 在展会上的一些具体应用进行分析。

1. VR 在农业展会方面的应用

随着农业自动化水平的不断提高，信息技术正在被不断纳入农业生产的过程中。虽然监测数据是抽象的，但通过 VR 技术，人们可以把数据还原成图像，直观地反映田里的情况。另外，通过 VR 技术，还能在虚拟的环境中为农业生产过程中可能存在的问题制定解决方案。例如，洪水、干旱、病虫害等问题，无须在自然环境里做实验，可以使用 VR 作为一种高效的危机预警和寻找解决方式的手段。

2017 年 9 月 21 日，第十五届中国国际农产品交易会在全国农业展览馆开幕，曾风靡一时的偷菜游戏出现在北京展团大厅的 VR 体验区里。市民可以在虚拟现实农场，体验真实的农场生活。戴着 VR 头盔"偷菜"的市民举起手柄，忘我地朝着一侧围观人群的方向，连连做出动作。通过 VR 技术，参观者瞬间好像来到农业生产第一线，跟着农夫一起去种植、采摘、包装、运输等。据工作人员介绍，VR 虚拟农场是把农产品影像生成一种多源信息融合、交互式的三维动态视景。在未来，消费者通过终端就可以看到产品产地的所有情况，并根据个人所需选择购买相应产品，产品从采摘到快递到家全程可控。在虚拟的世界中，体验者还可以看到农场的各种业态。

VR 真正在农业领域发挥作用，需要农业自动化水平的不断提高，需要农业产业化的继续推进。而 VR 作为一种人机交互的最新入口，只要条件具备，就会爆发出巨大的能量，为农业发展带来一系列的变化。

2. VR 在旅游展会方面的应用

2017 年西班牙马德里国际旅游展推出了最新高清 2K 屏 VR 一体机眼镜。通过中控系统，佩戴 VR 眼镜的外国嘉宾可以同步身临其境体验"大美青海""仙境鲁朗"等 VR 宣传片，瞬间飞越到传说中的东方古国，欣赏美丽中国的悠久历史和大美风光。在现场观展的外国记者也表示，感谢国家旅游局马德里办事处，为美丽中国搭建了如此出色的展示平台，让新媒体企业也有机会利用创新科技手段，参与到传播美丽中国的行动中来，向世界展示中国的软实力。

3. VR在国防军事展会方面的应用

与其他产业展览会不同的是，国防军事展会对于一般参展商而言，会激起更多好奇心与神秘感。而且，在参观军事展览会时，体验感尤其重要。2017年第六届中国国防信息化装备与技术展览会在北京举行。在这次展会中，观众只需戴上3D眼镜，手握交互手柄，就能了解航空发动机的结构并进行拆装。不仅如此，还能体验到军事演练、军队实战模拟。与真人CS相比，这种方式大大提高了安全性。观众在进行体验的同时，也能吸引不少其他参观者的关注，这也加大了参观者变为客户的可能性。

4. VR在教育展会方面的应用

随着VR技术在教育领域的应用不断深入，"VR＋教育"已逐渐成为全球教育领域的新宠。在2017年第72届"中国教育装备展示会"上，VR教育成为最大亮点，各大教育科技企业带来了最前沿的VR教育产品，VR设备和内容都更加成熟丰富。目前，VR技术作为一项新兴科技产业，为了在各领域进行推广，需要预先制订合理的战略计划。运用者先问自己以下几个问题：目标受众是谁？需要通过VR呈现什么产品？项目预算是多少？最终目标是什么？目标和会展业的目标受众是现阶段最重要的两个因素，二者将直接影响产品和设备的推广方式，再加上VR技术本身的巨大潜力，一定会给用户带来有趣的、难忘的体验。

（资料来源：搜狐网. https://baike.sohu.com/2018）

【分析】

（1）虚拟现实技术（VR）对会展旅游业的发展有什么影响？

（2）结合案例，分析虚拟现实技术（VR）在会展旅游营销中应用的思路和对策。

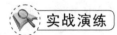
实战演练

针对一个新能源汽车会展的前期调研

1. 项目背景

新能源汽车是指采用非常规的车用燃料作为动力来源（或使用常规的车用燃料、采用新型车载动力装置），综合车辆的动力控制和驱动方面的先进技术，形成的技术原理先进，具有新技术、新结构的汽车。

在我国政府密集的扶持政策出台背景下，新能源汽车驶入快速发展轨道。虽然新能源汽车在中国汽车市场的比重依然很低，但它在中国汽车市场上的增长潜力已开始释放。

2. 项目分析

计划在你所在的城市举办一个新能源汽车会展，该会展需要进行一次调查，以便客观了解该城市新能源汽车的发展定位、新能源汽车相关经济情况、新能源汽车产品企业、市民对新能源汽车的态度等，为该会展最后的定位和主题确定提供资料支持。

3. 项目要求

（1）确定调查方案：调研的目标、调研内容和官方政府和市民对新能源汽车意向等。

（2）执行调研过程并提交调研相关方案、问卷、数据等。

（3）制定出调研进度与费用预算明细。

（4）提交调研报告。

第八章 会展旅游服务管理

【知识目标】
- 了解会展旅游服务管理的基本知识;
- 掌握会展旅游交通和游览管理的基本知识;
- 掌握会展旅游娱乐和购物管理的基本知识。

【能力目标】
- 学会运用会展旅游服务管理知识开展相关服务工作;
- 学会综合分析会展旅游服务的发展趋势。

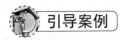 引导案例

教学视频

中国国际进口博览会的相关服务

中国国际进口博览会(China international import expo,CIIE),是世界上首个以进口为主题的大型国家级展会。2018年11月5日,在有着"四叶草"美称的国家会展中心(上海)正式启幕。首届进博会吸引了五大洲82个国家、3000多家企业参展,5000多款产品首次在中国亮相。

为全力保障进口博览会客商住宿需求,上海市旅游局按照进口博览会城市保障领导小组的要求,根据距国家会展中心的公里数,构建起"7+1"个住宿保障圈层,集中各区工作力量,全面梳理住宿保障供给清单,分层分区做实做细。近日,上海市旅游局经过排摸汇总遴选出1711家酒店,作为进口博览会的推荐酒店,共计256 607间客房,约41.1万张床位。同时,上海市旅游局分类做好重点团组供需对接工作,根据进口博览会的来宾分类,已为外宾政要团、国内重要嘉宾团、省市采购团、央企采购团、海内外媒体记者团等,协调落实80余家酒店作为住宿接待酒店。

此外,为保障进口博览会期间住宿价格稳定,上海市旅游局会同物价等部门启动了酒店房价监控机制,研究临时价格干预措施;加强对房价、预订率的实时监控、实时响应;依托市旅游行业协会等社会组织,启动了价格诚信机制,杜绝发生恶意涨价、随意毁约等违规行为。上海市旅游局还协调周边省市储备住宿资源,已与苏州旅游局沟通对接,将吴江、太仓、昆山等区域纳入住宿保障,目前初步形成了包括49家酒店、约8860间客房作为补充房源。

在上海口岸对外国旅客适用的多项出入境便利政策中,有一条被大家俗称为"144 小时过境免签"的政策,目前已经有 53 个国家可以享受该项政策,欧洲申根签证协议国家(25 个)比如芬兰、法国、德国、希腊、匈牙利、冰岛、意大利等,欧洲其他国家(14 个)如俄罗斯、英国、爱尔兰等,美洲国家(6 个)如美国、加拿大、巴西、墨西哥等,大洋洲国家(2 个)澳大利亚、新西兰,亚洲国家(6 个)包括韩国、日本、新加坡、文莱、阿联酋、卡塔尔等。53 个国家的旅客凭本人有效国际旅行证件(有效期不少于 3 个月)和 144 小时内确定日期、座位前往第三国(地区)的联程客票,可从指定口岸入境或出境,免办签证,并可在上海市、江苏省、浙江省行政区域内免签停留 144 小时。为满足参展人商务旅游需求,中国国际进口博览会官网还推荐了以中国国旅、锦江旅游、上海靖达国际商务会展旅行有限公司等 12 家综合优质品牌商旅服务商。官网在"城市保障 旅游服务频道"推荐了 6 个热门景点、14 条上海或近上海旅游线路、36 个经典旅游产品供参展人员选择。还在"旅游小贴士"频道公布了领事馆、旅游签证、常用电话、旅游保险常识、医疗信息、轨道交通、出租车、观光巴士、客运企业等相关信息,供参展人员选择。另外,为了更好地服务进口博览会,由中国电信上海公司承建并运营的 24 小时服务热线,自 2018 年 1 月开始已经提供 7×24 小时不间断服务。

上海,全城热力涌动,已做好了准备,用精细化的城市管理和高效优质的服务开启"进博时间"!这座熠熠生辉的东方魅力之都,也正以更加开放的姿态拥抱全球宾客!上海西部的这片"四叶草"早已装扮一新,宛若五彩斑斓的彩蝶,正以更加迷人的姿态迎接八方来客;黄浦江畔 20 公里岸线流光溢彩灯火辉映,正以不夜天的醉人美景迎来中外宾朋……

(资料来源:中国国际进口博览会官网.https://www.ciie.org/2018)

第一节　会展旅游与餐饮酒店管理

随着经济的发展,近 10 年来,会展业作为在我国新兴的朝阳产业,以年均 20%～30%的速度超常增长。会展业对城市经济特别是第三产业发展具有强大的带动力,其与酒店业的互动发展更值得人们关注和研究。

一、会展与酒店的关系

(一)会展与酒店间的良性互动关系

1. 客源方面

会展具有人流量大的特征,这为当地酒店业提供了丰富的客源基础。随着会展业水平的不断提升,参加会议和展览的人数正不断增加,从而为酒店提供了丰富的客源。例如国内著名的广州交易会就曾云集了来自 100 多个国家和地区的外商 10 多万人。这为酒店提供巨大的发展空间。

2. 收益方面

据专家预算,展览业对一国经济发展的直接带动系数为 1∶5,间接带动系数达到 1∶9。会展期间参展人员及相关人员在举办地的住宿、餐饮、娱乐等都为酒店带来收益。例如 1999 年《财富论坛》在上海召开期间,就使当地酒店增收至百万美元。酒店在为会展人员提供服务的同时,也为会展产生间接效应提供支撑。

3. 质量方面

作为一种新型产业,会展对酒店业提出了较高要求。一方面酒店业必须充分发挥自身优势,加强硬性及软性环境建设以满足会展需求;另一方面酒店业在与国际水平接轨的过程中必须提高质量适应会展的新形势。两者在相互协调发展中实现良性互动发展。

(二) 会展与酒店间的规模效应关系

首先是会展商务圈规模构建。会展商务圈是从事会展和展览业的城市经济区域带。宏观上讲,它是 N 个城市进行会展活动的联盟;微观上讲,它是某个城市在发展过程中,适宜会展发展的特定活动区域。具有一定规模和档次的酒店为会展发展提供驱动力;其次是服务规模体系的形成。在会展的驱动下,目的地酒店业竞争日趋激烈,新的统一行业标准建立,服务体系日臻完善,优质的服务规模体系逐步形成。

(三) 会展与酒店间的资源交流关系

首先,是信息的交流。会展中大量信息流的集聚为酒店业带去了新的思想和理念,国际化信息的引入促使酒店业不断进步与发展,并与世界先进水平与标准接轨;其次,是文化的交流。酒店是一地与外界进行信息文化交流的场所,在展会过程中,大量外来人员的涌入刺激了当地文化与外界的碰撞,从而对会展发展理念有新的启示和借鉴作用。

(四) 会展与酒店间的环境互造关系

酒店为会展营造较佳的外部环境。酒店良好的环境为会展相关人员提供完整的吃、住、行、游、购、娱一系列行为。他们的需求得到满足,就会更好地服务于会展,为会展顺利进行提供人员保障。此外,区域内各酒店为取得市场份额,必定形成你追我赶的局势,这种市场竞争机制更有利于提高酒店业水平,从而提升当地整体知名度和美誉度,为会展营造良好的外部环境。会展水平的进一步提升对酒店提出了更高要求,也为酒店发展创造有利的竞争环境和协作环境。

游客人数激增 奥地利酒店接待迎"大考"

奥地利的自然景观资源以及每年数不胜数的文艺活动吸引着世界各地的游客前往。近日,根据奥地利国家旅游局负责人披露,2016年奥地利接待的中国游客数量达到 75 万人次,预计今年中国游客数量将达 100 万人次。同时,中国也成为奥地利度假旅游增长最快的客源市场。不过,随着大量赴奥地利游客的进入,奥地利的酒店住宿接待能力也受到了考验。不少中国游客表示,一房难求的情况并不少见。

赴奥地利游人数激增

为继续扩大市场规模,奥地利国家旅游局近日来华推广,介绍了更多自然、文化旅游资源,以及航空、酒店资源,以提高奥地利在中国的知名度,吸引中国游客到访奥地利。

奥地利国家旅游局相关负责人表示,2017年上半年奥地利旅游业的发展势头强劲:上半年接待游客数量达到 2000 万人次,增长了 3.7%;住宿游客数量达到 7250 万人次,增幅 2.4%,创下历史新高。同时,中国游客数量也持续增长,2016 年奥地利接待的中国游客数量达到 75 万人次。

借势冰雪旅游吸客

近年来,奥地利冰川、高山和湖泊等自然景观资源也逐渐被中国游客所关注,一些冬季旅游项目成为新的亮点。

奥地利国家旅游局北京办事处负责人 Emanuel Lehner 表示,在冬季度假领域,奥地利所占整个欧洲的市场份额超过了 50%,未来希望能接待更多中国游客。在滑雪爱好者看来,奥茨山谷的冬季旅游资源比较丰富,配套设施相对完备。世界杯举办地索尔登是阿尔卑斯山的知名冬季运动场所之一,拥有可通过缆车抵达 3 座 300 米高峰的滑雪场,缆车效率也比较高。

在旅游城市中,除维也纳外,萨尔茨堡、因斯布鲁克也拥有许多人文旅游资源。萨尔茨堡市每年会举办超过 4500 多场文化活动及多个国际著名艺术节。

酒店客房严重短缺

有观点认为,吸引更多游客的同时,奥地利的接待能力面临挑战。每年旺季期间,不少旅游热点地区住宿供应短缺,一房难求。业内人士建议,随着中国赴奥地利游市场的不断扩大,两国旅游业者可在旅游产业链上游进行更多合作,提升服务质量。

多位赴挪威自由行游客坦言,挪威在酒店、景点、游船等地点欠缺中文服务,甚至一些赴景点道路上也没有英文指示牌。业内人士认为,德语是奥地利的官方语言,多数中国游客不会当地语言,不熟悉当地环境,应在旅游景点、道路设置更多中文路牌、指示牌,主流酒店需配置更多中文服务员。

(资料来源:中国旅游饭店业协会. http://www.ctha.com.cn/2017)

【分析】

(1) 奥地利会展旅游业具备的优势和劣势有哪些?

(2) 结合案例,分析会展旅游业对城市相关配套措施有哪些要求?

二、会展与酒店业互动发展支撑体系

(一)市场支撑体系

市场是任何经济活动赖以生存和发展的外部环境,作为第三产业的会展和酒店业由于其行业特殊性,要想实施相关经济行为,更是离不开市场支撑体系。因此,会展与酒店业在互动发展中要获得双赢必须时刻以市场需求为基准。首先,酒店特色旅游产品的推出应以会展市场需求为中心。会展客人具有停留时间短、消费高、地域性强等特点,他们对酒店服务水平、硬件设施等具有较高要求,因此在发掘会展新产品时应以顾客需求为中心,并不断提高酒店服务水平。其次,会展旅游产品定价注重消费者需求。会展客人一般具有较高社会地位和较强的消费能力,其更注重酒店自身的服务水平,因此定价应根据市场需求,更注重服务等软性因素方面。再次,分销渠道的确定。分销渠道的确定是酒店扩大产品销量的重要途径之一,是与专业的展览公司直接联系还是与相关行业协会联系,必须因时因地而宜,合理确定。最后,促销方式的选择。为更好沟通会展客人与酒店,完成经济目标的实现,应合理选择促销方式。适当的促销方式能缩减酒店开支,缩短会展与酒店间的距离,并减少双方时间成本,为双方带来益处。

（二）组织支撑体系

它是成功实现会展与酒店共同发展的人员和机构保障，包括三方面的含义。首先是会展活动主体。它包括参展商、观展人员、相关管理者、工作人员、媒体及其他人员。在这类群体中，能成为酒店的潜在客源的是参展商、观展人员。在入住酒店前，其决策依赖于外界信息基础；入住后，酒店服务水平等实际指标是他们继续选择该酒店的决定因素。因此，会展客人对酒店的信任度和忠诚度是实现会展与酒店互动发展的先决条件。其次是会展旅游中介组织。它包括会展展览公司、旅游商务网站及与会展相关的行业协会。它们是联系会展客人与酒店的中间枢纽。会展与酒店间要实现共同发展首先建立在两者相关联基础上，而这依赖于旅游中介组织的调节、沟通、组织、协调等。最后是酒店从业人员。酒店业作为服务性行业，从业人员的基本素质和服务水平直接影响会展客人的评价和再次决策。高素质员工提供的优质服务将有利于提升会展客人的忠诚度，从而实现会展与酒店业长期互动发展。

（三）基础支撑体系

它是会展与酒店业实现双赢的基础支撑，包括硬性支撑体系及软性支撑体系。硬性支撑体系是指确保会展顺利进行的公共基础设施及专业设施、酒店硬件服务设施等。软性支撑体系是指保障两者发展的外部宏观环境，包括会展相关法律法规状况、信息网络通畅程度、政府政策支持力度等。硬软性支撑体系是相互影响、相得益彰的。这两大基础支撑体系处理不当必会影响会展与酒店业双方发展。

事实证明，政府组织、监督行为不当不仅影响会展的顺利进行，而且阻碍酒店业经济目标的实现。由此可见，加强基础支撑因素建设具有十分重要的作用。

（四）媒介支撑体系

它是会展与酒店业实现互动发展的信息保障。具体包括四个层面：首先是广告传媒。它是会展与酒店双方了解的第一步。会展通过报刊、电视、杂志等新闻媒介发布展会信息，而酒店根据所获取信息适当组合旅游产品以满足会展的商务需求，两者实现初步互动。其次是会展中介组织。目前在我国较多的是展览中介公司及其他相关中介组织，它们是组织、协调会展与酒店等其他行业共同发展的重要机构。最后是会展行业协会。它们是保证会展与国际化水平接轨的重要组织，其提供的行业标准及行为准则为会展不断向前发展指明了方向，同时也为酒店业的创新经营发展提供新的理念与要求。

三、会展与酒店业互动发展模式

（一）一体化发展模式

会展与酒店业的一体化互动发展主要通过活动主体、消费单元、协调机构表现出来，即会展活动主体在协调机构发挥作用的前提下，通过不同消费单元最终实现会展与酒店业一体化发展。它是结合我国会展旅游现阶段实际现状及酒店业自身特点而发展起来的一种新型模式。会展活动主体如参展商、观展人员、管理者、媒体相关人员等都可能成为酒店主要客源，他们因为会展这一目的而聚集在某地，并在酒店运用广告、新闻、互联网等媒介沟通的营销推广下成为酒店主要客源，进而在酒店完成住宿、餐饮、娱乐等消费单元，为酒店带来经济效益。甚至在酒店协助下完成购物、游览等相关旅游行为,从而推动酒店与会展客人关系向前发展。

同时,酒店提供的优质服务必然在客人心目中留下深刻印象,有利于回头客的增加。众多酒店良好服务所形成的规模优势也会极大地提高会展承办地的知名度和美誉度,促进会展的持续化进行,为当地营造更广阔的外部发展环境。

实际上,一体化的发展还离不开政府、行业协会等中介组织的支持,它们所发挥的巨大作用必将推进会展与酒店的新型化进程。

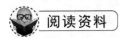
阅读资料

厦门国际酒店用品与工程设计博览会

3月3日,"厦门国际酒店用品与工程设计博览会"(简称HSED)新闻发布会在召开,宣布该展会将于2019年6月21日至23日在厦门佰翔会展中心举行。HSED是佰翔会展中心承接的首个较大规模的专业展览项目,也是福建首个酒店行业综合展览,展览为期3天,面积约2万平方米,参会企业百余家,专业观众及参观人数将超过3万人次。

HSED还将同期举办"2019年酒店行业主流与发展高峰论坛"等多场专题会议,邀请知名企业代表、行业领袖、著名专家和学者等出席并发表演讲,共同探讨酒店产业发展。

近年来厦门会展业飞速发展,2018年,厦门共举办各式会议与活动9212场,外来参会的人数超过188万人次。会展业繁荣发展带来的中高端商旅客户群体,为酒店业的发展带来巨大利好。

市委市政府大力推动厦门会展业建设,引入并促成会展项目落地将促进产业共荣与产业共融,未来3~5年,厦门市将进一步推动会展业基础设施建设,佰翔会展中心的落成投入使用及"佰翔五通酒店+佰翔会展中心"的一体化创新运营模式,将促进厦门会展业发展,为业界服务的多元化、标准化及高端化树立新标杆。

佰翔五通酒店总经理在发布会上对博览会选址佰翔会展中心表示热烈欢迎,并表示作为此次大会的场地服务方,将充分利用差异化服务模式,从餐、宿、会、展等全流程配套服务角度出发,以高端酒店服务标准为展会提供全面服务。做高品质,做精细节,力争为主办方和各界参展参会嘉宾带来五星尊享级的优质服务体验,与组委会一道为业界带来一场高端务实、服务上乘的现代化专业展会,点燃"酒店+会展"服务的魅力之火。

佰翔会展中心由佰翔五通酒店一体化运营,集展览、会议、宴会和多功能会展配套服务设施为一体,总建筑面积8.9万平方米,规划总展览面积近3万平方米,分设8个大小宴会厅及会议室和一个近1300平方米的多功能厅,可举办千人规模会议及宴会。佰翔会展中心将致力于打造中国服务最佳的高端国际展会举办场馆。

(资料来源:搜狐网.http://www.sohu.com/2019)

(二)单体化发展模式

它是传统的会展与酒店业互动发展模式,两者间互动性并不强,即会展与酒店业基本上各自发展,关联性极弱。会展活动主体在参加展会过程中,自行决定和安排住宿、餐饮、娱乐等项目,缺乏会展行业协会、法律法规等中介的组织与协调,缺乏报纸、杂志、电视、互联网等新闻媒介的沟通和参与。一方面,会展组织者在展会前没有进行充分的市场调研及信息查询,行为带有一定盲目性,在展会中也没有及时与中介、媒介机构进行沟通,从而增加展会成本,在人力、财力、时间上造成一定程度的浪费;另一方面,酒店也缺乏一定自我协调机制,不主动与会展组织者联系、不注重信息搜集、不开展一定程度的营销推广,这必定会错失巨大商机,与会展潜在客源之间的断层必会导致酒店经济效益的降低。此外,从长远眼光来看,这种单体化发展模式也不利于地区知名度的提升,极大地阻碍了该地会展业发展。因此,随着时间的推移,这种发展模式将逐渐被淘汰。

(三)国际化发展模式

随着中国迈入国际化进程的步伐不断加快,更多会展及酒店业之外的其他第三产业将融入两者,实现多方合作、共同发展的新局面。国际化发展模式呈现的特点首先是主题选择的品牌化。会展业在创造属于自己的主题会展品牌同时,酒店业推出品牌化的营销主题,两者充分合作。另外,会展在与酒店互动发展中应充分与第三产业中的其他产业如通信、邮电等协作,推进主题品牌化的发展道路。其次是技术运用的现代化。主要表现在信息沟通网络化的运用、酒店预订系统的完善、会展设施的国际化等。最后是组织运作的规模化,主要表现在中介组织沟通规模化、会展与酒店业沟通规模化。同样,规模化、集团化的酒店也更趋向于与大的会展组织者联系,从而形成组织运作的规模化局面。

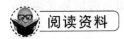

北京2022年冬奥会首批官方接待饭店签约

2019年1月24日上午,北京2022年冬奥会首批官方接待饭店签约仪式在位于首钢园区的北京冬奥组委举行。北京冬奥组委运动会服务部部长与首批官方接待饭店代表签署住宿接待服务协议,10家饭店作为三个赛区101家接待饭店的代表与北京冬奥组委签约。

北京市副市长、北京冬奥组委执行副主席在致辞中表示,希望各家签约饭店及所属集团充分认识服务保障冬奥会的重大意义,珍惜荣誉,发挥优势,认真履行住宿协议内容,按照冬奥服务标准,秉持精益求精的精神,进一步完善设施设备,加强专业培训,提升住宿接待服务水平,为客户群提供专业、优质的接待服务,给参加北京冬奥会的各方人士留下难忘而美好的记忆。

签约饭店代表在发言中表示,住宿接待服务作为冬奥会的其中一环,各签约饭店一定会珍惜并抓住冬奥会带来的机遇,在筹办冬奥、服务冬奥的工作中寻找商机、发展企业、赢得更好的经济效益。同时,要不断提高企业管理和服务水准,增强使命感、责任感和紧迫感,以对国家和人民高度负责的精神,求真务实做好冬奥会住宿接待筹办工作。据悉,为实现对北京、延庆、张家口三个赛区各利益相关客户群住宿资源的集中统筹和最优配置,北京冬奥组委充分遵循国际奥委会《主办城市合同义务细则》《住宿指南》《奥林匹克2020议程和新规范》的规定和要求,对三个赛区现有、在建、拟建酒店情况进行了多次踏勘和认真摸排,并对各利益相关方客户群住宿的实际需求进行了反复沟通和梳理。在此基础上,遴选了101家距离赛场近、服务水平好、交通便利的酒店列入北京冬奥会官方接待签约酒店的范围内。同时,借鉴索契、平昌等冬奥会的经验,结合京冀两地饭店的实际情况,并在充分征求属地行政管理部门、旅游行业协会和饭店意见基础上,与国际奥委会反复沟通协商,拟定了《北京2022年冬奥会住宿接待服务协议》,努力为各利益相关方客户群提供数量充足、居住舒适和价格可控的住宿服务。

中国旅游饭店业协会将全力配合北京冬奥组委运动会服务部,做好北京2022年冬奥会住宿业接待的相关协调工作,助力冬奥会的顺利召开。

(资料来源:中国旅游饭店业协会.http://www.ctha.com.cn/2019)

四、我国实现会展与酒店互动发展的对策

(一)建立完善的行业管理体制

目前,国内会展业还没有形成统一的行业管理部门,这与完善的酒店行业管理体制形成鲜明的对比,为实现两者互动发展,必须尽快建立会展行业管理体制以实现如下功能。

首先是组织协调功能。充分利用行业自律机制组织协调会展在与酒店沟通过程中遇到的问题、矛盾,充分发挥行业机构在此方面的作用,以保障两者共同发展。其次是内外联系功能。对内加强会展业各机构组织间合作与沟通,对外加强与酒店业等其他行业的联系,以及与国外相关行业协会的交流与合作。再次是法规示范功能。在会展与酒店等其他行业合作发展过程中遇到的问题行业协会应提前预见,并制定相关的行业性法规,发挥示范作用,指导实际运作。最后是道路指示功能。在与外界进行交流过程中,行业协会充分学习国外先进经验,结合我国现阶段实际情况,为会展自身及与其他行业发展指明新的国际化道路,融入全球化的发展进程。

(二)开发新型酒店会展旅游产品

根据市场营销原理,不同的顾客会有不同的需求。会展旅游产品的开发围绕的核心是如何最恰当地满足会展旅游者的个性化需求。酒店在开发创新型的会展旅游产品时应充分考虑如下原则。

首先,适应性原则。会展旅游具有专业性强、客户消费层次高、停留时间长、团队规模大等特点,因此酒店推出商务会展旅游产品应充分考虑上述因素。在满足整体同质化需求的基准下,针对会展客人的不同需求提供个性化的产品。如会展VIP客人的高服务要求,据此酒店应派专业水平高的优秀员工来为其服务。

其次,创新性原则。创新产品是保证酒店持续发展的主要动力。会展作为一种新型产业,由于信息流、人流量庞大,因此对提供相应服务的酒店业提出了更高的要求。酒店为形成自身特色,动力来源于创新,做到"人无我有、人有我新",在满足会展客人基本需求基础上推出外延性强、高层次的酒店产品,并在配套服务上以最优服务满足客户需求。

(三)扩展网络信息化保障体系

网络信息保障体系是为保障会展活动主体与酒店的各种会展中介、酒店中介、旅游电子商务网站、行业协会资料等各种信息资源群形成的体系。它是会展与酒店互动发展的重要外部保障条件。网络信息保障体系具有以下功能。

首先,信息展示功能。会展、酒店可通过互联网、报纸、杂志等媒介或加入会展、酒店相关行业协会来展示企业信息,使会展、酒店双方获得初步认知。

其次,信息沟通功能。在双方初步了解获取一定信息后,为寻求合作,双方通过网上预订系统、电话、传真等现代通信手段来进行信息交流。随着会展、酒店业国际化趋势的到来,必须扩展网络信息化保障体系以增强主体合作机会。

(四)健全系统的服务保障体系

系统化服务保障体系是为保证会展与酒店共同发展的完整化、标准化服务及为服务提供支持的基础设施等构成体系。它包括以下三方面内容。

首先是酒店产品售前服务。主要表现为营销的推广,将企业服务形象宣传到会展潜在客源地,并形成相应的形象定位,为会展与酒店互动发展提供基础。

其次是售后服务体系。酒店与曾下榻过的会展客人进行定期或不定期联系,加强顾客关系管理,通过调查,不断改进现有酒店会展产品以更好满足顾客。

最后是基础设施保障。会议的召开对酒店在通信设备、硬件设施等方面提出较高要求,酒店根据不断变化的会展市场,完善和改进酒店基础设施,寻求商务会展旅游与酒店最佳结合点。

(五)充分整合区域内相关资源

资源组合表现在:①内部资源组合,即会展、酒店各内部在相互协作、共同发展中需要优势资源;②外部资源组合,即包括行业间资源组合,即会展、酒店业、通信、电信、娱乐、交通等各行业间合作;③地区资源组合,即展览、酒店与地区旅游景点等其他旅游相关资源整合起来;④信息资源组合,即人才信息、市场信息、产品销售状况等资源组合起来。对上述资源进行整合后,将其与会展、酒店业发展联系起来,充分利用,最终实现两者互动发展。

会展旅游给酒店带来了大量的高品质的客户群。但是酒店应该做出怎样的努力才能抢夺到会展旅游这块大蛋糕呢?

1. 强化酒店营销工作

为了招揽到更多的会展旅游客源,酒店要做好信息的收集和沟通,以及酒店的广告宣传,通过各种渠道综合了解会展的各种信息。与会展的主办单位,特别是主要的负责人做好沟通和联系,例如做好酒店的网站,与各种在线预订平台合作,与广告公司联合,参加针对不同客源的专业的广告宣传活动。

2. 做好酒店硬件和软件设施建设

现在酒店是很多会议和展览的举办场所。酒店适应这方面的需要,要建设各种不同规格的会议室、展览厅、宴会厅、舞厅等设施。此外,还要提供会议商务需要的各种商务设备,例如传真机、无线宽带、多媒体设备等。

3. 提高酒店服务质量

参观会展旅游的客人的素质一般比较高,他们追求高品质和高效率,对酒店的服务要求特别高。此外,会展旅游一般具有固定性的特点,容易形成酒店的固定客源。酒店不仅要做好会前服务,会展期间的服务,还要做好会后的服务。掌握好会展客源信息,做好售后的亲情服务工作。

4. 完善酒店网络信息化保障体系

网络信息化服务保障体系是酒店与会展活动参加者进行沟通的保障。会展参加者通过网络进行酒店的预定,咨询沟通;酒店的网络信息化不仅是酒店网络营销的保障,而且是满足会展客人需求的保障。

5. 开发具有特色的会展旅游产品

酒店在会展旅游业上的发展还不是很成熟,有很大的发展创造空间。酒店要培养具有

创造性的酒店会展人才,开发出具有特色的新型的适合会展客源需要的酒店会展旅游产品。在提供同类酒店同质产品的前提下,提供特色服务,开发人无我有,人有我优的特色产品。

6. 关注旅游,做好旅游文章

会展旅游者的特点使得旅游在会展期间占有很大的比重。酒店要加强与其他部门的协调合作,特别是与旅行社的合作,开发出满足适应旅游者需要的旅游产品,安排好区域内的旅游线路的开发。建立有特色的酒店地图,满足高品质的会议旅游者游览的需要。

7. 加强会展旅游人才的培养

我国具有专业知识的会展旅游人才是比较缺乏的,具有酒店会展旅游专业知识的人才更少。酒店对会展旅游人才的培养有优势,可以与实际操作联系起来。人才培养是酒店可持续发展的动力。

第二节 会展旅游开发和游览管理

休闲是 21 世纪旅游需求的主题,温泉旅游凭借其健康、养生、休闲于一体的复合功能而逐渐成为休闲旅游市场的一大热点,其旅游产品的开发模式在经历了观光娱乐式——主题度假式——综合开发式的发展历程后,"温泉养生+会展商务"以其较高的综合效益(生态、经济、文化效益)和广阔的发展前景成为目前旅游业中的高端产品。

一、旅游开发管理

不同的温泉度假村、温泉酒店在借助温泉旅游资源发展"温泉+会展"复合型旅游产品时,要实施差异化战略,根据自己的资源特点、文化主题和市场需求,确定会展旅游产品的类型、档次和规模。世界各地在发展会展旅游的过程中,都深挖本地"地脉"和"人脉",根据特色打造会展旅游品牌,进行品牌化经营。像巴黎作为"时尚之都",展览主题主要以服装、化妆品等为特色;而德国作为世界上有名的重工业基地,主要进行汽车和制造业的展览。北京针对温泉休闲养生、现代时尚的需求特点,应将会展与温泉旅游相结合,主要开展医药、服装、汽车和绿色生态产品等,打造"温泉+会展"复合型旅游产品的养生品牌、商务品牌,从而与旅游目的地"温泉之乡"形象和时尚旅游需求特点相呼应,进行品牌化经营。

(一)会展旅游开发内容

1. 情景设计

在室内、室外展厅和展馆的设计中,引入水上展厅,增加情景体验的元素,通过视觉、触觉、听觉的不同设计,将蓝天、碧树、泉水、瀑布等景观要素相结合,依据各种展览要求,在不同的景观环境下进行产品展示、产品交流和洽谈,从而达到"天人合一"的意境。

2. 内涵提升

在室内和室外温泉旅游项目中,增加会展产品的内容介绍,通过在景观中进行小型会展模型的装饰、图片和电子屏幕介绍等,增加温泉酒店主要会展品牌的内涵,让游客在健康养生的同时,对会展产品有所了解,吸引潜在顾客。

3. 产品创新

如开发和建设临时水上展厅,平时作为温泉疗养和娱乐区,当遇有中小型展览或者接待会展较多时,通过各种自由伸缩的临时展台、展架的设置,开设临时水上展厅,从而增加游客的特殊体验。

再如温泉会展主题公园,借助目前各个温泉度假村的室外温泉建筑设施,规划建设温泉会展主题公园,在主题公园里分区对温泉酒店的主题展览进行历史展示和动态回顾。例如以汽车为线索,将在此举办的各届汽车展览会上的经典车型的模型进行温泉景观装饰,并配以图片、电子屏幕介绍,以及乘坐仿真模型周游公园等各种参与活动,增强游客体验。

(二) 基础配套设施

1. 交通

加强基础交通设施建设,增强旅游车辆的安全有效运行,方便"温泉+会展"这种特殊旅游市场的进出、旅行等。

2. 游览

加强具有专业经验的旅行社的介入和合作,通过特殊旅游活动和游览路线的有效安排,增强会展、温泉和其他自然生态文化资源的有效整合,延长会展游客游览时间、刺激其消费欲望。

3. 娱乐

针对商务游客需求特点,在商务接待内容中增加娱乐项目。比如在温泉养生中增加商务俱乐部,并通过各种高科技设备的设置,加强交流、远程联络等;增加水上休闲项目,比如水上高尔夫、水上射击、温泉游泳等项目。

4. 购物

购物主要以满足商务游客日常生活需要的高档商品为主,而具有当地特色的旅游纪念品比例要小。

(三) 社会保障体系

1. 生态环境

由当地政府和旅游主管部门牵头,出台一系列生态环境建设规划和评定标准,使整个地区展现出具有一定文化主题的优美意境,从而吸引会展旅游者的目光。

2. 文化环境

充分挖掘本地区民风民俗和民族节庆文化的内涵,并通过饮食、住宿、旅游纪念品以及各种娱乐活动进行展示,创造特色、古朴的文化意境。

3. 社会环境

加强社会治安和安全管理,保证社会环境的和谐、稳定;加强招商引资项目的建设,吸引外商参观、游览,从而推介当地特色"温泉+会展"特色资源,招揽旅游客户资源;加强与北京周边大型会展区域的合作,通过解决大型展览的食宿压力、安排会展顾客的参观游览,从而分流一部分会展客源,并利用"温泉+会展"特色吸引大批潜在市场客源的到来。

二、游览管理——小汤山旅游发展新亮点

北京昌平旅游业依托当地生态、文化等各种资源,充分发挥比较优势,开发出了不同主题和类型的温泉旅游产品。目前,小汤山成功实现了向会展旅游的转型,"温泉+会展"复合型旅游新模式应运而生。"中国温泉之乡"作为小汤山旅游业的一块黄金招牌,对发展小汤山旅游业起到了强大的推动作用。

(一) 优势

1. 便利的交通和区位优势

小汤山镇区位优势明显,紧邻市区,域内顺沙路横贯东西,立汤路纵贯南北,与京承路、京昌路、六环路等城市主干道相连,确保了交通的通畅、快捷,提高了旅游市场的可进入性。

2. 丰富的特色旅游资源

小汤山作为千年温泉古镇,涵盖了名胜古迹、现代娱乐、康复疗养、休闲度假、知识博览、民俗风情、观光农业七大系列,形成了"吃、住、行、游、购、娱"六大要素齐备的接待服务体系,旅游资源丰富。

3. "温泉+会展"旅游发展基础

目前小汤山共有星级酒店47家,其中33家具备了会展功能,使用面积达68.4万平方米;会展配套功能基本齐全;具备了一定的会展组织能力和经验。

(二) 劣势

1. 知名度较低

小汤山作为"温泉之乡"近年来旅游也取得了迅猛的发展,但在全国乃至世界温泉和会展旅游市场上知名度较低。

2. 市场形象不突出

小汤山"温泉之乡"旅游品牌已逐渐走向市场,获得大众认可,但对广大会展旅游市场来说,其丰富的旅游资源、先进的会展设施和管理经验、优秀的生态文化环境等优势还没有进行优化整合,还没有形成优势化品牌吸引市场需求。

3. 会展和温泉旅游"两层皮"

会展行业的相对封闭性导致会展运作缺少行业服务意识,会展消费主要集中在食、住、行环节,而对游、购、娱环节消费不明显,对温泉旅游产品的体验较低。

(三) 机遇

1. 温泉和会展旅游发展强势需求

温泉休闲,已经由个别性休闲产业,逐步转化为休闲产业链、康复疗养产业链、会议展览产业链交织的结构形态,并以产业链为核心,形成了多元休闲产业聚集的大型区域旅游结构和旅游休闲产业聚集区。从被整合到整合,温泉对于旅游开发的主体作用越来越大,成为能够带动区域泛旅游产业发展的新动力。

2. 北京会展旅游发展上升空间巨大

北京展览总面积居全国之首,展会规模、档次全国领先。会展业已成为北京服务四个中

心建设的重要载体之一,是构建现代市场体系和开放型经济体系的重要平台,为北京的社会和经济发展起到了重要的引领、聚集、辐射作用。"十二五"期间,全市会展业收入增长31.3亿元,年均增长8%。2016年全市会展业收入116.5亿元,同比增长8.3%。随着"一带一路"以及"京津冀一体化""十三五"规划的深入开展,会展产业越来越在城市经济建设、经济结构转型发展、提高社会运行效率方面发挥着积极的作用。

(四)挑战

1. 国内其他城市对会展旅游业的争夺

国家旅游局发布的消息显示,进入21世纪以来,我国入境旅游市场规模保持稳步增长,2018年,中国接待入境游客1.41亿人次,其中接待入境过夜游客6290万人次,商务及会议旅游占全部游客近13%。随着会展旅游业的稳定发展,各地都在积极争夺这块诱人的"蛋糕",像上海、广州、大连、深圳等凭借着其先进的理念、特殊的地势和品牌的打造,使得会展旅游发展后来居上,对北京造成严重威胁。

2. 区域内竞争市场分析

在北京市的规划中,将重点完善和建设的五个会展中心区是:朝阳CBD会展中心区、海淀北部会展中心区、奥运场馆会议中心区、顺义天竺展览中心区、亦庄展览中心区,小汤山必须将温泉和会展资源合理整合,形成核心竞争力,才能通过比较优势,在北京会展旅游中占有重要地位。

3. 相关基础配套设施薄弱

小汤山在"温泉+会展"复合型旅游发展过程中,交通、游览、娱乐、购物等相关基础配套设施薄弱,良性循环的产业价值连还没有形成,会展旅游带动效应不明显。

第三节 会展旅游娱乐和购物管理

旅游作为一种绿色产业,以其高收益、低污染、高附加值等特征成为各国重点发展的产业之一。随着会展旅游业的迅速发展,会展旅游购物开始展现出其在促进地区会展旅游产业和本土经济发展方面的重要性。购物的成功与否往往直接决定游客的整体满意度。有的学者甚至把旅游购物的发展水平看作评价地区旅游发展水平的重要指标。

如何有效地发展会展旅游购物,从而推动当地旅游和经济的发展,是任何一个希望发展旅游的地区或者国家都必须考虑的事。要想发展会展旅游购物,就必须对旅游购物的内涵和外延以及其发展模式有初步的了解,并在此基础上选择合适本地的模式,分析会展旅游购物的构成和价值,构建会展旅游购物发展模式。

一、会展旅游+购物=会展旅游购物

如上式所示,会展旅游购物简单来说就是发生在会展旅游过程中的购物行为,是会展旅游与购物的一个综合行为。会展旅游购物是会展旅游过程中不可缺少的一个重要环节,是发生在会展旅游过程中的购物行为,既包含了购物本身,同时也包含了因为购物活动而产生的其他活动,如在商场品尝当地特色食物,参观土特产加工等。这种活动本身不仅使游客们

更感兴趣,同时也让游客对当地风俗习惯等有了更深的了解。由此可见,会展旅游购物活动是一个复杂的活动,它不仅仅包含购买行为本身,同时也是一个重要的旅游吸引物,是加深游客对旅游目的地了解的一个重要渠道,是旅游活动成功的一个重要因素。

二、会展旅游购物发展模式

从旅游购物的分类出发,会展旅游购物包含两个重要部分:一是购物旅游,指以购物为旅游首要目的的旅游活动;二是会展旅游者购物,是指那种发生在会展旅游过程中的购物,其旅游目的并非以购物为首要目的。简而言之,也就是根据游客的旅游目的是偏重购买还是偏重旅游来区分不同的旅游购物行为。这种区分方法清楚地表明了旅游购物的不同类型,本文中将沿用这种理论。

该发展模式的典型通常具备以下一些特征。

(1) 具有特殊地理位置,如边境,或者洲际交通要道,港口。这些特殊的地理位置使得他们成为地区商业中心或者运载中转中心。

(2) 天然旅游资源不丰厚。

(3) 与周边地区或者国家相比较产品价格优势突出。这种优势可以通过低税率,免税或者出口退税等手段得以实现或者加强。

(4) 具有一种或几种具有强烈吸引力的商品,如香港以其优质低价的电器产品而闻名,安道尔公国以其高档低价奢侈品而著称。

上述特征使得这些国家或者地区具备了与众不同的商品优势,而天然旅游资源的匮乏更凸显了其在购物上优势,于是购物旅游成为其发展的首要目标。随着购物旅游的发展,游客数迅速增加,各类旅游设施和景点也逐步完善,旅游业也开始成长。

对于世界上大多数旅游目的地,像泰国、迪拜、法国或者其他地区,其会展旅游购物的发展的过程都延循了另一种模式——先发展旅游业,随着旅游业的发展,会展游客购物增加,会展旅游购物设施和资源不断完善,购物旅游也得到发展。不同之处仅在于一些国家或者地区仍处于初始阶段,旅游的其他收入仍然是当地的旅游收入主要来源,旅游购物在其旅游发展中的比重处于较低水平;而另外一些国家已经走在前面,开始发展购物旅游,像泰国、法国、迪拜等旅游发达地区,很多人到这些地区旅游的首要目的就是购物。通常,这些国家或者地区都具有多元化的旅游资源,尤其是天然旅游资源。旅游业的发展对旅游购物业提出了要求,于是旅游购物随着游客的增加也开始逐步发展和完善,一些独具特色,大受游客欢迎的产品成为当地特色产品,吸引游客大量购买,并成为重要的旅游吸引物,如法国的香水、泰国的鳄鱼皮、珍珠鱼皮制品等。随着游客的增加和购买量的提升,在旅游目的地的有意识的引导和鼓励下,各种购物吸引物将丰富完善,如各类旅游购物设施,产品优势,价格优势以及购物环境和服务质量,这些最终将引导旅游购物的发展。泰国旅游购物的发展就是一个极佳的案例。

三、促进会展旅游购物发展的基础因素

古语云,"以人为镜,可以鉴己。"为了探索不同模式下的国家如何成功促进旅游购物发展,首先需要勾勒出促进旅游购物发展的基础因素,以及不同模式下促进会展旅游购物成功发展的共同因素。新加坡和泰国凭借着物美价廉的优质商品,被称为亚洲的购物天堂之一,

而日本和韩国则以其独特的文化产品和高质量的现代化工业产品而闻名。这四国资源状况和发展模式都不尽相同,从这四个国家的会展旅游购物发展来看,其成功都有以下一些关键因素。

(一) 时尚

时尚是主导游客购物的一个关键词。在这四个国家,我们看到游客最常购买的产品都与时尚相关。如流行服饰、珠宝首饰、家用电器以及著名品牌,这些产品的价格,质量和种类与游客常居地的差异导致了游客最终的购买决策。在新加坡等地主要销售意大利等发达国家的国际名牌商品,而在泰国、日本,韩国的服装更受欢迎。

对于旅游目的地本土产品而言,除了上述因素外,游客还十分关注产品的文化性特征,他们喜欢购买那些能够反映本土文化特性,同时具有独特的设计和良好质量的工艺品和纪念品,尤其是那些能够被人们在日常生活中广泛使用,同时具备本土文化特性的产品最受游客青睐,如泰国的 Nayara 布艺系列产品就是一个很好的代表。此外,我们还注意到游客很喜欢购买本土食品类产品,例如韩国泡菜已成为国际知名旅游商品,成为访韩游客购买的主要对象。但无论如何,时尚名牌商品对旅游者的吸引力非常大。

(二) 购物地点

购物区的可到达性对于游客而言是十分关键的。便利的交通是游客们选择购物地点的重要因素。此外,从这四个国家的经验我们可以发现,现代游客除了在那些专门的购物场所(如免税店)购物之外,越来越喜欢在城市的百货商店、大型购物中心等场所去购物。而那些有着浓厚地方特色的地方,如夜市、周末市场、专门的工艺品村、加工厂等也都是游客喜欢的地方,在这种地方游客不仅可以体会到当地风土文化,与本土居民亲密接触,同时还可以挑选到物美价廉的本土产品。当然,可以讨价还价的乐趣也让游客们体会到"淘宝"的满足感。因此,我们不仅要注意现代化的商业购物中心的打造,同时还应该关注传统市场的保护和改造,使其成为一个重要的旅游目的地。

(三) 购物环境

购物环境对于游客而言也是十分重要的。多样化的商店以及便利设施,类似停车设备、餐厅、银行和娱乐设施等的聚集是吸引游客的好办法。在这四个国家里,中心商业购物区是游客们喜欢的购物地区。这四个国家都十分注意发展良好的购物环境,建立现代化干净整洁的购物商场或者中心。在这些购物中心,人们可以很容易发现各类风格迥异的商店,丰富的名牌产品。

(四) 便利设施

信用卡的流通使用度是吸引游客的一个重要手段之一。Visa 和万事达卡在这四个国家的大型商场、购物中心、免税店以及大部分零售店内都可以广泛使用。随着中国游客的增加,新加坡和泰国的大型购物中心内都普遍接受中国银联卡,为中国游客购物提供了方便。

此外,泰国和新加坡还和亚洲的廉价航空公司合作开通了通往亚洲各地乃至澳洲,欧洲等地区和国家的航班,以吸引更多的国际游客。

(五) 服务

普遍而言,我们看到这四个国家都利用良好的售后服务来增强其购物吸引力。在这四个国家中我们看到,大型的百货公司和购物商场,高档专卖店以及免税店都提供送货服务,有的还为顾客提供快递到家服务。此外,在这些购物点购物的游客还可以享受7天无条件退换货的服务。服务员的外语能力也是一项促进游客购物的重要因素。目前这几个国家的各大购物中心都为游客提供能够讲日文、英文和中文的导购人员。在泰国和新加坡,由于人们普遍英语教育程度较高,所以游客们可以轻易地在各类市场购物,但在韩国和日本这相对比较局限。不懂当地语言,游客们只能在那些专门的购物中心内购买。这在一定程度上也局限了旅游购物的发展。

(六) 促销

每个国家都有自己的方法去推广他们本土的特色产品,尤其是当地手工艺品和旅游纪念品。泰国通过其皇室成员在公开场合使用本国丝绸、皮革制品等产品来推广本土的传统手工艺品;韩国利用其目前广泛流行于亚洲乃至全球各国的电影和电视连续剧的影响来宣传;日本则致力于利用其在全球流行文化的影响力来加强对其传统文化的宣传。此外,新加坡和泰国还通过与旅游购物利益相关者的广泛合作来举办各种大型促销活动去吸引游客购物。季节性促销活动也被各国广泛采用去推广旅游购物。同时,英国增值税(VAT)退税政策也是一个行之有效的吸引外国游客购物的方法。

(七) 政府有效干预

不可否认,政府参与和大力支持也是旅游购物迅速发展的不可缺少的基础因素。这四个国家的政府都对旅游购物给予大量支持。例如给予优惠的政策和资金支持,鼓励旅游购物产业发展;联合旅游参与者,合作推广旅游购物等。

四、对我国的启示

会展旅游购物的发展与旅游的发展密切相关,两者相互支持。虽然对于不同的国家而言,其资源优势不尽相同,结合自身优势可以采取不同的发展模式,但积极的政策支持和良好的购物环境是必不可少的环节。我国历史悠久,传统文化丰富,拥有丰富的会展旅游购物资源,发展会展旅游购物不仅可以促进我国的旅游收入,同时还可以有效保护传统地方文化,是我国会展旅游产业长期可持续性发展的重要保证。但是目前我们仅注意单一生产,缺乏对其有效的营销,生产产品缺乏时尚元素,很难在竞争中脱颖而出。此外,从会展旅游购物的发展趋势来看,名牌商品的培育是提高一国旅游企业核心竞争力的重要手段,这需要我们尽快实施名牌战略。

因此,我们在城市规划和零售业发展中应积极考虑会展旅游购物这一因素,把购物旅游资源的开发作为社会经济发展的重要推动力。在积极构建良好的购物环境基础上,不仅要注意现代化的商业购物中心的打造,同时还应该关注传统市场的保护和改造,使其成为一个重要的旅游目的地。

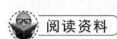
阅读资料

阿里巴巴与JR西日本达成战略合作

9月24日,日本西日本旅客铁道公司(JR西日本)在大阪宣布与中国电子商务巨头阿里巴巴集团达成战略合作。双方将通过销售联合开发的旅游商品,推进在JR西日本集团导入电子结算服务"支付宝",努力吸引更多中国游客到西日本旅客铁道公司线路覆盖的区域旅游。

日本观光厅数据显示,2018年访日外国游客达3119万人次,其中中国内地游客838万人次,占比26.9%,排名第一。总消费规模也夺得第一,达1.545万亿日元(约合人民币987亿元)。尤其是近两年日本多次放宽签证政策以来,日本成为中国游客的多刷目的地。2018年,第二次及以上访日游客占比40%。但是从访问率看,东京、大阪等有50%以上的访问率,而北陆、中部等深度游的比例仅占1%左右。

以JR西日本覆盖关西、北陆、山阳、山阴以及九州北部等地区为例,其中大阪、京都、神户、奈良等城市是很受中国游客欢迎的目的地。除了这些耳熟能详的地方,北陆的金泽、七尾的和仓温泉,关西的和歌山等地,在年轻游客中人气很高,有待进一步挖掘。此次合作,JR西日本将与阿里巴巴生态内飞猪、支付宝、天猫国际等品牌深度互动,覆盖游客出行前、出行中、出行后等多个场景,把西日本独具特色的观光列车、温泉、美食、景点等旅游资源推介给中国消费者。JR西日本将旅游推荐分为旅行之前、旅行之中和旅行之后三个阶段,与阿里巴巴的合作也与三个阶段密切贴合:旅行前,在飞猪上开设JR西日本店铺,进行大数据营销推广;旅行中,推出支付宝促销活动以及JR西日本的信息;旅行后,则借助阿里的电商平台天猫国际等贩售JR西日本地区的商品。

此次战略合作涉及飞猪、支付宝、天猫国际等多个业务,更像是阿里商业操作系统对日本旅游市场的一次集中输出。2019年1月,阿里巴巴对外发布商业操作系统。阿里巴巴董事局主席兼CEO张勇表示,阿里将向合作伙伴开放20年沉淀的商业系统能力,帮助其推进数字化。从此次一揽子合作计划看,这套系统并不限于中国国内的合作伙伴,或将成为阿里推进国际化的重点模式。

(资料来源:花火新闻中心.https://www.huahuo.com/2019)

第四节 会展旅游和旅行社管理

一、旅行社会展旅游业务服务的内涵

会展旅游是由于会展活动参加者参加各种类型会展活动的目的旅行和逗留而引起的一种旅游现象和关系的总和。根据《旅行社管理条例》的有关规定,旅行社是指有营利目的,从事为旅游者代办出境、入境和签证手续,招揽、接待旅游者,为旅游者安排食宿等有偿服务的经营活动的企业。

因此,旅行社的会展旅游业务就是指旅行社为满足会展旅游者旅行与游览需要而提供各种有偿服务,包括为会展旅游者提供接待服务、委托代办服务及组织旅游服务。具体内涵可阐述如下。

(一)会展旅游与会展服务具有主体的同一性

会展旅游服务具有会展旅游对象的特定性。会展旅游服务是由于会展参加者(特定群体)到会展地(特定地方)去参加各类会议、展览、大型活动等而产生的一种旅游方式,因此,会展活动的参加者即为会展旅游者,会展旅游与会展活动具有主体的同一性。

由于会展活动参加者产生的空间转移及旅游消费需求,需要旅行社为其提供旅游服务,以助其完成到达目的地的旅行与游览,即旅行社的会展旅游服务的对象就是会展参加者。这一特点要求旅行社在发展会展旅游业务时,必须主动融入会展活动,积极提供相关服务。

(二) 旅行社的会展旅游服务业务具有复合性

会展旅游者既是一名会展参加者同时又是一名旅游者,这种属性的双重性决定旅行社的会展旅游业务应包括针对会展活动中的旅游服务(旅行社针对会展的多元化经营业务除外)和一般游客的旅游服务两类。

也就是说旅行社一方面利用其完善的旅游接待体系对饭店、交通、餐饮等供应商的产品进行购买、组合或加工,为参展商、与会者提供高品质的如预定客房、餐饮、票务等配套服务;另一方面在会展之余,积极组织会展旅游者参观游览、娱乐、购物等消遣活动,拓展会展旅游服务,引导旅游消费,促使会展旅游者延长停留时间、提高综合消费。

为方便旅行社的会展旅游业务的组织协调,旅行社可将会展旅游业务分为基本业务与拓展业务两部分,并结合旅行社自身特点与实力,构建会展旅游业务体系。

(三) 旅行社的会展旅游服务业务强调对会展活动的关注性

会展旅游对会展活动具有依附性,旅行社只有关注会展活动内容与特征,才能预测并了解会展旅游者的特点与需求,从而提供有针对性的相关服务,满足会展旅游者需要,继而进一步争取在游览、购物、娱乐等方面创造需求。

另外,由于会展旅游者是因会展活动而来的会展活动参与者,所以,会展活动一定意义上来说就是会展旅游的旅游资源,旅行社只有了解与研究这一旅游资源,才能有效开发相关会展旅游产品。但要注意的是旅行社关注会展活动,关心了解的是会展活动的类型、特色、时间、议程安排等,并不是关心如何举行会展活动。

二、旅行社的会展旅游服务业务空间拓展

旅行社开展会展旅游服务业务并不是让其去举办各种会议和展览,而是让旅游企业发挥行业功能优势,为会展的举行提供相应的外围服务。那么,这个外围服务的空间究竟如何,以下方面探讨旅行社的会展旅游服务业务空间拓展的途径。

(一) 会展旅游服务客源市场拓展

1. 利用会展活动吸引招揽普通游客

会展旅游者包括以参加会展商务活动为目的的会展代表与将会展活动作为游览娱乐消遣为目的的普通游客,前者的旅游方式首先表现为会展商务旅游,后者的旅游方式主要表现为主题式旅游。普通游客也是会展旅游另一重要客源,这为旅行社拓展会展旅游客源市场提供了思路,即在积极服务好会展代表时,要重视利用会展活动这个旅游吸引物招揽普通游客,以扩大会展旅游客源市场。

2. 开发高品质会展旅游产品

会展代表是会议和展览活动的主要参与者,任何的会议和展览活动都离不开他们的参与,是会展活动的主要群体。这一类会展旅游群体以参会、参展等会展商务活动为主要目的,具有商务旅游者的属性。由于他们大多是企业实体或政府机构的代表,通常文化修养较

好、个人素质比较高、独立意识强。会展旅游者在旅游活动参与上随机性大,可能仅限于会展商务活动的旅游,也可能在会展商务活动之余参加各种形式的旅游活动,并且受会展商务活动时间和财务报销限制,通常其他旅游活动时间较紧促,除考察旅游外,其他形式的旅游在线路上要求就近与顺道,在内容上要求新颖紧凑,喜欢有一定内涵的旅游产品,讲究舒适方便。

3. 用特色旅游吸引游客

普通游客群体具有一般旅游者的属性,只不过他们是以各类会展活动为主要的观光游览对象,以会展活动地为主要旅游目的地的旅游者。这类旅游群体一般以中青年为主,文化层次较高,喜欢新奇、寓教于乐的学习型的旅游产品。同时,不同会展活动内容的会展旅游者又具有明显的特定指向性,与一般旅游者不同的是,在旅游方式上他们注重体验式、参与式、人文化,并借助会展旅游进行学习交流,获取时尚流行信息。

(二)会展旅游服务产品拓展

会展旅游产品的拓展表现在两方面:一是针对会展代表开发设计适宜的其他旅游活动,引导会展代表的其他旅游需求,拓展会展旅游活动空间;二是针对普通游客开发以会展活动为游览观光对象的主题式会展旅游。旅行社可采用两种方法来开发拓展会展代表的会展旅游产品。

1. 丰富会展商务旅游

这种方法是模糊会展商务旅游与休闲旅游之间的界限,丰富会展商务旅游。会展代表的会展商务旅游通常作为他们职业的一部分,大多数情况是在工作时间进行,并不是在休闲时间进行的娱乐消遣休闲型旅游。但是休闲旅游与商务旅游之间存在着很强的联系,当会展活动工作之余,会展商务旅游者便可转变为休闲旅游者,而且现代会展代表通常会有一个完全是休闲旅游者的同伴,因而会展代表完全可将其商务旅游与会展之余的休闲度假连接在一起。

2. 延长会展商务旅游链

这种方法是通过延长会展商务旅游链来拓展会展旅游。会展代表通常商业意识较强,在参加会展活动后希望能进一步了解学习先进的经济发展模式、产业的实际状况,对于一些产业部门来说,他们也希望有更多的营销机会,本着共赢的原则,以共同利益为纽带,旅行社和相关产业联合开发诸如经济探秘、产业考察等旅游,在保护商业机密的前提下,有针对性地为会展代表提供高质量的服务,从而将会展商务旅游从会展活动延伸至产业部门。

会展活动往往围绕一定的主题,在特定区域内定期或不定期举行,使宝贵的动态文化旅游资源,经开发规划后将形成一系列主题不同的会展旅游产品。这种针对普通游客以会展活动为游览观光对象的主题式会展旅游也有两种不同的开发方法。一是以会展活动为核心开发系列主题式旅游。可以只针对某一会展活动进行开发,也可以某个会展活动主题为核心,通过特定的内涵进行延伸开发,以便深化这一主题。二是对会展活动地的开发。作为定期举办会展活动的地域,可利用会展品牌的效应,结合当地的人文、自然资源开发不同的观光游览旅游产品,放大会展旅游的延续效应,如北京奥运会后利用一些闲置的奥运场馆开发奥运村观光游,如果再利用某些设备设施、体育教练进行更深入开发,还可成为"当一回奥运冠军"体验式旅游。

(三) 会展旅游地理区域拓展

从我国目前会展活动的空间布局来看,会展活动的举办地通常都是现代化都市和风景秀美的城镇,为更好扩大会展旅游的吸引力和影响力,应注意会展活动举办地之间,会展活动举办地与其他相关性文化的景区、线路之间,会展活动举办地与相关性产业基地之间的渗透和扩展,充分发挥其关联作用,促成各旅游区域之间资源共享、产品互补、客源互流。

这种旅游目的地的拓展与联动,必须首先要进行主题凝练,通过主题内涵将其串成一条线;其次要进行类型组合,通过对客源市场需求调查分析,进行特品、精品、名品、普品的多种组合;最后要进行活动内容的组合,多方式地为会展旅游者提供体验意境。如 2006 年杭州休闲博览会期间举行的"马可波罗中国之路"游,借助的背景就是马可波罗当年从浙江前往当时大都的路线,沿途经过杭州、嘉兴、扬州等城市。

目前,法国有一个马可波罗自行车协会,"马可波罗中国之路"游就通过自行车这一休闲动力,同"休博会"建立了联系,并借题发挥产生了相对独立的跨越浙江和江苏两省多个城市的跨地域旅游。

【案例分析】

第三届休博会公开征集 10 名当代马可·波罗

杭州城市国际化进程的标志性盛会——第三届世界休闲博览会将在 2017 年 10 月 20 日拉开序幕。

本届休博会的主要活动项目之一,以"休闲世界,最忆杭州"为主题的第三届休博会国际休闲体验线路活动将面向国外游客和在国内工作、学习、生活的外籍人士推出。该活动整合了杭州市及各分会场的优质资源,选取 10 条具有杭州特色的休闲体验线路,组织各国游客及在国内的广大国际友人切身感受杭州的独特韵味和别样精彩,领略杭州城市国际化时代的休闲新风尚!

本次活动现面向国内外公开征集 10 位外籍友人作为休闲体验使者,参加由休博会组委会组织的精彩体验活动,让他们亲历美丽杭州的休闲品质生活。同时,组委会还将邀请国内外媒体前来采风体验,组织参加本届休博会各项会展活动的各个国家、各国际性机构、各个城市和知名企业、人士以及市民代表参加体验。

作为 2016 年 G20 峰会主办城市的"最忆是杭州"向世界各国的朋友再次发出盛情邀请。欢迎你,当代马可·波罗。

(资料来源:杭州市人民政府网站.http://www.hz.gov.cn/2017)

【分析】
(1) 结合案例,分析为什么选择马可·波罗作为征集主题?
(2) 想想你身边的展会是否可以参照这样的方式,为什么?

(四) 会展旅游服务方式拓展

1. 旅行社要树立与会展企业共赢的观念

从特征来看,会展旅游兼具旅游业和会展业之共性,具有引发性、边缘性、综合性、依赖性等特点,它紧紧地依托于会展,不能脱离会展业而独立存在。旅行社通过全方位的优质服务为会展活动营造良好支撑环境,提升会展活动的品质。

反过来,高品质的会展活动提高了会展活动的凝聚力与号召力,吸引更多的会展参加者,保证会展旅游的持续健康发展,使旅游与会展一起达到互动和双赢效应。

2. 旅行社会展旅游服务应贯穿于会展活动的始终

会展活动包括了除会展组织策划到设计布局外的食、住、行、游、娱等诸多要素,与旅游活动存在极大的共性,这些共性使得会展企业在产品组合、宣传、接待等业务操作上与旅行社具有很强的互动关联性。因此,旅行社应自始至终提供相关的会展旅游服务,保证会展活动的顺利进行。在会展前,旅行社利用其成熟广泛的销售网络,主动开展会展活动的宣传促销;在会展期间,调动自身的协调与组织能力,为会展活动参加人员提供食、住、行、游、购、娱一条龙服务,全面服务于会展;在会展后,旅行社协助会展企业开展、展后总结服务工作,旅行社可以利用为会展活动参加者一线服务的机会,为会展企业调查有关参加者的相关资料及征集反馈意见提供服务。

3. 服务方式上提供从一般性到个性化的会展旅游服务

会展旅游者的客源层次不一,需求不同,并且对服务的个性化要求较高,因此,旅行社不仅要提供一般化的服务,还要提供个性化的服务:一是旅行社开发多样化服务产品,通过灵活组合,以满足会展旅游者个性化的需要,这通常适用于规模较大的旅行社;二是细化会展旅游市场,集中优势,最大限度地发挥自己的优势,以满足目标会展旅游者的需要。

三、会展旅游旅行社代理服务

(一)会展旅游代理服务

旅行社、景点方面为参展者提供的产品稍显不足。展览业与旅游业在把握、引导和满足客源的多种需求方面合作欠佳。目前,越来越多的以旅行社业为主导的大型旅游集团进入展览旅游市场。一些大型的旅游集团如上海锦江、中青旅、春秋旅行社等已经加入了国际会展组织,开发会展旅游市场。

旅行社进入会展旅游市场的产品策略的:在服务上,将会展期间的酒店、接送、餐饮等基本服务做成主体产品,将其他配套服务及产品做成菜单,由客户根据需要灵活选择;在形式上,旅游产品应广泛采取半包价、小包价等形式,中短线为主,组团灵活;在内容上,主要是投资考察游等专项旅游产品,短平快的城市周边游。旅游业和会展业联合起来,实现会展旅游的整体促销,旅行社应同会展公司分工协作;旅行社安排应既有集体活动又有分散活动,可以随时根据情况改变行程,临时增减内容,帮助参展团提高工作效率,提高参展的附加值。

(二)选择旅游代理商应关注哪些方面

(1) 如果代理客户联络,是否熟悉行业情况?

(2) 对展览业的熟悉程度?过去的经验。

(3) 旅游产品的设计是否恰当,是否有特色,行程安排是否合理?

(4) 在办展当地网络成熟程度。

(5) 价格是否合理等。

复习思考题

1. 会展与餐饮酒店有哪些关系类型?
2. 会展与酒店业有哪些互动发展模式?
3. 饭店应该做出怎样的努力才能抢夺到会展旅游这块大蛋糕呢?
4. 会展旅游开发有哪些内容?
5. 我国实现会展与酒店互动发展的对策有哪些?
6. 促进会展旅游购物发展的基础因素有哪些?
7. 旅行社会展旅游业务服务的内涵是什么?
8. 会展旅游代理服务有哪些内容?

案例分析

2018年义乌会展与旅游看点多

在中国贸促会发布的《中国展览经济发展报告2017》中,全国26个城市年展会平均规模达2.5万平方米以上,义乌排名第九,居浙江省首位,领先省内宁波和杭州两大会展城市。

1. 会展旅游规模

2018年,义乌展览规模持续增长,成为经济发展新动能,全市共举办各类会展活动162个。其中,商业性展览64个,展览总面积首次突破百万平方米,达104.02万平方米,同比增长10.3%;参展企业16 880家,展位数48 544个,参会专业客商232.9万人次,成交额432.25亿元;规模以上展览(展览面积1万平方米)25个,创下新高。

展会的集聚效应给旅游市场带来了大量客源,全市接待游客2100万人次以上,实现旅游总收入265亿元以上。旅游业对全市经济发展贡献度逐年稳步提升,全市旅游业增加值占地区生产总值(GDP)比重已达8.22%,占服务业比重12.49%;全市旅游业从业人员占全社会从业人员比重为8.52%,占服务业从业人员比重22.8%。

2. 优化会展与旅游政策

义乌全面优化旅游会展业政策,出台《义乌市旅游业财政扶持办法》设立每年不少于5000万元的旅游发展资金,用于旅游项目建设补助、各种旅游业态培育扶持、组团旅游奖励和旅游企业做大做强。同时梳理了历年会展政策,形成《义乌市会展业政策汇编》,对各项会展活动进行规范管理。

3. 借会展推进全域旅游

义乌以"新丝路起点"为引领,以打造"世界商务旅游胜地"为目标,以"旅游+"为依托,以大景区、大平台、大项目为抓手,充分利用义乌市文化资源、农林资源,积极推进"旅游+文化""旅游+工业""旅游+农业"发展。不断推进旅游产业与其他产业融合发展,积极培育各类产业融合示范基地。

义乌坚持以互动式提炼乡村文化、全域性串联乡村美景、品质化提升旅游配套,26个村被评为浙江省A级景区村庄,其中何斯路村、小六石村、曹村被评为3A级景区村庄,李祖村、分水塘村、杜门村被评为2A级景区村庄。小六石村、曹村、布谷鸟农业生态园等一批网红旅游景点仅国庆十一黄金周期间就接待游客超过60万人次,旅游收入超过1500万元。

4. 会展与旅游服务品质提升

这一年,义乌发挥高端酒店数量与质量的优势,持续实施行业品质与服务"双提升",新增2家金树叶级绿色饭店、1家金宿级民宿,彰显大市风范。义乌万达嘉华酒店、万豪酒店分别以全省第一名、第二名的好成绩通过省级绿色饭店评定。双林精舍获评金宿级民宿。

推动"厕所革命"纵深发展,在2015—2017年三年行动计划投资3000万元完成旅游厕所新(改)建231座的基础上,2018年继续新建改建旅游厕所30座,其中,乌伤驿站厕所、马畈游客中心厕所、神坛游客中心厕所被评为3A级旅游厕所,全面改善市域和景点景区厕所环境,提升居民和游客幸福指数。

举办2018义乌市导游大赛,除各旅行社、旅游景区及导游协会推荐优秀导游以外,首次发动了近300名挂靠导游服务中心的兼职导游参赛。

5. 会展与旅游产品体系构建

义乌不断丰富旅游内涵,打造了"望道信仰""千年古镇""德胜古韵"等10条乡村精品线,同时充分挖掘佛堂古镇的历史文化和旅游元素,着力打造以"古韵佛堂 风雅商旅"为主题的旅游产品。

组织了5·19中国旅游日活动、外国人游大陈活动、亲子马拉松、后宅街道曹村斗牛节、佛堂民俗文化节等10余场旅游节庆活动。

6. 会展实现展场联动

义乌着力引导发挥展场联动作用,培育市场繁荣新增长点。积极引导各展会策划联动配套活动,开通展会直通车,互相引流客商,有效推动展会与市场联动,大力推进市场创新发展,促进市场持续繁荣。2018年市文化用品行业协会举办第二届文具礼品展,共预定了超过100家酒店,6000多房间,租用大巴车300多车次,吸引专业采购商超过52 000人次,同比增长85.7%,展会期间有100多车次往返义乌国际商贸城三区分会场与国际博览中心主展馆之间。

7. 会展标准化服务

义乌率先制定展览活动服务标准,鼓励绿色环保展装工程,是全省第一个从政务、举办方、展馆方、搭建方、展会招商等全行业链明确了展览服务要求和规范的城市。全年各大展会特装材料使用更绿色、更环保,绿色展装比例明显提高,由原来的45%增加到58%,极大改善了展馆整体软环境污染;参展商和采购商对展会组织管理和现场服务的总体满意率明显提高,从往年的70%左右提高到今年的85%以上。

(资料来源:义乌旅游微信公众号.盘点2018义务旅游与会展十大看点.2019)

【分析】
(1) 义乌提升会展旅游服务的措施有哪些?
(2) 义乌市的做法对你所在城市的会展旅游服务有哪些启示?

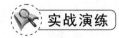

展会宴请实训

一、实训目的

掌握展会宴请的基本程序及各自的特点。

二、实训步骤

(1) 迎客:由于是大型宴会,普通客人要提前进入宴会厅。主人迎接主要客人。

(2) 入场:主要客人到齐后,由主人陪同按礼宾次序排列先后进入宴会厅。全场起立,鼓掌欢迎。主人及主宾入席后其他人才能坐下。然后由主持人宣布宴会开始。

(3) 介绍嘉宾:主持人向大家介绍嘉宾,全场鼓掌欢迎。

(4) 致辞:欢迎及欢送宴会,主宾都要致辞;顺序为:先是主办者后是宾客。致辞前,主持人要介绍致辞人身份。

(5) 敬酒。

(6) 散宴:主持人发表祝词,宣布宴会结束。主人及嘉宾先退席,其他客人相互告别离去。

第九章
会展旅游危机与安全管理

【知识目标】
- 掌握会展旅游危机的概念、特点、类型；
- 了解会展旅游危机和安全管理策略；
- 了解突发公共卫生事件的应对策略。

【能力目标】
- 学会理论联系实际综合分析会展旅游安全管理的策略；
- 学会分析有代表性的会展旅游危机的类型和管理程序。

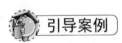 引导案例

受汽车行业转型期影响车展频频爆冷

据《欧洲汽车新闻》网站报道，继梅赛德斯-奔驰之后，宝马也宣布将退出今后的北美国际车展。值得一提的是，包括捷豹路虎、保时捷、马自达，以及大多数美国以外的运动轿车制造商和超豪华汽车品牌，都缺席了今年的北美车展。

与此同时，底特律汽车经销商协会正考虑从2020年开始，将原本每年1月举行的北美车展调整至10月开幕。同时，未来北美车展也将压缩成本并将展出重点放在产品和技术方面。底特律汽车经销商协会认为，如果能把车展举行时间调整至每年秋天的话，可以阻止甚至扭转参展商不断流失的局面。底特律秋天的环境更适宜举办车展，更重要的是秋季车展的运营成本要更低。

据《德国汽车周刊》报道，继美国底特律车展爆冷之后，风光了几十年的德国法兰克福车展也被爆在多家主流车企吃了闭门羹。雷诺、沃尔沃、日产和马自达已确认不会参加法兰克福车展。近日，全球最大的车企丰田也宣布今年将缺席法兰克福车展。

几乎所有的汽车制造商都希望在花费巨大的车展上，能够与潜在的消费者建立直接的联系，以车展为契机促进销量的增长。名不见经传的布鲁塞尔车展就另辟蹊径满足了制造商们的这一诉求。部分参展厂家在今年一月举办的布鲁塞尔车展上甚至收获了相当于往年年销量三分之一的订单。

除了日本的汽车制造商，顶级豪华车制造商参展情况也不容乐观，劳斯莱斯、阿斯顿马

丁、雷诺 Alpine 和凯迪拉克都已确定不会参展。豪华车品牌似乎更偏爱日内瓦车展。除了高端车品牌，小众品牌更喜欢在瑞士日内瓦进行展示。

即便如此，日内瓦车展也同样正遭遇着车展的瓶颈期。将于今年三月举办的日内瓦车展上同样将有众多主流品牌缺席，其中包括沃尔沃、福特、现代、捷豹路虎、英菲尼迪。

不管是底特律车展、日内瓦车展还是法兰克福车展都曾是各大汽车制造商非常重视的展示平台，如今却纷纷爆冷。可见汽车制造商们正节衣缩食地度过一段危难时期，而汽车行业的变革可能会比预想中来得更为凶猛。不管是被视为传统的汽车制造商，还是正在进入的所谓的"新势力"，都在现实下进行转型，变更航道，但这两者的心情截然不同。

(资料来源：搜狐网汽车频道. http://www.sohu.com/2018)

第一节　会展旅游危机管理

目前，中国会展旅游业已呈快速发展之态势，但仍存在着一些问题。其中危机管理能力是制约会展旅游业发展的瓶颈之一。由于各种原因，在管理、协调、安全、知识产权等诸多方面，经常爆发一些紧急事件。这些事件，小则影响参展商、参观观众或主办方的人身安全和经济利益，大则影响到地方政府的声誉。对于会展旅游主办者来说，具备会展旅游危机管理能力就必不可少了。

一、会展旅游危机管理的内涵

（一）会展旅游危机的概念

世界旅游组织将危机概括为：能够影响旅游者对一个旅游目的地的信心和扰乱继续正常经营的非预期性事件。据此，我们可以将会展旅游危机定义为：指影响旅游参展商、专业观众、相关媒体等利益相关主体对会展旅游的信心或扰乱会展组织者继续正常经营的非预期性事件，并可能以多种形式在较长时期内不断发生。

（二）会展旅游危机管理的概念

会展旅游危机管理是指为了避免或减轻危机事件给会展旅游业带来的严重威胁所进行的计划、组织、协调、控制、指挥活动。

会展旅游危机管理必须借助政府、会展旅游主管部门、会展旅游企业、会展旅游行业协会等众多部门或组织通力合作、具体分工，通过已建立的会展旅游危机防范体系，不断提高经营管理水平来预防和控制会展旅游危机事件的发生。

二、会展旅游危机的特点

（一）意外性

意外性是会展旅游危机的起因性特征。如 2001 年美国的"9·11"事件、中国 2003 年经历的"非典"、2019 年年底暴发的新冠肺炎疫情等重大意外性事件。它令人感到意外和突然，也给人们带来惊恐和不安。

（二）危害性

危害性是会展旅游危机的结果性特征。重大的会展旅游危机往往造成会展终止，有的还会造成巨大经济损失和社会负面影响。

（三）紧急性

紧急性是会展旅游危机的实践性特征。其应急性实践往往令与会者应接不暇和终生难忘。

（四）不确定性

不确定性是会展旅游危机的本质性特征。具体到某届展会，组展者很难预料危机何时发生，从何处发起，其危害有多大，范围有多广，持续时间有多长，损失有多少等，真可谓"危机无处不在，危机随时可能发生"。只有树立全面的危机管理理念，创建科学的会展危机应急管理体系，着力于从"大处着眼，小处着手"，加强预测预报，加强综合治理，才能使会展防患于未然，并能顺利举办和可持续发展。

三、会展旅游危机的类型

每当会展旅游拉开序幕，来自四面八方的人群相聚而至，从此刻开始，会展旅游危机也就相伴而来。诸如会展活动场馆的规模和区位（社会治安状况、周边交通环境、场馆设施条件等）；当地的气候条件和变化；会展活动的时间和性质、特征；会场的食物、水、饮品、与会人数、现场消防和动力安全等，随着各种变量因素的积累和变异，将会产生各种难以预测和控制的后果。

为此，人们把会展危机分为两大类，一类为可控制会展危机，另一类为不可控制会展危机，并从中找出会展危机类型的分类方法，具体有以下几种。

（一）社会因素

社会因素主要指因经济秩序和社会宏观环境变化导致的危机。如社会经济衰退、通货膨胀、游行示威、罢工罢市、政治动乱以及恐怖威胁和战争波及等。这些来自社会环境的巨大冲击，是任何办会者都难以抗拒的，故称为不可控制的危机。组展者如能从国家政府部门提前获得危机信息，则可采取应急措施把危害降到最低点。

（二）运作因素

运作因素指在会展运作中，由于项目经理经营不善、管理不当，主办机构财力不足以及参会合作者严重失误或中途退出等诸多原因，造成管理失控和混乱，导致整个会展活动陷入困境。这些都属于运营层面上的管理危机，也有学者把它称为经营危机、财务危机和合作危机。值得指出的是，目前国内会展业中尚存在盲目扩张、恶心竞争、弄虚作假等错误倾向，这更是造成会展危机产生的祸根，应该引起高度重视和坚决根治。

（三）自然因素

自然因素指由自然原因引起的危机，诸如突然发生地震、海啸、飓风或暴雨、洪水等重大自然灾害，由动物携带的病毒引发的人类恶性传染病等，这些是办展者无法抗拒的，当属不可控制范畴。为了防范这些危机，办展者一定要加强与政府相关管理部门的信息沟通，一旦获悉定要"宁可信其有，不可信其无"。会展活动要做好时间调整，及时更改会展日期或变更场地,直至被迫终止而避开危机的发生。

(四) 安全因素

安全因素指除社会因素和自然因素外的安全问题。诸如工作粗心大意、场馆和展位设施所引起的危险、盗窃、抢劫、爆炸等,其他如食物中毒,观众参观时人流拥堵造成倒塌伤害以及火灾、漏电、严重污染等。这方面的典型案例数不胜数。这些危机的产生大多属于管理层面上的问题,理应加强管理,制定出会展各项管理职能和规章制度,不断提高会展管理人员的综合素质和与会者的文明素质。

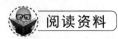阅读资料

拉斯维加斯某乡村音乐节上的枪击事件

2017年10月1日美国时间晚上10点20分左右,在拉斯维加斯曼德勒海湾赌场附近举行的一场乡村音乐节中出现活跃枪手。现场一名目击者称,枪手是在高位进行了射击。拉斯维加斯当地官员称,拉斯维加斯枪击案已造成至少59人死亡,515人受伤,这是美国历史上死亡人数最多的枪击案件。大批警员随后赶往现场展开大规模搜索行动,并且封锁了事发地点周围的街道。拉斯维加斯警方以及联邦调查局的特种战术小组都被调往现场。

事发时,携程旅游有数百名游客在拉斯维加斯,未有游客伤亡消息。但有8名团队游客被困封锁区域的酒店内,均安全。其中2名游客在当地警方的协助下,已经与领队会合并离开封锁区域。其他被困客人,携程旅游的领队已经同客人取得联系,安抚客人情绪,并告知客人暂时继续在客房内避险等待救援,不要贸然外出。

国内多个旅游平台已启动应急机制,推出"一周内订单免费退改""无损退订"等措施。来自中国驻旧金山总领事馆的消息则称,该领事馆尚未接到中国公民伤亡报告,同时正和警方、医院保持密切联系。

(资料来源:新华网国际频道.http://www.xinhuanet.com/2017)

四、会展旅游危机管理的必要性

(一) 确保会展旅游能按期举办的有效措施

英国危机管理专家迈克尔·里杰斯特指出:"预防是解决危机的最好办法。"对会展旅游危机进行有效管理最重要的作用就是将可能发生的危机控制在萌芽状态,以确保会展旅游活动能够如期顺利举办。

(二) 确保展会安全举办的有力手段

当前,会展活动面临的危机风险越来越大,而且很多风险都是预料不到,甚至是前所未有的。面对这种形势,会展旅游管理者应充分认识到危机管理的重要性和必要性,提高危机的敏感度,经常地、系统地进行危机教育,以确保展会安全有序举办。

(三) 能最大限度地减少办展机构的损失

作为商业性企业,会展旅游企业举办展会的主要目的之一就是获取利润,创造良好的经济效益。但如果在展会举办期间发生了会展旅游危机事故,轻则会展旅游企业难以获取利润,重则企业需承担大量的赔偿责任,经济损失巨大。因此,加强会展旅游危机管理可控制

潜在中的危机风险,进而最大程度减少办展机构的损失。

(四) 是对参展商高度负责的具体体现

会展旅游企业举办展会不仅要创造效益,也要为参展商提供全面周到的服务。参展商对会展旅游活动的评价是衡量展会是否成功的重要指标之一。如果在展会期间发生了危机事故,会大大影响参展商的利益,进而会影响参展商对会展旅游活动的评价。因此,加强危机管理也是对参展商高度负责的具体表现。

新型冠状病毒性肺炎疫情对我国旅游业的影响

2020年注定是一个不平凡的年,年初,一种可以通过人群接触传播的新型疾病席卷中国,在人人自危的如今,旅游业同很多实体产业一样,受到了很大的影响。

旅游产业是一个高度环境敏感性行业,这种敏感表现在非常容易遭受境内外突发事件的冲击和影响,从而导致严重的衰退和滑坡,形成旅游危机。

按照危机事件的学术分类,此次全国新型冠状病毒性肺炎事件属于"流行性传染病",一级分类为"自然及人为灾难"。旅游行业中几乎所有细分领域均涉及人群聚集与社交,不同于其他危机事件仅对某具体细分市场影响,例如国际关系仅影响出入境客流,而流行性传染病窗口期无疑会对旅游行业构成全面的冲击。

本次疫情对旅游行业的影响最为严重,远超2003年"非典"疫情的影响。不仅因为这次疫情持续的不确定性,还因为十七年来中国的经济结构改变,消费尤其是旅游消费占据更高比重,经济周期也处在不同的位置,因此对旅游业的影响也非"非典"期间的影响可比。且本次疫情正好发生在春节期间,涉及的旅游企业节后复工也被迫推迟,对旅游业直接间接的影响体现在春节旅游黄金周、第一季度甚至是全年上。

1. 从旅游供给端来看,旅游业整体受到波及

目前全旅行业的人都处在失业状态,旅行社出现全面亏损,中小旅行社面临歇业、关闭;酒店遭遇暂停营业,短期内出租率大幅下滑,营业收入受到重创,很多企业甚至处在基本停业状态;航班取消或者停飞,入境旅游严重受创;景区也被要求全部关闭,无法创造收入,且疫情结束后可能也无法马上迎来客流反弹;旅游板块股票市值大幅下跌,景区、旅行社、餐饮等子行业股票大幅度下跌;旅游行业从业人员工资大幅缩减。

2. 从需求端来看,由于疫情的严峻形势,游客出游意愿锐减

在文化和旅游部办公厅通知发布前,已经有不少消费者主动取消了春节期间及节后的旅行计划,最大程度避免人群聚集与外出活动。

因此,在全国人民抗击疫情的紧要关头,国内旅游产业面临着空窗期,甚至是一场空前的行业危机,整个产业链都将承受巨大的亏损。

疫情对旅游行业的间接影响反映时间较长,旅游行业的业绩最低值出现在疫情暴发后两个季度。集中表现为,疫情对旅游业业绩影响持续时间长、具有一定滞后性,表现出消费者出游意愿较难在短期内恢复。出境游、入境游或将经历一段时间低迷,影响程度取决于疫情控制速度以及境外管控措施、旅游重振计划的实施。具体表现在以下两方面。

(1) 旅游市场开始萎缩,会议会展等相继延期或取消。

(2) 旅游心理发生变化，公众恐惧担忧心理，在一定程度上动摇了消费者信心、出游的意愿。

3. 旅游行业面临的挑战

整体来看，此次疫情对于中国旅游产业、产业链各个环节参与者、国际旅游合作都会带来挑战，主要可归纳为收入损失、应对现金流难关、处理善后工作、密切国际合作等方面。

(1) 收入损失

国内旅游市场主要就靠3个时间段赚钱：春节假期、暑假以及国庆假期。

由于疫情的关系，春节假期的旅游营收大大减少，等于全国旅游行业直接损失了1/3的收入。根据北京大学旅游研究与规划中心主任对21世纪经济报道分析："如果按照乐观估计三个月绝收期减少60%，三个月恢复期减少30%来计算，全国旅游业预计今年损失接近3万亿元。"

(2) 现金流难关

对于旅游企业，除了业务收入的亏损，现金流缺口也是疫情引发的一大挑战。短时间内的订单取消使得包括上游供应商，如航空公司、旅游产品供应商，中游分销商如旅行社、在线旅游平台、代理商等，乃至整个行业的现金流都很紧张。若实力不足以应对难关，前期或许会选择裁员或减薪，但如果国内旅游市场持续低迷3个月以上，就存在着资金链断裂的风险，大多中小旅企将很难再维系经营，只能面临资金链断裂和破产。

(3) 善后工作

新冠肺炎疫情发生后，海量退订使得各环节面对巨大的处理压力，如在线旅游平台与航空公司需在短时间内重建免费退票系统、中游环节难扛巨大的订单处理量、上下游矛盾与旅游合同纠纷、国际合作等。

此次疫情构成不可抗力，由于游客行程调整特别是退团退费旅游企业外，还涉及多个行业、多个领域，甚至是多个国家或地区，对于什么是合理诉求、游客和旅行社根据合同及相关法律协商解决后续问题的理解肯定会存在差异。因此，后续可能引发的矛盾和合同纠纷是潜在的衍生问题。

此外，旅游有天然的国际性，受疫情影响，需要大量的双边和多边合作。出于安全考虑，全球多个国家或地区已对中国游客采取入境管理措施，国际航班等信息也随时变动。如何保障数百万出入境游客的生命安全和身体健康，还要防止疫情的扩散，需要签证、航空、移民、海关、公安和旅游部门各领域密切互动，需要大量的双边和多边合作。

(资料来源：山合水易. http://www.shsee.com/2020)

【分析】

结合案例，讨论分析新冠肺炎疫情对我国会展旅游业造成了哪些影响？针对这些影响，会展旅游企业如何应对？

五、会展旅游危机管理的程序

会展旅游危机管理主要包括以下四个主要阶段。

(一) 预警阶段

会展旅游预警阶段会展旅游企业通过对政治环境指数、经济环境指数、自然环境指数、商业环境风险等危机预警指标，定期或不定期地进行自我诊断，找出薄弱环节，并利用科学有效的措施和方法对危机进行全方位的监控、分析和判断,以便及时捕捉到可能发生的危机征兆。在有信号显示危机来临时,及时发布并警示,从而有利于企业自身和会展旅游者遭遇危机时主动采取积极的安全措施。

预防是解决危机的最好方法。加强会展旅游危机管理,要增强危机意识,及时察觉危机的征兆,将可能发生的危机控制在萌芽状态,在危机发生时,尽可能把损失控制在一定的范围之内。

（二）处理阶段

会展旅游处理阶段是指发生旅游危机事件后,会展旅游举办方运用公关宣传、新闻发布会等方式或渠道,与相关部门保持沟通、采用主动说明和积极赔偿等手段。处理阶段主要有四个方面的工作需要注意。

1. 及时发布危机信息

在旅游会展危机事故发生以后,组织方和旅游企业以诚信、透明的态度与各类媒体沟通,设立新闻中心适时向社会公众发布客观、准确、透明的危机信息,同时防止谣言和小道消息的散布,最大限度地消除会展旅游者的恐惧心理。

2. 控制危机发展,加强保障措施

对于有重要人物参加的会展旅游活动必须要对现场和旅游线路进行安全检查,布置好安全保卫工作,同时应配备专业医护人员和救护设备。对于会展旅游者的安全也应采取必要的保障措施。遇到比较敏感的政治危机事件,必须加强与政府和会展旅游主管部门的联系和合作,通报危机事件的进展情况,配合政府的权威危机措施。

3. 加强客户沟通,巩固企业形象

通过与客户有效沟通,保持和增强与新闻媒体、游客、政府机构之间的良好关系。通过用各种联系方式与客户保持沟通,向其通报事件情况,争取客户的理解和支持,保持客户对企业的信心,为危机后开展新的会展旅游业务做好准备。

根据自身实际情况,配合政府和媒体,做大量有利于树立企业形象的广告宣传,吸引公众的关注,巩固甚至提升企业形象。同时尽力搞好企业内部沟通,调动员工的积极性。以上这些措施都是减少危机损失的基础性工作。

4. 转危机态势为机遇

会展旅游危机给会展旅游企业带来的可能不仅是损失,在危机中也有可能蕴藏着机遇。会展旅游企业应把握好这些机遇,转危机为生机,使企业获得新的发展,如在危机期间的经营淡季,可以抓紧时间对员工进行培训,提高综合素质,危机过后,企业的服务与管理就能够上一个新的台阶,从而弥补在危机中的损失。

（三）形象再塑阶段

会展旅游危机的应急和处理主要是为了阻止危机蔓延以及减少危机造成的损失,同时努力使已经造成的损失恢复到危机前的状态,即重塑会展旅游目的地的形象和恢复会展旅游企业的信心。发生旅游危机后,会展旅游企业要配合会展旅游举办地政府和主管部门尽快有效利用报纸、电视等大众媒体,积极宣传会展旅游目的地的安全形象,尽快恢复国内外会展旅游者对旅游目的地的信心。同时,会展旅游企业也要通过科学的市场调查和资料分析,对目标市场采取有针对性的营销措施,做好会展旅游企业形象宣传,引导会展旅游消费,从而刺激、帮助客源市场和营销渠道复苏和繁荣。

另外,也要使危机事件造成损失的企业尽快恢复,重塑企业内部信心,增强内聚力,制定新的发展战略,抓住新的客源,实现企业振兴。

(四)评估阶段

会展旅游危机事件消除或告一段落以后,会展旅游企业应对危机事件进行详细而全面的评估,主要针对危机预控管理和对危机事件管理的评估。在评估的过程中,一方面应有科学规范的评估体系,另一方面也要对现有危机预防机制进行有效完善。总结工作做完后,会展旅游企业要认真回顾危机处理过程中的每一环节,针对前面的预警系统进行反馈,帮助危机管理机构重新修正预警系统的失误,进行相应的改进或调整,以便建立一个更有效的预防机制,从而加强危机管理预案的指导性和可操作性,具体如图9-1所示。

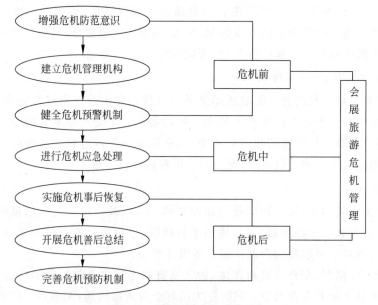

图9-1 会展旅游危机管理流程

(资料来源:郑岩,曾武岩.会展与事件旅游[M].北京:中国科学技术出版社,2013)

第二节 会展旅游安全管理

一、会展旅游安全管理的内涵

(一)会展旅游安全的概念

会展旅游安全是指会展旅游平安、无事故、无威胁、无危机,是会展旅游者在旅游活动过程中平安、不受威胁、不受伤害、不受损害、无事故、无危险,是会展旅游经营者为会展旅游者提供的会展旅游产品和服务无危险、无危害。

第九章 会展旅游危机与安全管理

（二）会展旅游安全的内涵

会展安全内涵主要体现在以下三方面：①客人、员工生命和财产及企业财产安全；②客人的商业秘密及隐私安全；③企业服务和经营秩序、公共场所秩序安全。

（三）会展旅游安全管理的概念

会展旅游安全管理是指为保障客人、员工生命、财产安全而进行的一系列计划、组织、指挥、协调、控制等管理活动，其主体是会议场所和展览场馆的安全。

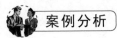

中国进出口商品交易会企业展位防骗方法

中国进出口商品交易会俗称广交会，这个中国企业利用最多的交易会，现在已经越来越成为一些小企业进军国际市场的有效平台，然而由于种种原因，很多的中小企业，尤其是民营企业通过正常渠道拿不到展位，这样，倒卖展位就有了巨大的市场。

在企业购买展位的过程中，首先要注意的问题就是防骗，因为一旦在买展位的过程中被骗，那造成的结果就不仅是钱被骗走，而且没有了展位，这对于把半年的期望寄托在广交会上的中小企业来讲无疑是当头一棒。常见的展位买卖诈骗的方法如下。

（1）贸易或展览公司直接同企业联系，详细介绍自己公司的实力，在取得企业的信任之后要求预付款，当企业把钱汇过去之后已经入"虎口"。

（2）宣扬自己与哪个正规机构是合作关系，或者是哪个正规机构的下属单位，信誉绝对可靠，并且会拿出部分书面材料来证明，等骗取企业的信任之后同样是要预付款了。

（3）会给企业出示展位鸟瞰图，同其他企业合作所签订的合同，以往合作企业的合同等，用所谓的事实来向企业证明他们的实力与资信。

（4）价格，这个可能是所有商业运作中最敏感最核心也最有影响力的课题了。有些贸易或展览公司会直接以低廉的价格做诱饵进行诈骗，这是最容易上当的。

（5）高级一点的，就是第一年正常合作，而且双方合作的都很愉快，那么第二年继续合作了，骗子会要求合作过的企业介绍其他的企业同他们合作，当然也是以一定的"降价"为诱饵，当多个企业被一家或者多个企业介绍给骗子合作后，那么，这些企业就一起上当受骗了。

（6）这个有点很难防了，有些贸易或展览公司本身是正常营业的，但公司里的业务员会联合其他人或公司进行诈骗，业务员诈骗，这个连原公司老板都郁闷。通常业余员会以公司的名义同老客户联系，提供展位的详细信息，并且会提供公司的账号，但这个账号可能在名字上与原来的公司很相近，实际上却是另外一家公司的账号。合作企业在不知情的情况下，有的可能会核查一下账号，有的根本就不核查就把钱汇过去了，这样的话就是又一笔钱入"虎口"而展位也没有了。

针对这样的诈骗，最好还是通过正常渠道获得展位，在正常的渠道无法获得的情况下，一定要对贸易或展览公司深入的了解，选择成立时间较长，不单单只做广交会，最好展览公司同时还做其他专业展览。千万不要贪便宜（当然也不是贵的一定就是真的）！不要轻易相信他们的说辞，不要轻易相信朋友的介绍，也不要轻易相信他们的业务员，对合同、对方提供的账号等要仔细审查，不可贸然汇款。

（资料来源：新天会展机构. http://www.valuedshow.com/2020）

【分析】

结合案例,分析展会主办方在会展安全管理方面受什么因素影响,有哪些对策?

二、会展旅游安全事故的类型

由于市场变化的不可预知性,以及各种主客观因素,导致会展旅游的举办过程中发生各种类型的安全事故,这些安全事故有时单一出现,有时交替出现,有时甚至同时出现。对于会展旅游管理者来说,深入了解各种会展旅游安全事故的类型,了解其发展过程以及特点和趋势就显得非常必要了。目前主要有以下几种常见的会展旅游安全事故。

(一)火灾事故

这类事故往往会造成严重的后果,不仅造成各种基础设施、人员财产的损失,更重要的是会造成整个旅游会展经济系统的紊乱,大大打击会展旅游者的信心。

(二)卫生事故

卫生事故,特别是其中的疾病或食物中毒事故,主要是由于异地性因素、旅游劳累或者食品卫生等问题而诱发的,对于会展旅游举办地的形象会造成很大的损害。

(三)犯罪

各种犯罪行为由于其主要针对会展旅游者,往往成为最受人关注的会展旅游安全表现形态之一。犯罪在旅游业中具有特定的规律和特点,主要可分为侵犯公司财产类犯罪、危害人身安全犯罪、性犯罪与毒品、赌博、淫秽有关的犯罪。

(四)工程事故

这类事故往往具有一定的毁灭性,主要可分为道路交通事故、航空事故、水难事故、景区事故等。

(五)其他不可预知的安全事故

这类事故包括各种自然因素导致的安全事故,如地震、滑坡等,以及因为公共安全突发事故、疾病传播、自然环境恶化等引发的危及公共安全的事件。

案例分析

泰国旅游产业走太快　风险管理没跟上

2017年泰国接待外国游客人次破3500万人,相当于总人口的一半,但旅游产业硬软件"没跟上"。

7月6日,泰国旅游胜地普吉岛发生游船倾覆事故。据《人民日报》7日中午发布的信息,事故已造成33名中国人遇难,仍有23人失踪。

这是泰国历史上伤亡最惨烈的一次旅游安全事故,普吉州州长诺拉法特表示"伤亡之大出人意料"。就事故而言,最该指责的,无疑是"不顾警告"顶风出海的涉事船务公司、旅行社。但也应看到,这背靠着旅游地旅游风险管理不尽如人意的大背景,该事故也对泰国旅游危险系数形成了某种佐证。

说到"旅游危险系数",今年6月英国恩兹利保险公司刚将泰国列为全球最危险旅游目的地。更早些时候,旅游网站SafeAround将泰国评为"全球安全排行榜"排名第91(总数为

第九章 会展旅游危机与安全管理

162)的国家,其"总体风险""诈骗风险""运输与出租车风险"和"自然灾害风险"四项系数均是"高"。

这只是泰国旅游管理面对严峻的旅游安全形势跟不上的折射。首先,对部分旅游景区有组织犯罪控制不力,"南四府"和泰缅边境地区治安问题是老大难,即便较安全地区,旅游景点扒窃率上升问题也长期得不到控制。

其次,部分明显存在安全隐患的旅游项目长期"灰色存在"。此前中国游客在泰国屡遇甩团事件,"游船惊魂"也早就不是新闻。许多打着"泰国旅行社"旗号的"地接",其实是改头换面的中国机构、个人,还有些当地来路不明的企业、个人"打擦边球"。

这倒不是说,泰国不重视旅游安全管理。早在1959年,泰国就成立了专门的旅游业促进机构,并推动了一系列旅游相关立法,在东南亚国家中曾被认为具有前瞻性。但其旅游管理问题突出是不争事实,这也跟其似严实松的管理力度有关。

泰国是东南亚交通事故最多、事故死亡率最高的国家,其背后是相关法规执行不力,肇事处罚轻描淡写。

此次事故中,尽管泰方事发两天前就发出大风大浪警报,港口却并未采取得力措施阻止游船出港。有目击者称安全系数最低的小艇也有许多在5、6两日出海,却并未遇到阻碍。冒险出港的经营者当然应负主责,但明知出海有风险却只警告不阻拦的管理机构,也难辞其咎。

管理松懈不是没来由的。首先,泰国自两次亚太金融危机以来,将旅游业当成对冲国际经济风险的"保险池",2017年年接待外国人数竟冲到3500万人次大关,相当于泰国总人口的一半,快速膨胀的旅游压力导致管理政策、资源和硬软件严重"跟不上趟",系统性安全隐患叠加。基于"踩刹车"会影响本国经济的顾虑,当地又很难实现管理上质的提升。

其次,泰国是自然灾害高发地区,灾害应对能力却不足。对泰国来说,普吉岛翻船事故是种提醒,旅游安全形势改善,不能只是暂时、局部、有限的。而对中国国内游客而言,也宜从自身安全考量,"千金之子,坐不垂堂",多些风险预见性,多具备些避险能力,绝非多余。

此次普吉岛翻船事故发生后,泰方做出了积极调查、迅速整改的姿态,值得肯定。一直以来,泰国方面很难冒着给高速前进的"旅游高铁"踩刹车的风险,下狠心强力整改本国的旅游安全问题。这起事故无异于一记提醒:旅游安全形势改善,不能只是暂时、局部、有限的。

(资料来源:新京报. http://epaper.bjnews.com.cn/2018-07-08)

【分析】
(1) 结合案例,分析泰国造成以上旅游安全问题的主要原因是什么?
(2) 针对这些问题,泰国应如何应对?

三、会展旅游安全管理的内容

会展旅游安全的管理对会展旅游活动的顺利开展具有无比重要的作用,其工作的好坏,直接关系到会展旅游者的人身、财产安全以及会展旅游举办地的声誉。因此,必须随时关注旅游会展安全,保持警惕,把安全管理工作作为会展旅游运作的首要工作来看待。会展旅游安全管理主要包括以下几方面内容。

(一) 选择会展旅游场所

会展旅游场所的安全是会展旅游安全管理的一项十分重要的工作,其贯穿于会展旅游活动举办的始终,没有安全的会场,也谈不上安全的服务和安全的产品。同时,选择旅游会展场馆也是一项比较专业、复杂的工作,需要考虑很多方面的事宜。会展场所安全管理主要有以下特点。

1. 不安全因素多

会展场所以高层建筑居多,尤其是展览场所,展览用品多,用电量大,易燃易爆危险品多,潜在不安全因素多。

2. 责任重,影响大

会展接待服务企业对保证与会者的生命财产安全,具有义不容辞的责任。与会者在参加会议或参观游览期间发生意外事故,不仅使客户蒙受损失,更主要的是会给会展接待服务企业及会展场所带来极恶劣的印象,无论是政治上,还是经济上的损失都是难以估计的。因此,作为与会者在会展期间的主要活动区域,包括会展场所、饭店客房、就餐场所等,其安全要求的标准高,责任重大,必须加强各种防范措施。

3. 服务人员安全意识强

会展场所安全管理以防火、防盗、防暴、防偷、防自燃事故为主,由于客户停留时间短,流动性大,破案时间急,因而要求服务人员安全意识强,业务水平高。

(二)制定安全规章制度

会展旅游企业应根据自身企业特点,制定严格、规范的安全规章制度,保障会展旅游活动的顺利开展。一般而言,要制定健全的消防制度,如会展场所使用的耐火材料,以及其搭建和运输的制度。制定预防传染性疾病、重特大旅游事故等安全生产应急预案等制度。

(三)成立管理组织

安全事关旅游企业生存,关系到旅游会展举办地的声誉和形象,关系到社会稳定和发展的大局,因此,会展旅游企业应把会展旅游安全工作放到中心位置,建立专业的管理组织进行有效的管理,如确定会展旅游安全管理的总负责人和每个员工责任,确定安全管理小组成员构成,及时对成员进行专业培训,更好地服务于会展旅游活动等。

(四)保险

为了转移会展旅游企业的经营风险,保障会展旅游者的合法权益,旅游会展举办地和会展旅游企业往往会投保。但是,在具体的实施过程中还存在一些问题,如相关法规不健全,导致会展旅游安全事故责任难界定,纠纷频发;会展旅游和保险市场不规范竞争的现象较突出;投保方式不科学,会展旅游企业分散投保不利于整合资源等。随着会展旅游企业业务范围不断扩大,各种经营风险明显增加,安全保障要求不断提高,亟须进一步完善相关责任保险制度。

(五)会展工作人员安全操作的注意事项

(1)真空吸尘器、磨光机等器具的连接装置必须安放到地上。

(2)工作台车应装有宽大的车轮,以便推行。装载较重物品时,应用双手推车,特别在铺有厚地毯的走廊上更是如此。

(3)搬运笨重物品时,应有两人以上合作。

(4)擦洗地面时,应在擦洗区域设置标志,如"谨防地滑"的标牌,或用醒目的绳子将该区域围住。

(5) 高空作业一定要系安全带。

(6) 当使用较浓的清洗剂时,应戴上手套,以免化学剂腐蚀皮肤。

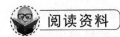

会展工作人员安全操作须知

(1) 在会展场所范围内不得奔跑。

(2) 对湿滑或有油污的工作地带,一经发现应立即抹去,以防滑倒。

(3) 员工制服不宜过长,以免走动时绊倒,发现鞋底过分平滑时要换鞋。

(4) 取高处物品,应使用梯架。

(5) 保持各种设备和用具完整无缺,有损坏的物件切不可再用,要及时报告上级,尽快修理。

(6) 发现公共区域照明系统发生故障,要立即报告有关部门,尽快修复。

(7) 在公共地方设置的工作车、吸尘器等,应靠边停放,电线要整理好,不能妨碍客人和员工行走。

(8) 所有玻璃或镜子,如发现有破裂,必须立即报告有关部门,及时更换;如暂时不能更换的,也要用强力胶纸贴上,以防坠下。

(9) 清洗地毯、地板时,切勿弄湿电源插头和插座,以防发生漏电。

(10) 卫生间内及露天花园的地板、楼梯等处不宜打蜡,以防滑倒。

(11) 在玻璃门显眼处要贴上有色条,提醒宾客或员工,以免不慎撞伤。

(12) 卫生间热水龙头要有使用说明。

(13) 家具或地毯如有尖钉,要拔去,以防刺伤人。

(14) 清理碎玻璃及一些尖锐物品时,要用垃圾铲,勿用手捡拾,处理时,应与一般垃圾分开。

(15) 开门关门,必须用手推拉门把手,勿用手推拉门边,防止扎手。

(16) 不要将燃着的香烟丢弃在垃圾桶内。

(17) 手湿时,切勿接触电器,防止触电。

(18) 放置清洁剂、杀虫剂的仓库,要与放食物和棉织品的仓库分开,并要做明显标记。

四、会展旅游安全管理的管理策略

(一) 会展危机意识的树立

危机意识是这样一种思想和观念,它要求一方面会展主体尤其是主办方、承办方和协办方自身要居安思危。从长远的、战略的角度出发,在日常管理和运作中抱着遭遇和应对危机状况的心态,预先考虑和预测可能面临的各种紧急的极度困难的形势,在心理上和物质上做好对抗困难境地的准备,预测或提出对抗危机的应急对策,以防止在会展危机发生后束手无策,遭受无法挽回的损失。另一方面要有备无患。通过模拟会展危机情势,科学的预警分析,来了解非传统威胁形成的各种可能,采取积极有效的措施并制定完善的会展危机管理计划。

（二）会展旅游安全管理机构的建立

有效的会展危机管理系统包括决策咨询参谋机构、决策中枢机构（要形成处理危机的方案、计划）、决策执行机构，以及人员、资金、物质资源；软件系统则是由形成处理会展危机的方案、计划等组成。其中最主要的是要依法组建一个具有足够权力且能有效动员、指挥、协调、调度地区资源，并能进行日常的和应急的快速沟通来应对会展危机的中枢指挥结构。

这个系统是整个会展危机管理机制的灵魂。当危机发生以后，最初做出反应的就是决策中枢机构，决策中枢机构能不能在最短的时间内做出反应、做出反应的方式以及领导、指挥会展危机管理工作的灵敏程度是衡量一个会展主体危机管理能力的主要因素。所以我们要尽快建立综合性的决策中枢机构和常设性的会展危机管理行政部门或临时性工作小组，赋予与之对应的职能。

（三）信息披露制度的健全和完善

由于会展危机信息不对称，会展主体在处理危机事件时，如不能及时公布危机信息或故意隐瞒，就极易造成谣言四起，参展商和相关公众恐慌，使自身陷入被动，因此组展商应与媒体建立良性的互动机制，保持良好的合作关系，从而既能确保信息的及时发布，又能保证必要时对一些不负责的"非正式消息"进行驳斥。

（四）旅游会展安全氛围的营造

会展主体要和学术科研部门进行合作，结合不同学科理论，从不同角度深入分析，为会展危机管理的实践提供理论基础；要大力发展决策的预测技术，建立官方的、民间的或官民协作的决策智囊机构，选择实际案例，建立各类会展危机的案例库，从理论和实际全方位寻求符合会展展情的解决危机的方案。

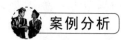
案例分析

福建光泽全方位监管保障生态食品博览会安全

11月15日，第三届中国（武夷）生态食品博览会（以下简称"食博会"）在福建南平市光泽县举行。光泽县市场监管局从展商、展品、大会配餐、食品原料等多方面着手加强监管，确保食博会成功举办，向全国展示产自武夷山水之间的优质生态食品。

据介绍，此届食博会由福建省南平市人民政府主办，南平市农业农村局、光泽县人民政府承办，旨在突出"生态武夷"品牌，把生态优势、资源优势转化为经济优势、产业优势，全面提升"武夷山水"和"中国生态食品城"公共品牌知名度，促进产业提升和融合。此届食博会吸引了众多国内食品行业专家学者前来学习交流，各地400多家名特优食品商前来参展。

为了保障此届食博会顺利进行，光泽县市场监管局从辖区多个监管所抽调人员，全程驻场监管，保障与会嘉宾、群众用餐安全、杜绝不合格不规范的食品流入食博会。执法人员提前一周介入驻场监管相关的宾馆和酒店，检查索证索票等各项制度是否落实，查验食品原料是否从正规渠道采购，聚餐加工场所周边环境、卫生情况是否合格，配餐制餐人员是否具备卫生证等。另外，对会议期间的每一道菜品均要求48小时留样，认真核对菜谱的每一道菜，建议不上架诸如四季豆、黄花菜、野生蘑菇等含有植物碱等容易引发食物中毒的菜品。光泽县市场监管局执法人员同时对食博会现场的展商加强监管,认真检查展商的营业执照、食品经营许可证、健康证,检查展销产品是否正规,标签、商标是否规范,审查生产日期和保质期,检查生产许可证、出厂检验报告是否完备等。现场还设有12315投诉中心,如果发生消费纠纷,将及时处置。该局还协同其他部门联合设置食品安全应急处置机制,一旦发生食品安全风险,将启动应急处置。

据悉,光泽是国家生态文明建设示范县,光泽市场监管部门表示,将持续推进生态食品产业发展,从源头到终端打造高效、安全的生态食品产业链,为社会提供更加优质更加丰富的生态食品,把光泽"中国生态食品城"这块金字招牌举得更高、擦得更亮。

(资料来源:中国消费网.http://www.ccn.com.cn/2019)

【分析】

(1) 结合案例,分析光泽县为确保食博会成功举办采取了哪些措施?
(2) 参照光泽县的做法,制订某食品展览会的监管方案。

第三节 突发公共卫生事件应对

随着我国会展旅游业的快速发展,目前我国展会举办规模和可供展览面积均居世界首位,每年接待参展参会人数超过5000万人。世界卫生组织指出,"由于人口增长、大规模旅行和人类与自然的更多接触,使许多疾病产生或重新出现。"会展旅游目的地通常在城市人口密度大、地区间流动人口交往频繁的地区,这些地区也是公共卫生突发事件的高危地区。在这些地区,公共卫生问题一旦出现,就可能会不断加大问题的严重性,甚至造成一场灾难。

2003年的SARS危机让我国会展旅游业经历了一次巨大的考验,我国多年来塑造的安全旅游目的地形象在国际市场上受到打击。2019年年底暴发的新型冠状病毒疫情波及面、影响力较SARS更广、更深,让我国会展旅游业面对着更为严峻的考验。如何应对突发性公共卫生危机,如何对其进行预防、控制、管理,将其造成的危害降到最低,是会展旅游从业者亟待研究和解决的问题。

一、突发公共卫生事件管理的内涵

(一) 突发公共卫生事件的概念

不同国家和地区在对突发性公共卫生事件的定义时,侧重点略有不同,但基本内容是相同的。如美国对突发公共卫生事件的定义是:"一种疾病或某个卫生方面涉及社会和公众的某些状况的发生或即将发生的事件,这种疾病或卫生状况可能导致国家的灾难,也可能超出国家范围造成国际范围的恐慌和影响。"我国《突发公共卫生事件应急条例》指出:突发公共卫生事件是指突然发生,造成或者可能造成社会公众健康严重损害的重大传染病疫情、群体性不明原因疾病、重大食物和职业中毒以及其他严重影响公众健康的事件。可见,突发性公共卫生事件是一种难以预测的事件,具有突发性和广泛的传播性,能够对社会和公众造成大面积的危害,引起社会恐慌。

> **小贴士**
> 依据突发公共事件可能造成的危害程度、紧急程度和发展势态,突发公共事件一般划分为四级:Ⅰ级(特别严重)、Ⅱ级(严重)、Ⅲ级(较重)和Ⅳ级(一般),依次用红色、橙色、黄色和蓝色表示。

(二)突发公共卫生事件管理的概念

突发公共卫生事件管理是指政府各部门及相关机构为最大限度地预防和减少突发公共事件及其造成的损害,保障公众生命健康和财产安全、促进社会和谐稳定发展所进行的计划、组织、协调、控制、指挥活动。突发公共卫生事件管理必须依靠政府统一领导,众多部门或组织综合协作,分类管理、分级负责,通过建立相应应对机制,采取有效措施,不断提高防范和应对水平来预防和控制突发公共卫生事件的发生。

二、突发公共卫生事件的特点

1. 成因复杂性

突发公共卫生事件的成因复杂多样,有些是自然灾害造成的,比如地震、洪水过后引起的疫情;有些是人为的原因,比如蓄意破坏导致污染物的泄漏等;有些是因为各种烈性传染病,比如2003年中国的非典事件,2019年年底暴发的新冠状病毒疫情等。

2. 危害严重性

突发公共卫生事件是一种高危害的事件,即事件对公众健康的损害和影响要达到一定的程度,对社会经济、生态环境等造成非常严重的损害。

3. 传播广泛性

随着社会经济的发展,社会交通越来越发达,人员来往非常便利,人流量加大,各种病菌、污染物等都可以随着各种交通媒介在各个区域之间流动传播,有的甚至会造成全球性的广泛传播。

4. 群体性

突发公共卫生事件多发生在人群密集区域和事故易发地段,针对的不是特定的人,而是不特定的社会人群。

5. 时效性

突发性公共卫生事件发生很突然,其发展难以预测,抢救的时间和时机也很难掌控,决策者需要尽快采取措施,进行有效决策。

6. 综合性

公共卫生突发事件涉及面广,损害程度深,事件发生后的救援、处置等需要政府各部门综合领导,共同管理。

三、突发公共卫生事件的分类

在人类生存中,随着气候、环境的变化,突发性公共卫生危机也就相伴而来。诸如某种没有经历过的传染病大肆流行;食物变质;某种放射物质泄漏等。随着各种变量因素的积累和变异,将会产生各种难以预测和控制的后果。根据这些变量,突发公共卫生事件可以分为以下几种。

(一) 重大传染病疫情

是指某种传染病在短时间内发生、波及范围广泛,出现大量的病人或死亡病例,其发病率远远超过常年的发病率水平的情况。比如,1988年上海发生的甲型肝炎暴发,2003年中国非典疫情,2004年青海鼠疫疫情,2019年新型冠状病毒肺炎疫情等。

(二) 群体性不明原因疾病

是指在短时间内,某个相对集中的区域内同时或者相继出现具有共同临床表现的病人,且病例不断增加,范围不断扩大,又暂时不能明确诊断的疾病。

群体性不明原因疾病具有临床表现相似性、发病人群聚集性、流行病学关联性、健康损害严重性的特点。

(三) 重大食物和职业中毒

是指由于食品污染和职业危害的原因而造成的人数众多或者伤亡较重的中毒事件。这类中毒通常是中毒人数在100人以上或死亡一人以上的食物中毒事故。

(四) 其他严重影响公众健康的事件

是指因自然灾害、事故灾难或社会安全等事件引起的严重影响公众身心健康的公共卫生事件。比如2011年3月日本福岛核泄漏,2005年中国东北松花江水体污染等。

四、会展旅游业应对突发公共卫生事件的必要性

(一) 最大限度地减少经济损失

会展旅游企业属于商业性企业,其行为目的是获取利润。公共卫生事件一旦发生,会展企业展商数量和展会规模将受到限制,甚至很多展会停办或延期,企业成本占收入的比重增加,对企业利润有非常大的影响,甚至造成亏损。因此,有效应对公共卫生事件,可以使会展旅游企业控制潜在风险,最大限度地减少损失。

(二) 有助于企业品牌的维护

会展旅游企业品牌建设是企业发展中的重要一项。突发公共卫生事件使很多会展旅游企业工作陷入中断,不得不中止与参展商、中间服务提供商等的合作,可能会引发合作纠纷,势必会冲击会展旅游企业的品牌持续发展。加强应对突发公共卫生事件能力,可以促进会展旅游企业与业务相关方的沟通,维持发展客户网络,促进企业品牌的维护。

(三) 缓减恐慌,增强会展旅游者的信心

突发公共卫生事件,因其极强的危害性,广泛的影响性,以及不可预测性,很容易让社会公众产生恐慌心理,对会展旅游市场失去信心。有效的公共卫生事件应对机制,能够及时提出预警,及时发布信息,让人们及时了解事件动态和处理情况,缓减心理恐慌,重拾人们对会展旅游目的地的信心。

(四) 加强公司治理能力,提升企业竞争力

突发公共卫生事件为企业带来了危机,但同时也为企业提供了危机管理的实践机会。

通过危机管理,进一步完善先前的公共卫生事件应对机制,提升了企业的治理能力。突发公共卫生事件的应对不是单打独斗,而是需要各方协同应对。在危机应对处置中,会展旅游企业与相关行业团结协作,关系更加紧密,提升了整体应对风险的能力,全面提升了企业的核心竞争力。

(五)促使企业抓住机遇,创新发展

突发公共卫生事件给会展旅游业带来了冲击,但同时也带来了机遇。例如,2003年SARS事件推动了中国网购、快递乃至整个物联网的兴起,2019年新型冠状病毒疫情为医药、生物制品、网络直播、在线教育、远程办公等行业带来新的发展契机,并推动相关领域会展项目的需求。

疫情期间,利用互联网技术远程办公成为很多行业维持运营的主要手段,这也正是会展企业大力推进线上服务,布局数字化展览模式的合适时机。积极应对会展旅游公共卫生事件,建立科学的应对机制,可以促进企业在危机中深入研究产业变化,发现机遇,研发会展旅游新产品,打造新的会展品牌。

案例分析

疫情之下会展行业的三大挑战与三大对策

2021年暴发的新一轮新冠疫情第二次席卷全国。各地陆续出台了涉及会展的防控要求,会议、展览活动纷纷取消或延期。北京亚太瑞斯会展服务有限公司(以下简称"亚太瑞斯")总经理杨红江指出,在疫情防控常态化趋势更加明显的背景下,业内除了关心疫情对人的健康影响外,更加关注疫情对市场、对会展经营的基本影响,以及终端参展商和采购商的生存状况。疫情将导致会展行业的短期停滞,据保守估计,在2021年8月,会展行业几乎全部停滞。如果在9月能够恢复正常开展,最快也要9月中旬才能迎来全面的发展期。杨红江经过多方搜集调研总结出疫情对会展行业产生的三大影响并提出了相应的对策。

影响一:八月会展业降至冰点

因为疫情防控措施,会展企业进入八月以来业务遭受打击,同时面临着观众组织困难、会展相关人员招聘受阻的压力。而目前疫情的不确定性也使参展商和观众产生恐慌心理,因此会展行业需要一些时日才能恢复元气,走出冲击。目前8月展会纷纷延迟或取消,但受疫情影响,即使延迟举办,大概率短期内也不会有太多的客户和观众。近期会展行业的开展或将降至冰点。

影响二:对会展企业造成沉重的经济打击

展会活动取消或延期,对于会展企业造成沉重的经济打击。展会的举办一般需要很长的准备时间,展会在准备周期内需要大量资金投入。同时会展企业还面临着租金税费、员工薪酬等常态化支出,收入的减少,投入的增加,让会展企业压力大增。如果企业受疫情影响持续低迷,负债率就会有所提升,一些现金储备不足的企业其现金流压力会明显增大。据观察,大部分会展企业短期内复产无望,延期开工已成必然。如长时间没有收入很大程度上意味着资金链会断裂。一位资深同行表示,如果9月会展业能恢复正常状态,还至少需要半年的时间来补救。如果10月仍恢复不了,企业将面临资金链断裂甚至会出售公司及项目,更甚者导致退场。

第九章
会展旅游危机与安全管理

影响三：会展活动集中扎堆，竞争压力急剧增大

对会展场馆的需求周期缩短，需求在短时间聚集，大多数企业倾向于在9—12月开展。会展活动集中出现，会造成不同程度的多地同类展会扎堆，竞争压力非常大。这也会造成参展商和观众的计划被打乱，可能因为人手不够等因素致使其只能选择放弃一部分展会。天灾不可避免，这对于企业经营而言是不可抗拒的因素，企业需要充分发挥主观能动性，积极开展自救。杨红江认为，企业必须立足当下，从宏观的行业生态视野出发制定适宜的策略，具体可以从以下三个方面入手。

第一，积极开展线上展览，储备会展潜力。针对目前线下展会没有进展的现状，企业应积极开展线上会展活动。首届网上广交会的举办时间为2020年6月15—24日，参展企业全部上线展示。平台提供全天候网上推介、供采对接、在线洽谈等功能。这届广交会出展公司的"云展现"及"云营销推广"，全是关注度非常高的难题。在线广交会通过成功的线上展览在市场竞争中大放异彩，创造了一个为业内称道的"传奇"。互联网已经步入了5G时代，线上展览的盛行已是大势所趋，身为传统行业的会展业理应更积极、主动地拥抱线上活动，借此实现企业线上展示的新突破，化挑战为机遇。杨红江认为，市场还在，不会消失只会迟到，这一点会展企业无须过度担忧，短期的停滞后必将爆发出更大的需求。

第二，展馆给予减租或免租政策。作为会展行业生态链上的重要一环，场馆和服务商也必须从行业生态的高度做长远打算，应积极主动为主办方减租减负，放水养鱼。多地展馆也纷纷推出了减租政策。短期没展会，主办方最先扛不住，如果主办方大面积坍塌，对场馆而言也是巨大的危机。目前还有很多场馆意识不到这个危机，杨红江呼吁更多的场馆加入减租行列中，通过切实的举措保证广大主办方能够维持生计。只要能够熬过困难时期，大家就有希望破冰。

第三，政府给予更多政策扶持。会展是疫后经济复苏的重要环节，那么政府就应该重视，并重点支持会展业的迅速复燃。政府应以具有针对性的举措，协助主办方解决当下面临的危机与痛点。首先是资金扶持，包括对停办以及延期的会展项目给予资金补助。其次是做好协调管理。对于疫情结束后可能会出现大批会展项目集中举办的问题，可通过政府手段整合同行业会展同期举办、联合举办，以增强会展的抱团和观展人员集中采购。政府要发挥会展产业政策的导向作用，通过行业组织加强跨城市、跨地区间的多重合作实现合作共赢。

杨红江表示，疫情会加速会展行业大洗牌与大整合。即使没有疫情，竞争力不强、商业模式老套的会展企业或代理公司在2022年也没什么前途可言，疫情的到来只是加速了这类企业的消亡。疫情结束后市场势必会回暖，对于那些实力雄厚、有竞争力的企业而言，彼时的行业竞争环境会得到极大改善，消亡企业释放出的市场空间会为活下来的企业提供一次难得的发展机遇。总而言之，优质企业可以把疫情带来的短期考验当作一次"瘦身行动"，经过风霜的磨砺后体质会更加健康，将会在市场上有更好的表现。

(资料来源：陈猛，疫情之下会展行业的三大挑战与三大对策[J].科学猫，2021-12-31)

【分析】

结合案例，分析讨论新型冠状病毒对我国会展旅游业的影响，以及政府、协会和企业三方应如何配合度过危机？

五、会展旅游业应对突发公共卫生事件的程序

尽管突发公共卫生事件给会展旅游业带来了很大的危害,但对于会展旅游经营者来说,他们更加关注的是如何吸引更多的参与者,获取更大的利润,在管理实践中,很少把应对突发公共卫生事件作为议题给予关注。总体来说,目前我国整个公共卫生体系仍很薄弱,会展旅游业面临公共卫生事件的风险时刻存在,加强会展旅游业对突发公共卫生事件的应对,建立行之有效的应对机制是会展旅游业发展的一个重要环节。

对会展旅游业经营者来说,突发公共卫生事件的应对不仅包括预防和规避,还包括暴发后的补救行为和及时应对措施,其目的在于使整个会展旅游市场从突发公共卫生事件中尽快恢复和振兴。

(一)预测与预警阶段

预测与预警阶段是指为了避免和减轻潜在的危机,相关管理部门根据本地的实际情况,建立突发公共卫生事件应急预案,完善应急事件预警机制,定期查找可能导致公共卫生事件发生的诱因,及时发现并处理隐患。这一阶段,危机还未爆发,但已存在,如果不及时采取措施,危机经酝酿后会逐渐加大破坏力,乃至不可控制。因此,在这一阶段,会展旅游企业应有针对性地建立危机应急预案,形成完善的应急预警机制,当有征兆显示危机来临时,及时发布危机警示,缓减突发公共卫生事件可能产生的负面影响。

(二)应急处置阶段

应急处置阶段是突发公共卫生事件事态急速发展,危害程度逐渐加大,负面影响急剧显现时,相关部门的紧急应对处理过程。在应急处置时,按照《国务院突发公共事件总体应急预案》的规定,应做到如下方面。

1. 信息报告

突发公共卫生事件发生后要及时向上级部门反映情况。对于特别重大或者重大突发公共卫生事件要立即报告(最迟不得超过 4 小时)。应急处置过程中要及时续报有关情况。

2. 先期处置

在通报上级部门的同时,要根据职责和规定的权限启动相关应急预案,先期开展有效的应急处置,控制事态发展。

3. 应急响应

对于先期处置未能有效控制事态的特别重大突发公共事件,要及时启动相关预案,由国务院相关应急指挥机构或国务院工作组统一指挥,开展有关处置工作。这个阶段由于突发公共卫生事件的危害凸显,损害不断加大,波及面广,社会开始关注,人们对危机扩散的恐慌加剧,会展旅游业受到极大的冲击。针对所暴发的突发公共卫生事件做出迅速、准确的反应,实时监测、追踪、评估、预测危害和发展方向,开展应急和救援措施,与媒体和公众进行有效的沟通,将突发公共卫生事件带来的损害和影响最小化是这一阶段的主要任务。

(三)恢复与重建阶段

这一阶段突发公共卫生事件得到有效控制,给会展旅业带来的消极影响逐渐消除。此时,应着力于产业振兴,恢复会展旅游业的正常发展态势。主要要做到以下几点。

第九章 会展旅游危机与安全管理

1. 总结评估

对于特别重大突发公共卫生事件的起因、性质、影响、处置等问题进行调查评估,修正各阶段出现的漏洞与弊端,提升会展旅游企业的应急管理能力,以便能更好地应对未来可能发生的危机。

2. 完善机制

应对先前的应急预案的效果进行衡量,及时修正、更新应急预案,切实建立行之有效的突发公共卫生事件应急机制。

3. 调整重塑

应对突发公共卫生事件,能够使会展旅游企业进一步提升危机意识,提高危机应急处理能力。危机过后,市场会发生结构性变化,会展旅游企业应把握机遇,开展市场营销活动,重建目的地声誉。

会展旅游业的基本性质决定了它具有高风险性和敏感性。随着全球化、城市化和现代生物技术的不断发展,突发公共卫生事件产生的风险进一步加大。2003年SARS的肆虐给会展旅游业这个新兴行业提出了严峻的考验,第一次让人们意识到会展旅游业突发公共卫生事件应对的重要性,而2019年年底新型冠状病毒给全国范围乃至世界范围带来的公共卫生危机,又一次让人们意识到公共卫生危机的危害性。因此,正确认识公共卫生危机,建立完善的公共卫生事件应急机制,是会展旅游经营者有效应对突发公共卫生事件,实现会展旅游业可持续性发展的有力保证。

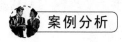

重大危机下会展产业的破局思维

一场突如其来的新型冠状病毒性肺炎疫情让本该欢聚的春节假期变得冷清和严峻。此次疫情属于一次突发性的重大公共性危机,具有非常大的不可抗力因素,涉及每一个人的生命安全和经济利益,是对政府管理机制和社会运行机制的严峻考验,无法回避,只能克服和战胜。在疫情影响下,会展产业将面临怎样的变局?如何破局?

会展产业作为新型服务业的典型形式,产业自身就具有较大风险性。同时会展活动又作为具有社会影响力和公众识别度的典型事件,受公共性危机的影响风险必然会更大。据相关机构不完全统计,截至2月4日,全国大型会展活动延期举办的已经达到130余场、取消3场,展期时间段主要集中在今年一季度末和二季度初,相信这个数字可能还会继续上升。其他的如大型会议、节事活动、展演赛事等也都相继延期或停办。会展业受到此次疫情的不可抗力风险打击,无论是上游中游还是下游,整个产业链损失无疑是巨大的,产业发展也会滑进波谷期。但任何一个行业和产业的发展存在波峰波谷的路径都是正常的,也符合发展规律,既然无法回避就要积极应对,思考后危机时代的破局策略。

此次病毒疫情危机,并非某一领域的局部危机,而是一场全国性的、突发的、影响到国民经济领域方方面面的全域性危机,对全国经济的宏观、中观以及微观层面都有重大的负面影响。会展业作为中观服贸行业,尤其是涉及人流规模性聚集的大型活动事件,在疫期内甚至疫情结束后的一段时间停摆都很正常,大规模人员聚集活动将会进一步延期或停止。凡事都有两面性,面对疫情危机,我们在全力战胜疫情的同时,也可以冷静盘点和反思一下产业的战略性发展格局和存在的问题。疫情终会过去,生活依然继续,产业还要发展,这次举国上下协力应对新型冠状病毒性肺炎的过程中也反照出在一些领域管理机制、协调机制、执行机制的缺陷以及突发事件把控能力、组织能力、公关能力的不足。俗话说"知耻而后勇",此次暴露出来的问题,会加速国家和地方政府出台相应的政策和职能结构的调整,使其职能更加完善,机制更有活力。这种未来会展业发展的大环境,未尝不是好事。

从 SWOT 分析模型来看,会展行业当前所面对的是一种 ST 组合形式,即在产业本身优势的情况下面临外部风险。对于会展从业机构来讲,没有以不变应万变的发展策略,必须"以变应变"。会展产业是一个弹性很大的产业集群,壁垒性很小,可以对接任何产业并形成新的产业形式。现在的外部风险在疫情结束后可能形成新的外部机会(New Opportunity),所以会展从业机构(办展主体)需要调整自身发展战略,提升管理和执行能力,识别潜在机会。由于疫情导致的"封城"和限制人员流动、聚集,预计在疫情结束后会有一个井喷式的人员流动反弹,最明显的应该就是旅游业、酒店业、餐饮业、娱乐零售业、物流业、会议展览业等现代服贸行业都会受到明显的集中性受众回流和"补偿性"消费冲击。

因此,会展从业机构应及时做好战略规划、人员培训、设施维护、硬件提升、品牌推广,不妨利用此次疫情做好危机公关、充分履行社会责任,树立良好的企业形象和行业口碑,蓄势待发,丰富"饥饿营销"方式和渠道,利用微媒体和自媒体平台加强客户沟通,维护客户关系,争取风险应对主动权。

(资料来源:中国经济网.会展中国栏目.http://expo.ce.cn/2020)

【分析】
结合案例,分析会展旅游业在遇到公共危机事件时应如何应对?

1. 会展旅游危机的定义是什么?其有何特点?
2. 常见的会展旅游危机的类型和管理程序有哪些?
3. 什么是会展旅游安全管理?有哪些类型?
4. 联系实际,讨论会展旅游安全管理的策略。
5. 会展旅游企业如何应对突发公共卫生事件的负面影响?
6. 调查当地一家会展旅游企业,熟悉会展旅游危机管理的具体流程。

案例分析

在美国展览的兵马俑国宝手指被盗窃

2017 年"秦始皇和兵马俑展"在美国费城富兰克林学会博物馆举行。展品一共有 10 个陶俑,其中包括一个将军俑、一个战车士兵俑、一个战马俑。此外,还有金银玉器钱币等 170 余件文物一同展出。

据美联社报道,在 2017 年展览期间的 12 月 21 日,一名 24 岁美国青年迈克尔·罗哈纳(Michael Rohana)到费城这家博物馆参加一个周末派对。根据监控视频显示,当晚 9 点 15 分,该博物馆已经闭馆,罗哈纳一个人偷偷溜进展厅,随后又叫来两名朋友四处参观。没一会儿朋友离开了,而罗哈纳还一个人留在展厅内。他先是掏出手机用手电筒照着一个兵马俑的手指仔细研究,之后又站上陈列台,将手臂搭在兵俑的肩膀上自拍。在离开展厅时,罗哈纳折断了兵俑的一个左手拇指,并将其塞进自己的左边口袋带走。直至2018的1月8日,博物馆的工作人员才发现该兵俑拇指丢失了。5天后的1月13日,美国联邦调查局(FBI)才锁定盗窃者罗哈纳,并到其家中询问,"是不是有东西想上交给FBI。"罗哈纳十分配合地将被盗的兵俑手指拿出来,归还给博物馆。目前,罗哈纳被控艺术品窃盗罪。

《每日邮报》报道称,费城富兰克林学会博物馆发表声明,称该馆的安全服务承包商的安保系统存在漏洞,没有遵循标准的关门程序,展厅虽然闭馆却未锁门,导致前来参加派对的人依然能够进入闭馆的展厅。该博物馆表示,目前已经彻底审查了其安全系统,并将在必要时候采取适当行动。

陕西省文物交流中心负责人表示,获悉参展文物受损情况后,陕西省文物交流中心感到震惊和愤慨,立即启动紧急处置预案,第一时间与美国富兰克林科学博物馆取得联系,核实文物受损情况,并就美方未及时通报表示谴责。目前,富兰克林科学博物馆承认,他们的安保措施出现严重漏洞,造成了此次事件的发生,并致函陕西省文物交流中心表达歉意。"我省文物对外展览,40多年来,在全世界近60个国家和地区展出260余次,传播了我国的历史文化,获得了很好的公众效果,从未发生过如此的恶性事件。兵马俑是我们的国宝,其文物价值、历史价值、美学价值都是无法估量的。为此,我们与美方展览承办单位进行了严正交涉,对这种损坏文化遗产的破坏和偷窃行为表示强烈愤慨和谴责。"

负责人告诉记者,本次文物展览是从2015年开始筹备实施的,于2017年9月开幕,将于2018年3月闭幕。"选择合作展览的博物馆有一套严格的标准,由于富兰克林科学博物馆在全美是排名前十的科学类博物馆,有良好的专业背景和声誉,我们与其签订了详细的展览协议,并在开展前,对其展场环境、安防、技防措施进行了全面考察,同时确认第三方安保公司也是美国一家著名的安保公司,其制订的安保方案符合安保标准。但是,没有想到会出现如此事件,给国家文物造成损坏,作为承办责任单位,深表自责。我们一定深刻反思,吸取教训,重新修正裸展文物安防标准,确保此类事件不再发生。"

陕西省文物交流中心已成立应急小组,正在积极处理相关事宜。同时,要求美方立即采取得力措施,确保此次展览圆满结束。陕西省文物交流中心将根据《展览协议书》相关条款,要求美方严肃追究安防责任人的责任,依法严惩肇事者,并启动索赔程序。

负责人称,目前陕西省文物交流中心已分别致函正在举办"兵马俑"主题展览的美国弗吉尼亚美术馆、英国利物浦国家博物馆,要求提升安全防卫、保卫措施,确保文物安全。

(资料来源:凤凰网资讯.http://news.ifeng.com/2018)

【分析】
结合案例,试分析会展旅游安全管理对会展旅游成功举办的重要性并举例说明。

实战演练

运用本章所学知识,调查分析你就读的学校所在的地区或城市是否出现过旅游危机或安全事故?当地主管部门是如何解决的?试分析如何更科学的处理此类危机事件?

第十章 会展旅游英语

会展英语常用词汇

【知识目标】
- 了解和掌握会展旅游常用的英语表达方式；
- 熟悉会展旅游业务往来英文信函写作。

【能力目标】
- 能够应用英语进行会展旅游营销；
- 能够应用英语开展会展旅游服务。

本章参考答案

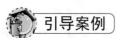

Xiamen International Conference & Exhibition Center（XICEC）

Located on the golden coast of southeast of Xiamen Island, XICEC is only 4.6 kilometers away from Quemoy Island across the sea. With a total investment of RMB 1.2 billion, the phrase one project occupies an area of 470 thousand square meters, composing a building area of 154 thousand square meters. The main building is a multi-functional intelligent building integrated with international standards, incorporating conference, exhibition, information, hotel, catering and business. It boasts of an exhibition hall available for 2200 international standard booths, and over 20 conference rooms. The wing building is a four star hotel with totally 250 guestrooms.

参考译文

厦门国际会展中心

厦门国际会议展览中心位于厦门岛东南部黄金海岸，与小金门隔海相望，直线距离4.6公里。一期工程总投资近12亿元人民币，占地47万平方米，建筑面积15.4万平方米。主楼为一座集会议、展览、信息、酒店、餐饮和商务于一体的与国际先进水平接轨的大型综合型智能化展览馆，设有2200个国际标准展位，配套20余间中高档会议室。辅楼为四星级酒店，设有250间标准间。

（资料来源：产业信息网. http://www.cnlinfo.net/2020）

第一节 会展旅游概述

 学习任务

会展旅游有其专业性和特殊性。熟练掌握会展旅游常用英语词汇,独立阅读会展旅游英文资料是全球化时代会展旅游从业人员的一项基本技能。阅读以下有关会展旅游介绍的英文资料,掌握相关的英语表达方式。

一、What Is MICE? 什么是会展旅游

Meetings, Incentives, Conventions, and Exhibitions, or Meetings, Incentives, Conventions, and Events (MICE) is a type of tourism in which large groups, usually planned well in advance, are brought together for a particular purpose. The phenomenal growth in the number and diversity of MICE has given rise to new business opportunities. MICE management has become recognized as a separate field of study in a growing number of educational institutions.

A "meeting" can be defined as an event at which people gather from afar, exchange messages, and make decisions. However, it is too generic a term to be inclusive. This is partly because there are diverse meeting needs, ranging from international conferences to corporate training sessions, and partly because the emerging technologies make it possible for people to see each other without meeting face-to-face.

Anyway, be it a convention or seminar, the importance of such an event lies not only in what is said from the platform but also in the total atmosphere of the event. Furthermore, feeling elated at the end of a meeting does not make credit to the increased number and diversity of meetings alone. Meeting, especially at the international level, are inherently information-oriented and problem solving. Experience needs to be shared, as does the knowledge about the world and human being themselves. Everything can be the topic of a meeting.

Another lucrative aspect is incentive travel. Incentive travel aims to entertain, reward, and motivate those who work directly or indirectly with the organization for their increased levels of performance. For management, incentive travel provides an opportunity to share experiences and ideas and build up loyalty to the company.

Incentive travel deals more with hospitality than convening. It includes receptions, dinners or banquets, and hours to interesting destinations.

Last, exhibitions are a fast-growing segment of today's MICE industry. The country's booming economy increases the need for trade and commerce. Manufacturers or suppliers seek opportunities to display their products in public, as do buyers to secure desirable products. Exhibitions provide such opportunities. There the sellers explain or sometimes demonstrate the value, beauty, and particular interest of their products or services.

Besides, exhibitions serve as a cost-effective way of launching new products, securing new markets, strengthening existing customer interest, and thus improving upon market share. The modern exhibition is clearly structured, taking in venue owners, exhibition organizers, and contractors from the supply side, and exhibitors and visitors from the demand side.

Then who are the professional MICE players?

1) Independent Meeting Planners. They are flexible, negotiable, and well experienced experts assisting directly with a client's planning. The planners provide consultants who become part of the meeting organizing committee. They function as intermediaries and manage all details on behalf of the group. Some planners are even technically competent to provide a range of technical support, including OHP, AV equipment, and computer technology. They are private companies, able to access any suppliers to meet the client's requirements.

2) Destination Management Companies (DMC). A DMC is a company that specializes in the organization and logistics of meetings and events. No matter what the event or the occasions, destination management companies will always find a surprising and tailor-made solution.

3) In addition to transportation and theme events, a full service DMC can provide audiovisual support, temporary help, entertainment, interpreters and other services. They may act on behalf of the organizer to negotiate hotels and meeting facilities, as a travel agency, as an agent subcontracting for any services the event requires or function in a variety of support roles. The influence of a local DMC can result in agreements that could not be easily accomplished by an outsider. They are often familiar with the reactions of many other groups as to what they are and have been doing, so they know what does and what doesn't work. Destination management companies remain behind the scenes while ensuring that everything runs according to the plan.

4) Incentive Travel Companies. These companies deal directly with arranging incentive travel packages for corporations wishing to reward or motivate their staffs or their customers. These packages are usually "first class", often involving an exotic or popular resort location. These companies see to all the details of the incentive program. They negotiate with airlines and hotels and then package the transportation, lodging, and meeting accommodations, meals, tours and entertainment. They often prepare the promotional literature and may even get involved in setting the goals of the program.

5) Full Services Contractors. They offer a comprehensive range of the services and products that are essential for the creation of successful congresses, corporate meetings, exhibitions, and special events of any size. The services offered include concept and design, project management, production, graphics and decoration, installation and dismantling, destination management, transport and warehousing. They can also provide

anything from electrical services, furniture and shell schemes to online exhibitor manuals.

 回答问题

Whether the followingstatement is true (T) or false (F) according to the passage?
(　　) 1. MICE is a type of tourism.
(　　) 2. Exhibition is an expensive way of launching new products.
(　　) 3. Incentive travel deals more with convening than hospitality.
(　　) 4. MICE industry has given rise to new business opportunities.
(　　) 5. Incentive travel can build up loyalty to the company.

 注释

(1) Meetings, Incentives, Conventions, and Exhibitions, or Meetings, Incentives, Conventions, and Events (MICE) is a type of tourism in which large groups, usually planned well in advance, are brought together for a particular purpose.

MICE 即会展旅游,是会议、奖励旅游、综合性会展、展览或节事的简称。MICE 是基于某一特定目的,通过事先周密的策划,将大型群体聚集起来的一种旅游形式。

(2) Anyway, be it a convention or seminar, the importance of such an event lies not only in what is said from the platform but also in the total atmosphere of the event.

无论是综合性会展还是研讨会,事件的重要性不仅取决于台上的发言,还取决于事件所处的环境。

(3) Incentive travel aims to entertain, reward, and motivate those who work directly or indirectly with the organization for their increased levels of performance.

奖励旅游的目的在于招待、奖赏和激励那些直接或间接为公司工作,表现突出的人。

(4) Besides, exhibitions serve as a cost-effective way of launching new products, securing new markets, strengthening existing customer interest, and thus improving upon market share.

此外,在推广新产品、巩固新市场、提升老客户的兴趣,进而提升市场份额方面,展览是种很划算的方式。

(5) The modern exhibition is clearly structured, taking in venue owners, exhibition organizers, and contractors from the supply side, and exhibitors and visitors from the demand side.

现代展览结构清晰,从供给的角度看,包括展览场馆方、组展方与承建方;从需求角度看,包括参展方和观展方等。

(6) Some planners are even technically competent to provide a range of technical support, including OHP, AV equipment, and computer technology.

一些策划人员甚至可以提供一系列专业技术支持,包括投影、视听设备、计算机技术等。

(7) In addition to transportation and theme events, a full service DMC can provide audiovisual support, temporary help, entertainment, interpreters and other services.

除了负责会展交通与主题活动,全方位服务的目的地管理公司还提供视听支持、临时性帮助、招待、口译等其他服务。

(8) These companies deal directly with arranging incentive travel packages for corporations wishing to reward or motivate their staffs or their customers.

这些公司为那些希望奖励或激励员工或顾客的公司提供奖励旅游的一揽子服务。

二、Useful Words and Expressions 常用词汇与短语表达

convention	n. 综合性会展	MICE	会展旅游
decoration	n. 装饰，装潢	motivate	vt. 刺激；激励
demonstrate	vt. 证明；展示	online exhibitor manuals	在线参展商手册
design	n. 设计；图案	reward	vt. 奖励；奖赏
dismantle	vt. 拆除；取消	segment	n. 段；部分
DMC	目的地管理公司	seminar	n. 研讨会
event	n. 事件	shell schemes	标准展位
exhibition	n. 展览	tourism	n. 旅游
hospitality	n. 好客；殷勤	transport	n. 交通
incentive	n. 动机；刺激	venue owner	场馆方
installation	n. 安装，装置	warehouse	n. 货栈；仓库

三、Writing Sample—Release Exhibition Information 展会信息发布范文

National Restaurant Association（NRA）

One IBM Plaza，SUITE 2600，Chicago，Illinois 60611
312/787-2525
January 17，2019

首先介绍展会的影响力

Dear Exhibitor，

    A new year means new budgets and higher sales projections for your company. The NRA restaurant，Hotel-Motel show will be five of the most important sales days of the year to attain these goals.

    May 17-18-19-20-21，are the dates for the Annual NRA Show，to be held in Chicago at McCormick Place. Industry attendees at this show have averaged over 85,000 for the past three years，making this the largest，most important yearly event in the food service and lodging field. To help join the growing list of 648 exhibitors who already contracted for the exhibit space，we have enclosed for your review a space sales brochure，which includes floor plan and cost information relative to your company exhibiting.

    Call us collect so that we may discuss exhibit locations that are still available—don't delay，do it TODAY.

然后说明展会的时间、地点、参展情况等

Sincerely yours，

G J R

Convention Director

写作训练

Suppose you have received the above letter and you are interested in the attendance to the Annual NRA Show. Please write a reply to it, expressing your willingness and requiring for the detailed information.

第二节 会展旅游策划

 学习任务

会展旅游策划是对会展旅游活动全过程的计划,主要包括分析会展旅游目标公众、确立活动目标、设计活动内容、安排工作人员等。阅读以下有关会展策划的英文资料,掌握相关的英语表达方式。

一、Exhibition Tourism Planning 会展旅游策划

An exhibition is a structured presentation and show of a selection of items. Exhibitions typically occur within museums, galleries and exhibition halls and World's Fairs. When planning an exhibition the first thing is to assemble a team of people who have the necessary skills and experience. These people should all be great team players, who can work responsibly and on their own initiative, whilst also carrying other people's interests at heart. The next step is to appoint an exhibition coordinator. This role requires a great amount of responsibility, as most of the executive decisions will come down to the coordinator's discretion. An exhibition coordinator should have good organizational skills, is a good communicator of ideas, has a great eye for detail and can function well under stressful situations. An exhibition budget must be prepared through a considerate process involving the sponsor, planning committee and coordinator. Next choose an exhibition venue that is suitable. This must be arranged early in the planning process in order to avoid any last minute disappointments.

Without doubt, exhibition takes time. Creating a timeline will force you to work backwards from your proposed event date and build in all the necessary lead-times for each activity. As an added bonus, through exhibitions you can do some hands on research: competitors, potential suppliers, sector lead bodies should be talked with, even potential customers; creativity and lots of incentive to get the best marketing effect for its stands, displays and booths.

Exhibitions give you a substantial opportunity to meet new prospects. It based marketing gives you an opportunity to make a high impact impression on clients and prospects because you have the opportunity to attack all of their senses and they can engage interactively with you and potentially with your products, through demonstrations and trials.

In order to ensure the success of an exhibition, the exhibition organizer in the exhibition center should provide a good pre-exhibition service. The pre-exhibition service provided by the exhibition organizer involves a wide area of services—advertising for exhibitions, sales planning, media coverage, schedule planning, booth design and construction, tool and equipment rental, transportation and logistics support, legal affairs consulting insurance, translation and interpretation model employment, gift selection, flower and plant supply, sightseeing and entertainment organizing, ticket booking training and many other services.

回答问题

Whether the followingstatement is true (T) or false (F) according to the passage?

(　　) 1. When planning an exhibition the first thing is to appoint an exhibition coordinator.

(　　) 2. An exhibition budget must be prepared when planning an exhibition.

(　　) 3. When preparing an exhibition budget, the coordinator should not be involved.

(　　) 4. Exhibitions give you a chance to meet new prospects.

(　　) 5. The exhibition organizers don't need to provide pre-exhibition services.

注释

(1) When planning an exhibition the first thing is to assemble a team of people who have the necessary skills and experience.

进行会展策划时,第一件事就是组建一支富有经验和技能的专业团队。

(2) This role requires a great amount of responsibility, as most of the executive decisions will come down to the coordinator's discretion.

这个角色需要承担很大的责任,因为许多决策最终由协调员裁量。

(3) An exhibition budget must be prepared through a considerate process involving the sponsor, planning committee and coordinator.

展会预算是必需的。在预算时考虑周全,让主办方、策划委员会和协调员参与其中。

(4) Exhibitions give you a substantial opportunity to meet new prospects.

展会给了人们一个非常大的迎接新机遇的机会。

(5) In order to ensure the success of an exhibition, the exhibition organizer in the exhibition center should provide a good pre-exhibition service.

为了确保展会成功,展会组织者在会展中心应提供优质的展前服务。

二、Useful Words and Expressions 常用词汇与短语表达

presentation	n. 展示;描述	gallery	n. 画廊
typically	adv. 代表性地	assemble	vt. 集合,聚集
museum	n. 博物馆	coordinator	n. 协调者

210

venue	n. 会场	prospect	n. 前途；预期
stressful	adj. 紧张的；有压力的	interactively	adv. 交互式地
budget	n. 预算,预算费	trial	n. 试验
discretion	n. 自由裁量权；谨慎	rental	n. 租金；租赁
bonus	n. 奖金；红利	consult	vi. 请教；商议

三、Writing Sample—Exhibition Planning Book 会展策划书范文

15th China（Shanghai）International Textile Material Exhibition
第十五届中国上海纺织面料展览会

Ⅰ. **Exhibition Introduction**(展会介绍)

◇ Exhibition category(展会类型)：Professional Exhibition

◇ Exhibition(展会名称)：15th China (Shanghai) International Textile Material Exhibition

◇ Time(时间)

　　Move-in(布展)：18 March 2016 09:00 a.m.—5:00p.m.

　　Begin-time(开展)：19—20 March 2016

　　Move-out(撤展)：20 March 2016 4:00 a.m.—9:00p.m.

◇ Venue(地点)：Shanghai international exhibition center

◇ Hosts(主办方)：China Textile Engineering Society

◇ Organizer(举办方)：Changzhou Exhibition Co. Ltd.

◇ Sponsor(协办方)：Shanghai Province Textile Industry Association

◇ Exhibition Expected Scale(展会预期规模)：

The exhibition area will be 20000 sqm and there will be over 5000 professional exhibitors and 15000 visitors during the event.

Ⅱ. **Exhibition Background**(展会背景)

After entering into WTO, China textile market will own huge development potential. Shanghai International Textiles Material Exhibition has become one of the professional pageants with largest scale, greatest influence, which has a 15 years history, catering to clients from Africa and Mexico. Over the past 14 years, the exhibition has been well known for its high efficiency in China in signing contracts.

Ⅲ. **Exhibition Meaning**(展会意义)

—To change the previous exhibition with small scale and dispersed customers suppliers;

—To provide a good opportunity for participants and bring "double win" between exhibitors and visitors.

Ⅳ. **Exhibition Fee**(展会费用)

Exhibitor	Booth	
	Standard booth(3m×3m)	Raw space
Domestic exhibitors	RMB 7800/booth	RMB 900/m²
Overseas exhibitors	US 3500/booth	US 400/m²

Note: i. Standard booth contains:

☐Headboard with Chinese and English characters ☐carpet ☐one table ☐two chairs ☐electrical socket 15A/220V/24hours light ☐one trash can.

ii. The least hiring area

40 square meters and only offer space, no exhibition rack, exhibition tool etc.

iii. Some services such as booth building, exhibition transportation, special exhibitors hiring etc, you can consulting committee.

Ⅴ. **Application Procedure**(参展程序)

i. Apply to organizer for the application form and mail or fax to organizer after filled in it;

ii. After Organization Committee received the Application Form and confirmed it with exhibitors, to delineate the booth and signed a contract.

iii. After signing the contract within five working days, exhibitors should pay a deposit (booth fee of 50%), the balance shall be paid in February 15, 2016 before.

Ⅵ. **Financial Budget**(预算)

i. Cost Forecast(成本预算)

—The cost of the exhibition venue: RMB 18 000

—The exhibition publicity expenses: RMB 12 000

—The cost of office and personnel costs: RMB 200 000

—Tax costs: RMB 120 000

—The other unpredictable costs: RMB 20 000

Total: RMB 370 000

ii. Revenue Forecast(收入预算)

—The booth fee income: RMB 460 000

—Advertising and sponsorship fee: RMB 10 000

—Other income: RMB 20 000

Total: RMB 490 000

Balance: RMB 120 000

 写作训练

Please surf on the internet for the trade fairs held in your city. Suppose you are an organizer of one of the trade fairs Please write an exhibition planning book about your trade fair.

第三节　会展旅游营销

 学习任务

在经营会展项目时,营销是普遍关注的问题。会展旅游企业依据其营销战略对营销过程中与会展有关的产品、定价、渠道、促销、展示等要素进行优化配置,以取得最佳的营销效果。阅读以下有关会展旅游营销的英文资料,掌握相关的英语表达方式。

一、Exhibition Marketing Advice 会展营销建议

Choose the right exhibition

Look at the shows available for your industry and the exhibitions in the industries of your target markets. Investigate the exhibitor lists to see who else will be there and look at the number of visitors and research from the previous year's show. Ask for details of the marketing plan for the exhibition—who will be targeted, how and how many, especially if the show is in its first year.

Supported by good marketing, exhibitions in their first year can be hidden treasure, as visitors may attend just to see what it's all about—particularly if the organizer is offering a good incentive to attend, such as a top keynote speaker or free coffee vouchers!

Prepare your display items

If you thought choosing and booking a show was the difficult bit, you'd be wrong! Once the show is booked, the hard work really starts!

How can you best display your company in a way that fits the target audience of this exhibition? Why should they buy from you? What should they buy from you? How can you maximize your returns?

The first important step is the design of your exhibition stand—don't over complicate things. Visitors should be able to see in three seconds who you are, what you do and one reason to buy from you. If it takes longer, you've lost them. Visitors on average visit only ten stands at an exhibition, so how do you ensure they visit yours? Visitors make first decisions about companies through non-verbal messages, such as the size and design of the stand. It is very similar to meeting a person for the very first time—you don't get a second chance to make a first impression, and minds are made up within the first three seconds, primarily based on visual effect.

Exhibitions have a hidden weapon, however, they are the only marketing medium that can appeal to all the senses at once—count the coffee machines next time you visit and you will begin to understand the power this can offer the exhibitor. Sounds, pleasant smells and experiences can all add to the visitor experience at an exhibition—and we all remember the stands with carpets and massage cushions—so be sure to include some of these in your preparation.

It's also important not to block the front of your stand-visitors who are interested in your products. It's similar to walking through a shop door. If there's something blocking the front of your display, you're stopping people qualifying their interest in your product/service—and making it much harder for your team.

Choose the right staff

Exhibitions are an unnatural environment for sales creatures—the sales message must be shortened for the audience and many visitors must be addressed in a short space of time.

For this reason, sales people are very important at an exhibition.

Visitors attend exhibitions to find out about new things and search for information. Technical staff on hand would be able to answer these questions, while sales staff maybe cannot. In addition, technical staff may find new product ideas and developments through conversations at exhibitions.

Research and customer feedback are key to any company's future success. Can owner/managers afford not to attend an exhibition and keep track of their industry?

回答问题

Whether the following statement is true (T) or false (F) according to the passage?

(　　) 1. You should consider the shows that are available for your industry.

(　　) 2. Exhibitions in their first year can be hidden treasure.

(　　) 3. Once the show is booked, the hard work is really finished.

(　　) 4. You should notblock the front of your stand-visitors.

(　　) 5. Technical staff should not attend an exhibition.

注释

(1) Look at the shows available for your industry and the exhibitions in the industries of your target markets.

关注你所在行业及目标市场所在行业举办的展览会。

(2) Supported by good marketing, exhibitions in their first year can be hidden treasure.

借助好的市场营销,首次举办的展览会可能蕴藏着宝藏。

(3) The first important step is the design of your exhibition stand—don't over complicate things.

首先一个重要的步骤是展览设计——不要太过复杂。

(4) Visitors make first decisions about companies through non-verbal messages, such as the size and design of the stand.

参观者通过一些非言语信息形成对公司的第一印象,比如展位的大小与设计。

(5) Exhibitions are an unnatural environment for sales creatures—the sales message must be shortened for the audience and many visitors must be addressed in a short space of time.

对于销售人员来说,展会是一个非自然的环境。为参观者提供的销售信息必须简短;为参观者介绍的时间也应缩短。

(6) In addition, technical staff may find new product ideas and developments through conversations at exhibitions.

此外,技术人员通过展会上的交谈,可能萌发新的产品创意与改良方案。

(7) Research and customer feedback are key to any company's future success.

调研与顾客反馈是任何一个公司取得未来成功的关键。

二、Useful Words and Expressions 常用词汇与短语表达

appeal	*vi.* 呼吁；吸引	maximize	*vt.* 最大化
attend	*vt.* 参加	medium	*n.* 媒介
coffee voucher	咖啡券	on hand	手头
conversation	*n.* 谈话	previous	*adj.* 先前的
feedback	*n.* 反馈	returns	*n.* 回报
impression	*n.* 印象	stand	*n.* 摊位
investigate	*vt.* 调查	target audience	目标观众
marketing plan	营销计划	visual	*adj.* 可视的

三、Situational Dialogues 情景对话

Dialogue 1 Promoting Products 产品推广

(*A is an exhibitor, who is receiving B, a potential customer, at an exhibition.*)

A: Welcome to our display. Please take your time. These are the samples of our company's products. Sit down, please.

B: May I ask, what are your main products for your company?

A: Utensils and ceramics. For example, those used in the toilets and kitchen.

B: May I have a look at the samples?

A: Certainly. This is the brochure of our newest products.

B: What is your advantage of the products in your company?

A: Our company is renowned for the products of ceramics which is taking the lead nationally.

B: How?

A: Our company has the first-rate management levels and technicians. We renew the products fast and the quality is guaranteed with reasonable price.

B: How can I contact you?

A: This is the name card of our company and my business card. Please contact us whenever needed.

B: Thank you.

A: Meanwhile, we offer you with a catalogue of the newest products for reference.

B: Thank you very much.

Dialogue 2 Booth Decorating 展位装饰

(*A is Ms. Liu, a contractor of an exhibition, who is speaking with B, Mr. White, an exhibitor.*)

A: Good morning, Mr. White.

B: Good morning, Ms. Liu. How are you getting along with the setting-up of the booth?

A: We have just finished the space assignment. I've just got something urgent to talk to you. Due to the space limit, I have to say we can't make an island booth. The island booth takes up so much space.

B: What about peninsula booth?

A: That's what I want to suggest. In that case, more space could be saved. But there will still be some corner booth.

B: I see. So leave enough space for the show office.

A: Of course, we will. Where do you plan to locate it?

B: It's better to put it near the entrance. By the way, what about decorating? I find no adequate decorator here in the city. Can your people handle it?

A: Our carpenters can take care of it. They are professional and experienced. How do you like the decoration done?

B: Since this is the a-table-top display, we wish there is good draping.

A: No problem, Mr. White. Everything shall be ready tomorrow afternoon. Would you come and see the work then?

B: OK, see you tomorrow.

 角色扮演

Suppose you are an exhibitor at an exhibition, now you are receiving a potential customer and you are promoting your products to your customer.

四、Writing Sample—Invitation Letter 展会邀请函范文

发出邀请、介绍公司业务，期待合作

Dear Sir or Madam,

We would like to sincerely invite you and your company representatives to visit our booth at the Continental Exhibition Center in China Import and Export Commodities Fair from October 15th to 20th 2019.

We are manufacturers specializing in refrigerators, and we have a fine collection of compact refrigerators, wine coolers, water coolers, ice-makers, beverage coolers and so on. Our new models offer superb design and their new features give them distinct advantages over similar products from other manufacturers.

It would be a great pleasure to meet you at the exhibition. We would like to establish long-term business relations with your company in the future.

Exhibition Center: the Continental Exhibition Center, Guangzhou, China

Booth Number: A-K＝306 A-K_307

Best regards.

说明展览地点、展位信息

John Smith
Sales Manager

 写作训练

Please surf on the internet for the largest trade fair held in your city. Suppose you are an exhibitor and please write a letter to your customer, inviting him to visit your booth.

第四节 会展旅游服务

 学习任务

会展旅游服务是指为保证会展正常进行所提供的展前、展中、展后全过程的服务,既包括展会现场的租赁、仓储、展位搭建等专业服务,也包括餐饮、旅游、住宿、交通等相关行业的配套服务。阅读以下有关会展旅游服务的英文资料,掌握相关的英语表达方式。

一、Receiving Customers 接待顾客

To know how to receive customers is very important for a businessman. At the booth, you should introduce your products, your company as well as yourself to the visitors patiently. The customers may ask some questions concerning the basic information of different products such as prices, discounts, delivery time, warranties, etc.

A relationship begins the moment the customers come to our booth and meet us. The way we look, walk, act and talk are important factors as to how people relate to us. How we talk and behave will show whether we really care about the customers' views and feelings. That will leave a deep impression on our customers, which may decide whether we can do business with them successfully or not. No matter who we are, salespeople, receptionists or managers, that we know some basic and important things to improve our opportunity to succeed is necessary.

To start with, we should always wear a smile on our face or look pleasant. A friendly smile is an important way to help potential customers relax. It can affect customers and makes our booth warm and inviting. Some people think that it is convenient to serve our customers when we stand in the center of the booth. However, that's not true. Stand off to the side, near the front corner of the exhibit. To create a more inviting appearance, don't directly face the aisle and stare at attendees. Moreover, focus your attention on our customers and what they talk about. We should try our best to be interested and listen carefully. People tend to like people who like them. Treat others as you would like to be treated.

As we know, clothes make the man or woman. So please iron your clothes, cut your hair and act like a professional. Our posture is an expression of our confidence and personality. So we should stand up and make our customers feel that we're confident and energetic. Don't be indolent. What's more, please allow plenty of open space for our customers to browse. We should stand at least 3 feet from the displays or equipment. Be an observer but not a guard. Allow prospects to approach the displays without your interference. Too small a space may make customers feel uncomfortable and even depressed.

Last but not least, Understanding cultural norms and rules such as the way we are expected to greet others, the way we are expected to dress, the way we are expected to behave, and the way we are expected to answer questions also are important in improving communication with customers from other cultures. For example, if you greet an American customer by asking him or her "where are you going?" or "have you eaten yet?" the American might feel very uncomfortable because asking these questions could be interpreted as an invasion of privacy. But in the Chinese culture, these are appropriate greetings which do not invade the other person's privacy. These examples do illustrate the importance of studying the influence of culture on communication if we are to overcome culture barriers to effective business communication.

回答问题

Whether the following statement is true (T) or false (F) according to the passage?

(　　) 1. The way we talk may decide whether we can do business with a customer.
(　　) 2. It is convenient to serve our customers when we stand in the center of the booth.
(　　) 3. To create a more inviting appearance, you should stare at attendees.
(　　) 4. We should stand at least 2 feet from the displays or equipment.
(　　) 5. Studying the influence of culture on communication is very important.

注释

(1) The customers may ask some questions concerning the basic information of different products such as prices, discounts, delivery time, warranties, etc.
顾客可能会问一些关于产品的基本问题,如价格、折扣、发货时间、保修期等。

(2) How we talk and behave will show whether we really care about the customers' views and feelings.
我们的谈话方式及行为方式显现出我们是否真的关心顾客的看法与感受。

(3) A friendly smile is an important way to help potential customers relax.
一个友好的微笑是帮助潜在顾客放松的重要方式。

(4) Our posture is an expression of our confidence and personality.
我们的姿势可以反映出我们的自信与个性。

(5) Allow prospects to approach the displays without your interference.
允许潜在顾客在不受你打扰的情况下接近展品。

(6) The American might feel very uncomfortable because asking these questions could be interpreted as an invasion of privacy.
美国人可能感觉非常不舒服,因为这些问题可能会侵犯他人的隐私。

(7) These examples do illustrate the importance of studying the influence of culture on communication if we are to overcome culture barriers to effective business communication.
这些例子确实说明了研究文化对交流产生的影响至关重要,如果我们要跨越文化障碍,实现有效的商务沟通。

二、Useful Words and Expressions 常用词汇与短语表达

会展英语词汇

aisle	n. 通道,走道	energetic	adj. 精力充沛的；积极的
appearance	n. 外貌,外观	illustrate	vt. 阐明,举例说明
appropriate	adj. 适当的；恰当的	indolent	adj. 懒惰的
attendee	n. 出席者；在场者	interference	n. 干扰,冲突
barrier	n. 障碍物,屏障	invasion	n. 入侵,侵犯
behave	vi. 表现；举止端正	posture	n. 姿势
booth	n. 货摊	privacy	n. 隐私；秘密
browse	n. 浏览	professional	adj. 专业的
convenient	adj. 方便的	receptionist	n. 接待员
discount	n. 折扣	warranty	n. 担保

三、Situational Dialogues 情景对话

Dialogue 1 Receiving a New Customer 接待新顾客

(*A is an exhibitor, who is welcoming B, the purchasing manager of Unite Company.*)

A: Good afternoon, Sir. Welcome to our booth.

B: Good afternoon. I'm the purchasing manager of Unite Company. I am glad to see so many of your products at this exhibition. I am interested in them.

A: Thank you very much for your high praise of our products. Our products have already been exported to USA, Mexico, Japan, Korea and New Zealand. They are well received by the customers of those countries because of good quality, low price and fantastic design of our fans.

B: I am interested in your bamboo fans. Would you please give the latest offers on these products so that we can analyze the marketing in my country?

A: Of course! These are the latest offers on our products.

B: Thanks! If your price is competitive and the quality is to the satisfaction of our customers, substantial orders from us will follow.

A: I am sure that you will be satisfied with our high quality and reasonable price.

B: Also, I'd like to know about other products from your company. Could you please give me your catalogue for reference?

A: My pleasure! OK, could you just take a seat, while I prepare the materials?

B: Thanks for your help. This is my business card with my address and telephone number. Please contact us whenever needed.

A: Thank you for visiting our booth. I hope we can keep in touch with each other.

Dialogue 2 Requiring about Move-out Schedule 询问撤展安排

(*A is an exhibitor, who is inquiring B, the exhibition organizer, about the move-out schedule.*)

A: Good morning. May I help you?

B: Good morning. I'd like to confirm some terms about move-out.

A: Are you ready for moving out?

B: Not yet. I am a little worried. What can we do if we need extra time for dismantling? Is it possible that we move out later?

A: Sorry, the schedule is fixed for all the exhibitors. The regular dismantling periods ends at 11 pm on June 23. If you need more time, please apply for it.

B: Where shall apply for it?

A: You can go to the Customer Services Counter. It is in Hall 4C.

B: Thank you. Do I need to pay extra money for the delay?

A: Yes. The charge is $100 per stand per hour. Late applications will be subject to a surcharge of 100%. Extended dismantling ends at 4 am on June 24 at the latest.

B: OK. I'm afraid it is a bit expensive. We need to finish everything before the deadline.

A: Yes, you should. After the exhibition's dismantling hours are over, our logistics partner Hunter will remove the items left in the hall. They must be collected from the forwarding agent's storage within one month, and the storage cost must be paid.

B: I see. We will try our best to move out efficiently.

A: You should. Besides, continuous electrical supply will be cut off after the dismantling hours have ended. If you need electricity at your stand after that, you can call us at (021)56783421. You also must pay for it.

B: I got it. Thank you very much for your help.

 角色扮演

Suppose you are an exhibitor in a trade fair. Please give a brief introduction about what you should pay attention to when you receive customers at an exhibition.

四、Writing Sample—Post-meeting Tours Itinerary 会后旅游行程范文

"Ziimriit" Village at the Kiire Mountains National Park,
SGP Project Site
Date: 01-03 July 2018

DAY 1. Early morning departure by minibus from Istanbul to Pynarbapy via Safranbolu. Check-in and lunch at the Konak in Pynarbapy. Afternoon visit the Ilyca Waterfalls and Valla Canyon. Dinner and overnight at the Konak, a 200 years old, wooden mansion, recently renovated for conservation and touristic purposes.

DAY 2. After breakfast, drive through a lush greenery uphill to Ztimrut Village. Meet the local people and enjoy the beauty of the Kiire Mountains. Trekking with guidance is possible. Lunch at Ziimrut Village. Late afternoon return to Pynarbapy. Dinner and overnight at the Konak.

DAY 3. After breakfast drive to Istanbul. Transfer to your hotel in Istanbul.

Price:

Per Person: $ 250 (on sharing a twin bedded room basis only)

Single rooms are not available and the tour price is valid for minimum 8 people. If the number of participants is less than 8, DER-TUR keeps the right to alter the tour price accordingly.

Tour prices include:
- Hotel accommodation, all breakfasts, meals and tours as specified in the programs
- English-speaking professional guide
- Airport-hotel-airport transfers as specified in the programs
- All entrance fees during the tours
- Air-conditioned private buses for the transfers and tours

Tour prices do not include:
- Istanbul-Izmir and Istanbul-Antalya-Istanbul domestic air tickets
  (If you could make up your mind to join one of these tours early, please consult your travel agent before purchasing your international air ticket. You may save a considerable amount of money by including the domestic portion into your international air ticket instead of buying a separate one here).
- Alcoholic and non-alcoholic drinks.
- Any personal expenses not mentioned in the programs.

Notes: AC/WC: AC=Air-conditioning WC=water closet

 写作训练

Suppose you are an organizer of a trade fair held in Beijing and you are planning to organize the attendees to visit Beijing after the trade fair. Please write a post-meeting tours itinerary according to the writing sample.

1. 词汇积累

The following is an introduction about the invitation to an exhibition. Please fill in the blanks with the words given, changing the form if necessary.

| identify casual potential persuasive convey suitable |

Invitations are used to announce an exhibition or some other type of special business events. Business invitations serve specific purposes. They can be informative, friendly, (1)_____ or congratulatory. Wording should be clear and (2)_____ for the occasion and the right font for the invitation. Its size and style should be carefully chosen to (3)_____ the mood of the invitation. The wording on your invitation can be formal, (4)_____ or lighthearted. Invitations can also provide an ideal opportunity for reaffirming your company's mission statement. Successful business invitations should clearly (5)_____ the event's purpose and scope, contain clear event details and be written in language suitable to (6)_____ guests.

2. 实践操练

Please read the passage carefully and answer the questions.

Once you've got an exhibit that's attractive and consistent with your company's message and goals, make sure your booth staff are ready for customers. Prior to the show, give your staff the information they need to be effective ambassadors for the company. Make sure they're also apprised of the company's overall vision and goals for the show. Maintain constant contact with them throughout the show, including daily debriefings, to monitor successes and to pinpoint and ward off potential problems.

The employees should provide a continual welcoming environment. You should prohibit eating, smoking, drinking, or reading on duty. They shouldn't be talking on the phone, clustering in conversation groups with each other, or leaning against the exhibit walls. They should always look as if they're rearing to go, eager to engage in conversation with prospects, supply information, take orders, and answer questions.

In addition, make sure that your booth staff know how to record leads. Many shows have technology and equipment that allow you to scan information off an attendee's name badge. Then you'll get a printout—which can obviously be a boon to your business—that you input into your database. Your booth staff must understand how communication works so that they can improve the delivery of their message.

Problem solving
(1) What information should be given to your booth staff before an exhibition?
(2) How can booth staff achieve effective communication with potential customers at a display?

3. 翻译与写作

Translate the following letter into Chinese and write a reply to it.

Dear Colleague,

We are pleased to bring you up to date on our new Miami International Art Fair at the Miami Beach Convention Center next December 2-6, 2015 and our revamped Art Palm Beach at the Palm Beach County Convention Center January 20-24, 2017.

These exciting events offer dealers an opportunity to reach 25% of the world's wealth in South Florida next winter. They offer non-competitive fair environments and are the leading seasonal modern and contemporary art events in each community during those time periods.

We will look forward to meeting you personally at the Hong Kong Fair to discuss the opportunities of exhibiting in the American market.

Very truly yours,
Peter Green

参考文献

[1] 刘大可.中国会展业:理论、现状与政策[M].北京:中国商务出版社,2004.
[2] 卡林.韦伯.会展旅游管理与安全分析[M].杨洋,等译.沈阳:辽宁科学技术出版社,2005.
[3] 石美玉.旅游购物研究[M].北京:中国旅游出版社,2006.
[4] 傅广海.会展与节事旅游管理概论[M].北京:北京大学出版社,2007.
[5] 黄翔.旅游节庆策划与营销研究[M].天津:南开大学出版社,2008.
[6] 刘松萍.会展营销与策划[M].北京:首都经济贸易大学出版社,2009.
[7] 王京.浅析我国会展旅游发展存在的问题及对策[J].商场现代化,2010(31).
[8] 郑郁.论发展我国会展旅游经济的作用和建议[J].中国商贸,2010(26).
[9] 贾晓龙.会展旅游管理[M].北京:清华大学出版社,2011.
[10] 张晓红.中小旅行社电子商务模式研究[J].哈尔滨商业大学学报,2012(13).
[11] 林灏,郑四渭.基于智能旅游的旅行社业发展模式研究[J].经济研究导报,2013(112).
[12] 陶艳红,王慧元.会展旅游实务[M].南京:江苏大学出版社,2014.
[13] 刘开萌,肖靖.会展旅游[M].北京:旅游教育出版社,2014.
[14] 李云鹏.基于综合旅游服务商的旅游电子商务[M].北京:清华大学出版社,2015.
[15] 许欣.万红珍.会展旅游[M].重庆:重庆大学出版社,2015.
[16] 王忠元.移动电子商务[M].北京:机械工业出版社,2015.
[17] 杨富斌.旅游法判例解析教程[M].北京:中国旅游出版社,2017.
[18] 袁义.旅游法规与法律实务[M].南京:东南大学出版社,2017.
[19] 张嘉惠,刘晶.旅游心理学[M].北京:北京理工大学出版社,2018.
[20] 黄恢月.包价旅游合同服务法律指引[M].北京:中国旅游出版社,2018.
[21] 李海凤,单浩杰.旅游服务心理学[M].北京:中国人民大学出版社,2018.
[22] 王志凡.旅游心理学实务[M].北京:华中科技大学出版社,2019.
[23] 叶伯平.旅游心理学[M].3版.北京:清华大学出版社,2019.
[24] 刘纯.旅游心理学[M].4版.北京:高等教育出版社,2019.

参考网站:

[1] 中国国家旅游局官方网站.http://www.cnta.com.
[2] 中国旅游协会网.http://www.chinata.com.cn/.
[3] 北京市旅游委网.http://www.bjta.gov.cn/.
[4] 北京旅游信息网.http://www.visitbeijing.com.cn/.
[5] 中国会展管理网.http://www.sgcec.com.
[6] 中青旅在线.http://www.CTYSonline.com.
[7] 中国古镇西塘官网.http://www.xitang.net.
[8] 携程网.http://www.ctrip.com.
[9] 去哪儿网.http://qunar.com.
[10] C2C酒店网.http://www.c2cjd.com.
[11] 中国电子商务协会.http://www.ec.org.cn.
[12] 黄山旅游信息网.http://www.intohuangshan.com.
[13] 中国信息安全认证中心.http://www.isccc.gov.cn.
[14] 中国电子商务网.http://www.cebn.cn.